2014年6月，胡敏教授夫妇与儿子胡宸在 MIT（麻省理工学院）毕业典礼上的合影。

2015年10月，胡敏教授在上海与英国剑桥大学考试委员会首席执行官 Simon Lebus 先生进行了亲切会晤。双方就青少英语教育、雅思考试以及留学低龄化应对等话题进行深入探讨，达成了理念与做法上的高度共识。

A Parents' Guide to Children's International Education

2018年10月28日，"PISA之父"、经济合作与发展组织（OECD）教育与技能司司长安德烈亚斯·施莱歇尔先生到访新航道总部，与新航道董事长兼CEO胡敏教授进行了友好的会谈。双方在如何培养具有全球胜任力的青少年有诸多共识，新航道将成为PISA的重要合作伙伴。

2019年8月，胡敏教授受邀做客东南卫视《中国正在说》潘维廉教授的专场。潘维廉教授是中国政府"友谊奖"获得者、"感动中国2019年度人物"，也是新航道"用英语讲中国故事"活动形象大使。

A Parents' Guide to Children's International Education

家有儿女要留学

成功留学，从为什么到怎么做、做什么

2021修订版

胡敏 著

A Parents' Guide to Children's International Education

世界知识出版社

图书在版编目(CIP)数据

家有儿女要留学 / 胡敏著. —北京：世界知识出版社，2016.4（2023.3重印）
ISBN 978-7-5012-5194-0

Ⅰ.①家… Ⅱ.①胡… Ⅲ.①留学教育—概况—世界 Ⅳ.①G649.1

中国版本图书馆CIP数据核字（2016）第064546号

责任编辑	龚玲琳　余　岚
文字编辑	郭　欢　雷丰奎
责任出版	赵　玥

书　　名	**家有儿女要留学** Jiayou Ernv Yao Liuxue
作　　者	胡　敏
出版发行	世界知识出版社
地址邮编	北京市东城区干面胡同51号（100010）
网　　址	www.ishizhi.cn
电　　话	010-65265923（发行）　010-85119023（邮购）
经　　销	新华书店
印　　刷	清淞永业（天津）印刷有限公司
开本印张	787×1092毫米　1/16　19.5印张
字　　数	160千字
版次印次	2016年4月第1版　2023年3月第13次印刷
标准书号	ISBN 978-7-5012-5194-0
定　　价	36.80元

版权所有　　侵权必究

再版序

黄金圈法则与留学三部曲

留学低龄化，对家庭而言意味着什么？

如今，在北上广等这样的一线城市，很多家庭想的更多的不是"我的孩子要不要出国"的问题，而是"孩子应该去哪个国家？""什么时候送孩子出去？""如何才能成功留学？"的问题。如果说前几年是留学低龄化，那近两年的中国留学群体可以说是"更低龄化"（出国读高中），甚至不久的将来会出现"最低龄化"（出国读初中甚至小学）趋势。在中国社科院社科文献出版社等于2019年联合发布的《中国留学发展报告》中显示，出国留学生群体中，高中生已经成为继研究生、本科生之后的第三大出国留学人群。目前，中国高中及以下低龄留学的学生，已占出国留学生总数的35%。

《家有儿女要留学》第一版2013年出版发行，随后超10次加印、售罄。本次再版修订此书，除了对其中的留学资讯、政策进行更新升级，案例分享更为鲜活，最终目的还是希望通过本书让广大留学家庭和留学生少走弯路，杜绝留学悲剧的发生。在我看来，新的留学环境正颠覆着每一个家庭对于出国留学的认知和思考。

颠覆一：留学路上，父母的三种角色

为什么说一人去留学却需要全家总动员？作为过来人，我认为在孩子的出国留学路上，如今的父母至少充当着三种角色：

留学路上的引路人。这里的"引路人"不是说父母一定要有过出国留学经历、身先士卒，而是能在孩子求学路上引导他们树立正确的目标和方向；不是帮孩子做决定，而是跟孩子一起拿主意。"何时送孩子出国留学最佳？""我家的孩子适合出国留学么？"类似问题的答案其实在父母心里。就拿我自己来说，虽然我本身是很希望孩子出国留学的，但从来没有跟孩子主动提过此事，直到孩子在高一的时候去美国参加了一个交换生项目，亲身体验了美国校园，回国后便主动对我们说要去美国留学。作为家长我支持他，告诉他需要做什么准备等。他自己有想法了，留学路上就会省时省力。

留学路上的好帮手。孩子在出国留学过程中需要备战标准化考试，与此同时还要应对国内的学业，要抓 GPA（在校平时成绩），还要科学合理地安排时间参与各种提升软实力的活动，这其中需要父母大力支持并给予机会和创造良好的条件，很多工作少不了父母的帮助。此时不伸援手，更待何时？

留学路上的好战友。所谓战友，就是喜怒哀乐一同分享、并肩作战。备战出国留学过程中，肯定会面对这样或那样的困难，比如考试失利、刷分不成，会面对学习瓶颈。这时候孩子最需要的是理解和鼓励，而非焦虑、责备。父母每天跟孩子朝夕相处，应该最懂孩子，应该善于倾听。这期间培养起来的出国留学"革命友谊"也将是父母与孩子间最美好的回忆。

颠覆二：不只是考试成绩，而是出国留学解决方案

在麻省理工学院参加儿子的毕业典礼期间，我在美国书店读到一本书 *Hitting the Sweet Spot*，里面的故事让我记忆深刻：一家客户宣称需要钻头，于是，所有生产、销售钻头的厂家都将自己的钻头产品及服务充分地向客户展示，并展开公关活动以获得客户的青睐。然而，没有一个厂家中标。原因在于，厂家们并未真正理解客户购买钻头的真正目的。人们需要钻头可能是为了打一个孔，这个孔才是终极目标，钻头只是手段。

同样，要出国留学，语言考试成绩只是"一次性消费品"，是短期目标，对学生而言仅仅只能算是一个钻头，学生真正目的不是拿分数，而是要出国留学，甚至毕业后能够顺利走向职场。中国留学生出国普遍存在四个障碍：语言障碍、社会交往障碍、缺乏批判性思维和缺乏团队协作。而这四个问题归根结底还是语言问题。语言不好怎么听课、发言？如何跟人交流？怎么阅读大量的英文材料？我曾在新航道对学生做过一个问卷调查：1、你来新航道的目的是什么？ 2、你来学习的终极目的到底是什么？第一个问题中78%的学生说需要通过雅思、托福、SAT考试,22%的人说想出国；而在第二个问题上，经过深思熟虑后，他们中86%的人回答是实现出国留学，只有14%的同学说考到满意分数。这是一个从感性到理性的认知过程。

二十年前，出国留学人群基本都是成年人，精英人群留学，这些人的英语可能是"高分低能",但他们能够自立自强,快速适应逆境。相反,留学大众化、低龄化后,不少孩子为留学而留学,放任自流,根本就不具备在国外学习与生活的语言能力、自理能力,甚至成为社会问题。今天留学生的英语必须"高能高分",这也是我始终呼吁并倡导英语能力培养的根本原因。纯粹帮助学生通过掌握应试技巧、命题规律、高分策略来短期让学生通过考试的做法已行不通,甚至贻误学生。

这种转变对广大家庭而言就意味着:我们的目标不只是拿到语言考试成绩,而是要培养强大的英语能力,然后取得理想考试分数;不只是英语能力的提升,而是结合软硬条件打造一套完整的出国留学方案。我们的眼界必须从单纯的成绩转移到整体的留学方案上来。

颠覆三:留学规划更应以终为始、放眼未来

中国人常说"不让孩子输在起跑线上",则美国人恰恰相反,倡导的是"不输在终点"的理念,正如史蒂芬·柯维在《高效人士的七个习惯》中阐述的"以终为始",通俗点说就是:想清楚长远目标,然后付诸实践,留学应该赢在终点,规划应当以终为始!

我儿子的留学之路并非一帆风顺。初次申请,他没有收到最心仪的学校给他发来的 offer,但是他到了美国,通过不断的自我挑战和努力,以优异成绩取得三个专业的本科学士学位;毕业时,又凭借出众的表现顺利被 MIT 录取攻读硕士,圆了他最初想进入世界顶尖商学院的梦想,并成为优秀毕业生。国外教育是没有天花板的,只要你努力,就一定能实现最初的梦想!

出国只是留学第一步，规划当以终为始：为什么要去名校留学？毕业后我该何去何从？我想要的未来是什么？这些问题应伴随我们的整个留学生涯，引领我们思考如何度过最有价值的留学时光，鞭策我们不忘留学初心，不忘理想初心。否则，漫无目标、无所追求，很容易成为"海剩"，沦为"海待"，留学价值亦将大打折扣。

几年前，我跟美国一所知名大学的招生官聊天时，他曾发出一个感慨："Chinese parents and students spend too much time thinking about how to study abroad, and not enough time thinking about how to study once they're abroad."（中国家长和学生往往花了太多时间在想怎么去留学，而很少花时间去想到了国外应该怎么学习。）如今回头看来，此话一语中的。中国学生要想成功留学，既要好好准备 how to study abroad，更应该思考 how to study once they're abroad。这也是书中将要为大家解答的问题。

成功留学的背后都有一个黄金圈

我曾经对出国留学家庭做过一个调查，一部分是学成归国来新航道找工作的来自全国各地的海归家庭，一部分是通过新航道成功出国留学的学生家庭，最后我发现，那些回国后顺利找到个人定位和理想职业的海归精英，82%以上都有一个共同点，就是出国前有清晰的留学目标，他们在国外过得很充实，回国后信心满满，言谈举止可以说是"士别三日，当刮目相看"。而剩下的 18% 的学生虽然也顺利步入职场、或者创业、或者找到理想职业，他们在回忆留学生涯时多了一种辛酸，他们在国外有过追赶的经历，走过一些弯路，付出了更多的努力，最后也实现了成功留学！

为什么要做这样一个调查？

从我第一次系统地提出中国学生出国留学的"黄金圈法则"，到我去全国各地开展"家有儿女要留学"主题巡回演讲，我相信不少家庭已经从中得到启发、在留学之路上获益。

留学"黄金圈法则"不是一种理论，而是一种解决出国留学问题的方法。

有一次我遇到一个家长，他一见面就拉着我谈留学，他的知识面之广、信息之多让我震惊。他告诉我，从计划将孩子送出国开始，他看了不下20本关于留学的书，了解各种留学信息，忙得晕头转向，但结果却是：孩子不配合，很多申请材料不知道如何着手，留学日程一拖再拖！

如上现象在中国并非个案。在我所接触到的家长中，几乎所有家长都知道出国留学需要"做什么"：参加SAT（学术水平测验考试）、托福或雅思考试，参加课外活动等；大多数家长知道出国留学需要"怎么做"：早规划、早准备、要表现得与众不同……但是留学之路就是不顺利，问题在哪？我认为这其中还有一个最易忽略、最重要的问题没有回答，那就是"为什么"。家长没有回答"为什么要送孩子出国留学"的问题：是听从孩子心声还是盲目追随热潮？学生没有彻底想明白"为何出国留学"：是为了逃避国内高考独木桥，还是真正选择一种更优质的教育、实现人生理想？

遗憾的是，关于"为什么"的思考，很多计划出国的家庭无解。因为无解所以盲目，因为盲目所以留学申请准备效率低下。近几年，留学热潮持续高涨的同时，随之而来的留学诚信问题亦接二连三，"海待""海剩"现象层出不穷，广大家长和学生徘徊在对名校的向往与对留学价值几何的疑问之间。留学成功者的经验千千万万、各有千秋，但是那些留学不成功的人其问题根源都大同小异。在我看来，成功留学追根究底就是要解答好三个核心问题：

为什么：为什么要送孩子出国留学？

怎么做：怎么做才能确保成功留学？

做什么：申请美国名校需要做什么？

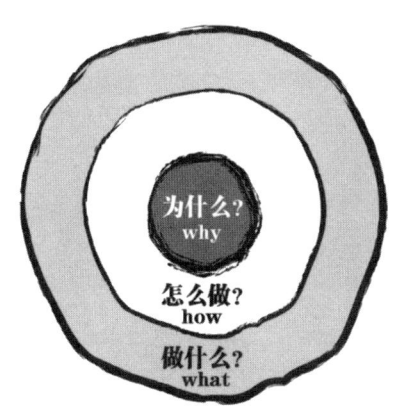

为什么→怎么做→做什么，这是我们思考人生与世界的方式，也是成功留学的"黄金圈法则"。思想引领行为！要想成功留学首先要解决的问题应该是"为什么"，这是整个留学最核心的问题，回答了它，我们才不会在遇到困难时徘徊不前，才不会在留学途中偏离轨迹、忘却留学初心。其次才是"怎么做"，这是方法。最后才是"做什么"，这是具体内容。很多家庭急功近利、盲目求快，直接从"做什么"入手，全然不思考"为什么"，结果迷失方向。"黄金圈法则"遵循着"慢即是快"的人生哲学，只有遵循了这个法则，回答好了这三个问题，才有可能最终留学成功！

留学规划三部曲

有了法则，那我们就要讲究方法。一个国家要发展，需要顶层设计；一个年轻人的发展，也要进行人生设计。我喜欢用"设计"这个概念。这两年，我将"人生设计"的理念引入新航道，打造了"留学规划三部曲"，即：沟通、设计、提升。沟通：在全面了解孩子的前提下，个性化沟通，从而发现亮点，挖掘潜能。设计：在"沟通"的基础上，为孩子规划、设计最佳学习方案、留学方案，量身定制，拒绝虚假包装。提升：基于"有效沟通"和"人生设计"之后，留学咨询进入到"背景提升"阶段，这也是增加学生竞争力的关键所在。这个过程不是强人所难，而是顺势而为，在设计学生人生的时候，充分尊重学生的意愿是首位的，我们不是说把他变成另外一个人，而是从这个人的状态里看到他身上的亮点，以及需要调整的地方，让他能够往更好的方向发展。"一个核心的指导思想就是对学生进行人生设计，设计里面也包含了规划，每一个人都有一个档案。"从哪里来？现在在哪里？准备去何方？有几条路可以走？选几个专业？选几个学校？这些都要综合考虑，然后制定一个可以实施的最佳方案。

接下来就是要帮助广大家长和学生解决这三个问题，找到通往名校的科学方法，我希望结合我自己孩子的留学经历及众多留学成功案例，从帮助学生找到心中的"为什么"，到"怎么做"才能确保出国后学习无忧，再到申请世界名校需要"做什么"，在整个过程中进行合理规划和设计，跟大家一起探索成功留学的方法和思路。当然，从准备申请材料到拿到名校录取通知书只是留学之万里长征的第一步，书中跟广大家长和学生探讨的不仅仅是怎样走出去，还有出国后如何真正学有所成，有一个精彩的未来！

"家有儿女要留学"主题讲座自2010年开始受邀到全国各大城市开展至今已10余年。成功留学的"黄金圈法则"作为我多年从事出国考试教育和留学服务工作的经验总结与浓缩，已帮助成千上万的家长和学生解答留学疑惑，众多学生通过科学的设计和规划，从中受益、实现成功留学。

作为一名老海归，我希望自身的留学经历和所见所闻、所感所思能够对同学和家长有所启发！

作为一名留学生家长，我希望通过自己如何言传身教培养孩子，为广大家长朋友提供育子借鉴！

作为一名英语教师，我希望自己30多年的英语学习与教育心得，能帮助广大学生实现人生理想！

这是写作本书的最初三种情感，也是本书内容的源泉，希望更多的学生、家庭能从《家有儿女要留学》中获益！帮助广大家庭、留学生有所思、有所悟、有所得，放飞留学梦！

留学梦想是美好的，实现过程是艰辛的，从名校申请到最终留学成功，这个过程绝非孩子一个人的战斗，而是父母与孩子的协同作战！这个与孩子一起寻找理想的过程就是父母与孩子一同成长的过程，就是传递爱的过程，这个过程本身的意义已高于一切，因为亲情的力量无可比拟！

在此，感谢新航道前程留学的留学专家们，他们众多顶级名校的成功经验为本书提供了大量鲜活的素材；还要感谢我的儿子，在他赴美留学期间，我们有过无数次心与心的对话，正是这些对话让我更坚定了写作本书的决心，这其中蕴藏着亲情、关爱、责任、担忧与希望等种种复杂的情感，这些情感是每一个留学生家庭正在经历的，也是每一个即将送孩子出国留学的家庭即将感受的；我还要特别感谢我的夫人陈采霞，这些年她给了整个家庭无微不至的照顾，是我工作和事业的坚强后盾，她为儿子的成长成材付出了大量心血，更为儿子的成功留学保驾护航！

截止2021全新修订版付梓之际，新冠肺炎疫情对全球的影响尚未完全消除，但是我们每天都能收到来自世界各地的利好消息：不论是疫情期间各类考试官方机构积极推出各项考试便利政策，还是哈佛大学联合300余所美国高校发布2021年招生声明；不论是北美、英联邦国家还是"一带一路"沿线国家；不论是疫苗接种还是各国签证政策……每一个消息都振奋人心，留学早已是全球瞩目的大事之一。我们始终坚信，没有一个冬天不会过去，没有一个春天不会到来。现在北京已经春暖花开，我相信历经疫情后的"留学声"将更加铿锵有力，疫情后的留学生将更加前程似锦！

让我们共同期待！

作者
2021年4月16日于北京

目录

第一章　为什么要送孩子出国留学？ 1

　　难忘的 MIT 毕业典礼之行　3

　　从他们身上看到全球胜任力　4

　　从《小别离》到"留学"上春晚　9

　　送孩子出国是一种大爱　12

　　高中留学优势　14

　　高等教育：最有价值的投资　20

第二章　低龄学生留学把握三个标准 31

　　想明白：为什么要出国留学　33

　　为孩子出国创造"引爆点"　36

　　"好"孩子适合出国留学　39

　　低龄留学家庭常见误区　44

　　出国前一定要学好英语　51

　　给孩子树立一个榜样　56

　　如何让孩子爱上英语　57

一万小时英语学习理论　59

第三章　怎么做才能确保成功留学？　65
　　　什么时候出国留学最合适　67
　　　出国留学早决定、早规划、早准备　74
　　　高中留学时间规划表　76
　　　高中生申请本科时间规划　78
　　　三种主流国际课程 A-Level、AP、IB 对比　80
　　　A-Level 课程介绍　82
　　　如何选择国际课程　87
　　　本科生申请研究生时间规划　89
　　　留学路上杜绝两种角色错位　90

第四章　申请国外名校需要做什么？　101
　　　从"考"学校到"申请"学校　103
　　　美英加澳高中留学申请条件　104
　　　亲访哈佛招生办公室：哈佛大学录取的六大标准　107
　　　疫情期间，哈佛联合多所美国大学发布 2021 年招生声明　109
　　　美国名校申请中的学术条件　113
　　　GPA：学习能力与态度展现　126
　　　分数是门道而不是"王道"　129
　　　名校申请中的自我淘汰现象　131
　　　课外活动应与众不同　133
　　　申请文书：一定要"文如其人"　143
　　　我人生的第一桶金　148

个人简历：侧重与学校及专业相匹配 156
推荐信：熟悉为第一原则 158
面试：不面则已，一面惊人 161
哈佛、牛津、剑桥等世界名校申请成功案例 165

第五章 如何选择最适合的学校与专业？ 197

如何选择美国高中留学 199
美国大学分类及特点 203
择校时应综合考量的因素 209
学校与专业选择10问10答 214
根据兴趣爱好选择专业 217
美国大学本科录取形式 220
美国研究生录取形式 223
美国大学奖学金概况 224
英国奖学金及申请要求 229

第六章 如何度过一个成功的留学生涯？ 233

没有规划就没有成功的留学 234
宽进严出，严肃对待留学生涯 236
专业学习依然是根本 238
进校后如何选课 240
丰富多彩的社团与实践活动 243
留学打工带来的多多益善 245
关于留学打工的两个建议 249
留学生毕业前应做的8件事 253

第七章　孩子出国了，父母怎么办？ 257
　　孩子如风筝，线在父母手 258
　　留学生家庭如何度过"空巢期" 262

第八章　去与留，父母依然是参谋 269
　　独闯海外还是毅然回国 270
　　选择去或留应考虑的个人因素 273
　　选择去或留应考虑的客观条件 275
　　留学生回国发展的劣势及建议 277

附　录 281
　　2021年《泰晤士报高等教育副刊》世界大学排名 281
　　美国Polaris List最佳公立高中排名Top50 289
　　美国Polaris List最佳私立高中排名Top50 292

第一章

为什么要送孩子
出国留学？

一位海归老师在讲座时展示了一张他在国外跟学生们一起吃饭的照片。这张照片看似并没有什么稀奇之处，但我想跟大家分享的是，这张照片里看似一共有 8 个人，这 8 个人分别来自 7 个不同的国家，他们有着不同的肤色，带着不同的英语口音，代表不同的文化风俗、个性特征，可以说每个人都代表着不同的文化，这就是我们所说的"全球性"！

　　2017 年 12 月 12 日，经济合作与发展组织（OECD）在美国哈佛大学正式发布 PISA2018 "全球胜任力"（Global Competence）评估框架，对全球胜任力给出官方定义：全球胜任力是指对地区、全球和跨文化议题的分析能力；对他人的看法和世界观的理解和欣赏能力；与不同文化背景的人进行开放、得体和有效的互动的能力；以及为集体福祉和可持续发展采取行动的能力。

难忘的 MIT 毕业典礼之行

2014年6月，儿子顺利拿到了 MIT（麻省理工学院）斯隆商学院金融硕士学位，邀请我们赴美国参加他的硕士毕业典礼。

毕业典礼在麻省理工学院 MIT's Great Dome and Killian Court 举行，据说，这是剑桥镇查尔斯河畔最著名的地标之一，同时也是麻省理工学院每年举办毕业典礼最多的地方。在现场我亲身感受到了和蔼可亲的斯隆商学院院长是如何寄希望于这些即将走向社会的年轻精英"为商学院做贡献"的真挚情怀；我亲耳听到中国籍 MIT 金融教授如何凭真才实学并以幽默风趣的语言赢得同学们的阵阵掌声；我看到了韩国男孩如何在现场跟来自全球的同学和家长们分享他在 MIT 的趣闻轶事和感恩。当然，当听到主席台上叫出"Chen Hu"的名字时我更是欣喜万分，在阵阵掌声中我看到了儿子作为优秀毕业生和获奖学生代表面向来自全球各地的家长和学生上台发言。

当我身在美丽的 MIT 校园，当我看着眼前这些来自全球各地的优秀青年学生谈笑风生、信心满满的时候，我心生羡慕，我再一次确定当时送孩子出国是一件多么幸福的决定。

我曾帮助众多学生进入世界名校，也有不少毕业于名校的学生跟我描绘过他们美丽的海外生活，这常常让我想起儿子第一次跟我们说要来美国的情景，以及他到美国留学这几年的点点滴滴。他让我看到一个曾经青涩稚嫩的少年如何实现国际化人才的蜕变。这或许正是国际教育的魔力所在。

对我而言，更幸福的是：我见证着当代中国青年站在世界的舞台追求人生梦想的旅程。

伟大的查尔斯河缓缓流淌，孕育着不息的生命力。河畔的剑桥镇拥有两所全美乃至全球最具明星风范的高等学府——哈佛大学（Harvard）和麻省理工学院（MIT）。我不知道几百年前这两所学校是否是因为机缘巧合、还是有意为之而分别坐落在查尔斯河畔，这两所学校正如中国以文理学科见长的北大和以工科技术领先的清华一样，两两相望。几百年已经过去，个中原因已经都不重要了，重要的是几百年来这两所学校你争我赶，不相上下，哈佛大学和麻省理工学院俨然已经成为了世界高等教育最美丽的风景，交相辉映在查尔斯河畔。越来越多的年轻学子将从这里吸取世界最前沿、最珍贵的知识、营养，生生不息！或许正是这种力量推动着这个时代不断变革与前行！

从他们身上看到全球胜任力

2017年12月12日，经济合作与发展组织（OECD）在美国哈佛大学正式发布PISA2018"全球胜任力"（Global Competence）评估框架，对全球胜任力给出官方定义：全球胜任力是指对地区、全球和跨文化议题的分析能力，对他人的看法和世界观的理解和欣赏能力，与不同文化背景的人进行开放、得体和有效的互动的能力，以及为集体福祉和可持续发展采取行动的能力。怎么来理解呢？

我与大家分享一位身边的"全球胜任力"青年的故事。去年在新航道学校我遇到这样的一位女同学，她自幼热衷公益与环保事务，高中时参加了环保社团，为学校建立了三个废旧电池回收处，孜孜不倦地做了大量分类垃圾知识宣传。后来，她报考了全美排名前10的杜克大学数据分析专业的研究生，并被录取。她跟我们说："信息爆炸的时代，人们的一言一行都会产生数据，这就给大数据应用到环保提供了可能。"她希望通过学到的知识，促进中国乃至世界环保事业的发展，大到利用数据进行污染溯源、风险评估，小到一次性餐盒的使用、环保出行等方方面面。

在她身上，我看到全球胜任力从知识到技能、从态度到价值观的每一个维度如何萌芽、生长，帮助她参与到全球化和跨文化的生活，欣赏文化的多样性。

经常有家长问我：胡老师您多大年龄了？当他们知道我的真实年龄后，都会惊讶地说：还这么年轻！这么多年总结下来，其实我个人认为，年轻没有秘诀，就是要心态好，要阳光，要时刻充满朝气和希望。从这个意义上说，我最最庆幸的是，这么多年，自己一直在教育行业这样一个充满阳光的领域耕耘，每天跟年轻的同学们一起，帮助并见证他们实现人生梦想的过程是天底下最最幸福的事情。

因为梦想所以年轻，这些年我看到来太多太多的留学榜样，从他们身上，我看到了全球胜任力。

被美国常春藤盟校康奈尔大学录取的向同学，他是北师大附属实验中学的学生，2018年被美国康奈尔大学历史专业录取。可能有家长和同学会惊讶，为什么会选择历史专业呢？

小时候，父亲会经常跟他讲起二战、美国内战等历史事件，父亲对二战期间的历史情有独钟，还喜欢研究美国历史，喜欢并崇拜在贫穷中自强的英雄，并从中受到激励。就连看新闻时也会拉着儿子一起，让他从历史观的角度去思考问题，潜移默化中培养儿子对历史的兴趣。

向同学说："从历史中我学习到，很多故事虽然离我们现在的生活比较远，但我也更懂得要珍惜现在的生活和学习机会，不浪费光阴。"在申请学校的时候，老师跟他一起，把他对历史的兴趣从小时候挖掘到现在，在整个过程中他对自己整个十多年来的人生进行了反思和总结，找到了自己的兴趣点，并专注地追求自己在历史方面的兴趣。

"在学业方面，我觉得康奈尔是一个比较包容的地方，这里跨学科的课比较多，比如把政治和历史结合在一起，或者把经济和历史结合在一起的课，这种课就比较适合我，这也是我比较喜欢的学习方式。"年轻时能选择所爱，无疑是幸福的。

来自湖南长沙长郡中学的新航道学员李同学是 00 后，她在托福考试中拿下 119 分（满分 120），5 门 AP 课程全部满分。她拿到了包括英国帝国理工学院、加拿大英属哥伦比亚大学、麦吉尔大学、多伦多大学、美国南加州大学等多所世界名校的 offer，且都包含奖学金！

她是跨界达人：会辩论，曾获全国辩论赛亚军，还曾受邀前往日本东京参加全美辩论联赛总决赛；会街舞，经常参加各种演出和比赛，拿过不少奖项；会吉他，曾自己创作歌曲；会导演，曾拍摄制作了一档视频节目，科普各种化学反应、物理知识；她还因为参加江苏卫视《一站到底》，上了微博热搜前十，成了焦点人物。

每年暑期，父母便带着她到处旅游。新、马、泰、澳都曾留下了她的足迹。父母之所以做这一切，只为能让女儿见识到更广阔的世界。拿出国留学这事来说，于她并不是什么异想天开的决定，而是追随内心的一次体验。初三时，她去加拿大游学一个月。在多伦多大学的这一个月，国外的教育方式和环境深深地触动了她。回家后她就对父母说："我想好了，我以后要去国外留学。"

因为她的家庭条件并不算很优越，如果要自费出国留学，可能有点困难，"但爸妈说，如果通过自己的努力拿到国外名校的录取通知书，到时砸锅卖铁也要供我读书。与此同时，他们也警告我，如果是花钱买学位混文凭就免谈。"就这样，父母的鼓励让她始终勇敢快乐地做着自己，同时他们的鞭策也让她走在正确的人生方向上。

最后，她没有选择排名最靠前的学校，而是衡量了各所学校的专业后，选择了英属哥伦比亚大学，准备就读环境工程专业。"这所学校有全球顶尖的能源实验室，我对环境科学很感兴趣。"毕竟天文、地理什么都要学些，她称自己辩论的时候研究过很多社会话题，其中包括不少环境问题，"问题看得多了，就想去解决。辩论让我更有责任感，希望可以做个有用的人，去帮到更多的人。"

还有一位同学被麻省理工学院（MIT）物理专业本科录取，要知道MIT有多牛！它在2018 QS世界大学排名第1，物理专业排名全美第1……这位同学从小喜欢物理，经常和朋友们讨论物理问题，他参加过第48届国际物理奥林匹克并获得优秀的成绩。他梦想上了大学后，能够好好学习，多学一些知识。毕业之后想当一名大学物理老师，传播物理知识。

这样的故事太多太多，其实他们并不只是"别人家的孩子"，而是就在我们身边。

一个国家要发展，需要顶层设计；一个年轻人要发展，也要进行人生设计。这两年，我将"人生设计"的理念引入新航道，打造了"留学规划三部曲"，即：沟通、设计、提升。

沟通：在全面了解孩子的前提下，个性化沟通，从而发现亮点，挖掘潜能。设计：在"沟通"的基础上，为孩子规划、设计最佳学习方案、留学方案，量身定制，拒绝虚假包装。提升：经过"沟通""设计"后，基于"有效沟通"和"人生设计"之后，留学咨询进入到"背景提升"阶段，这也是增加学生竞争力的关键所在。这个过程不是强人所难，而是顺势而为，在设计学生人生的时候，充分尊重学生的意愿是首位的，我们不是说把他变成另外一个人，而是从这个人的状态里，看到他身上的亮点，以及需要调整的地方，让他能够往更好的方向发展。一个核心的指导思想就是对学生进行人生设计，设计里面也包含了规划，每一个人都有一个档案。从哪里来？现在在哪里？准备去何方？有几条路可以走？选几个专业？选几个学校？这些都要综合考虑，然后制定一个可以实施的最佳方案。

众多成功进入名校的榜样学子和我儿子的留学成长史，让我意识到在留学路上"目标管理和科学引导"的重要性。在孩子成长旅途中，跟孩子一起制定他的"人生目标"，并在关键时间节点上给予正确的指导，是多么的关键！

从《小别离》到"留学"上春晚

很多家长朋友都曾经问过我同一个问题：孩子那么小，舍得送孩子出去么？

其实引用前几年热播剧《小别离》的一句话可以很好地诠释："世上所有的爱都指向团聚，唯有父母对孩子的爱指向别离。"

回想起来，胡宸这几年在美国的学习生活经历依然历历在目，正是这些成长经历，让我进一步坚定当时送他出国留学的价值所在！

记得有一年圣诞节期间，我跟爱人放下手中的工作，登上了飞往美国的飞机。这次不是去考察，也不是去学习，而是跟身在美国、一年未见的儿子胡宸度过一段一家团聚的时光。

阔别一年，我跟爱人在飞机上讨论着胡宸这一年来的变化：是不是又长高了？是不是又帅气了？是不是又有什么新鲜事情跟我们分享？到达夏威夷后，胡宸到机场接我们，他戴着一个帽子，远远地就向我们招手，个头明显比我高出了一头。见面后，他嘘寒问暖，这一年的时间里他一个人在美国学习、生活，又成熟了不少。

到达酒店后，安置好行李，简单的晚餐过后我们就开始聊天。也许是许久不见我们的缘故，胡宸恨不得把一年来自己经历的所有趣事都跟我们讲一遍。听着他讲述在异国的生活与人文风情，我们也是乐在其中，收获不少。

突然胡宸一本正经地坐在床上，面对着我们说："老爸、老妈，这次实在是有点对不住你们，让你们大老远折腾到美国来，原本要回家跟你们一块过寒假，但是这个学期假期短，同时还有很多功课要做，加上有些公益活动要参加，所以没法回去，请你们原谅。"

事实上，胡宸在电话中是主动邀请我们去美国游玩的，他做向导，因为他也知道我们在工作上都会比较忙，所以在他跟我们通过好几次电话之后，我跟爱人才最终下定决心，也算是给孩子的一个鼓励。

听胡宸说自己学业这么忙，我跟爱人都感到很惊讶，因为我们都没有在国外读本科的经历，而我唯一的留学经历也是在英国朴次茅斯大学做高级访问学者，那已经是很多年前的事情了。再对比国内的大学，基本上大学生的业余时间也是非常充足的啊，胡宸在美国都忙些什么呢？好奇之下，我跟爱人都不约而同地让胡宸给我们介绍一下这一年的学习和生活情况。

胡宸说："这学期我同时选修了几个专业方向不同的课程，一共8门，这其中有我喜欢的课程，也有我们专业必修的课程。选课的时候，负责选课的课程顾问说我选的课程难度太大，因为我的主修课是金融，而我选修的主要是电子工程、教育等方面的课程，学科跨度很大。根据他以往的经验，我基本上是不太可能完成这些课程的。"

胡宸接着说，这位老师当时还说了一句很打击人的话："到期末考试的时候，你会哭着来找我的，成绩肯定在D以下。"

"那后来怎么样呢？"

"成绩出来后，选修的课程里有6门得了A，其他两门得了B。"

或许这样的成绩不值得一提，但我欣慰的是，他能够在坚持打两份工的情况下、在把自己主修课程学好的前提下，还选修了那些跨度大、连老师都认为根本不可能修完的课程，并且取得了这样的成绩。美国大学实行的是学分制，我跟爱人一起算了一下，照这样下去他可能只需两年半就能把4年的学分修完，拿到第一个本科学位，节省出至少一年半的时间。

后来的结果是，在美国本科学习期间，胡宸不仅学习了3个专业：金融、会计、电子工程，还辅修了"幼儿语言习得"课程。当时我们问他为什么同时学习3个专业，胡宸这样回答我们：

"学金融是因为当时选择学校的时候对专业并不是特别了解，自己也不知道对什么感兴趣，所以听了妈妈的建议，学习了金融。这也是国内很多学生出国留学选择的热门专业。

"学会计是因为这个专业是我们学校的重点专业，在全美国排名都是前几名，我既然到了这个学校，为什么不借此机会去学最好的专业呢！我相信这对以后进入社会、走向职场是非常有帮助的。

"学电子工程是因为上大一的时候我逐渐对计算机产生了兴趣，刚好学校有相关专业，所以毫不犹豫就选了。兴趣使然。"

我说："这些我们都还可以理解，但是幼儿语言习得跟你现在学的东西相差十万八千里，有点风马牛不相及啊，为什么会辅修这个专业？"

胡宸笑着说："这是受了你们的影响。"

哦？我跟爱人满脸诧异。

"老爸、老妈你们在国内从事英语教学已经都快30年了吧，如果算上英语学习的话，那应该可以说是人生的主要经历都花在了英语教学上。因此我对英语教学非常好奇，而幼儿英语你们似乎也研究得比较少，所以想去了解一下，以后也有更多跟你们沟通的话题啊。"

从胡宸的谈吐中，我们看到了自信和从容。身为父母，我们为孩子的成长而高兴，也心疼孩子。然而，少壮不努力，老大徒伤悲。年轻就应该拼搏，一个勇于战胜困难的人才能够拥有未来。我们只能鼓励孩子，当时，儿子已经拿到两个学位，同时还参加了许多课外活动。期间他获得了全球四大会计师事务所的实习通知书，并且有丰厚的收入。后来他又顺利被麻省理工学院录取攻读硕士学位，毕业后顺利找到自己喜欢的职业，步入职场，他未来的职业生涯也基本不需要我们操心。在美国的这几年，他原本只是一个不知道自己喜欢什么的少年，到最后他不但找到自己所爱，同时还学到了学校里有相当优势的专业，让自己在职场中具备足够竞争力，在学校结交了很多来自世界各地的朋友，成为了一个名副其实的国际化学生。他找到了他的人生目标，并且一步一步在靠近，身为父母我们为他高兴！

那几年，我们无时无刻不牵挂远在万里之外的孩子，也曾多次经历去机场接送孩子的激动过程，每一次孩子从美国回来，再到每一次将孩子送上飞往美国的飞机，那种感觉是完全不一样的。有孩子在一起的日子，踏实、快乐、舒心、温暖；孩子不在身边的日子，挂念、担忧、期盼、希望……然而我们始终相信，正是这期间各种各样的情感交织才让父母与儿女之间的爱更深刻、更深沉！

送孩子出国是一种大爱

近几年，留学已经从家长里短登上了电视荧屏，以留学为背景的各种艺术创作也是备受追捧。从电视剧《小别离》，到2018春晚好几个卫视中的节目，都以留学为背景，如央视春晚的《真假老师》、北京电视台春晚《那一晚的春天》都有"留学"的声音。

如今，街坊邻居讨论最多的不再是"你的孩子在哪个大学上学"，而是"你的孩子在哪个国家留学"。家有儿女的父母们在一起讨论最多的除了家长里短，还有一个不二的话题，那就是孩子的教育。在中国这样一个注重"孝道"文化的国家，教育似乎充当着一个重要的媒介：我们因为父辈们的教育得以成长，同时我们渴望给自己的孩子更好的教育以传递这种与生俱来的爱。从乡村到城市，从城市到国际化大都市，再到漂洋过海，这种"望子成龙，望女成凤"的夙愿最终落脚于"让孩子接受更好的教育"上，而对于当下的"90后""00后"一代，无疑，留学时代已经到来。

据中国教育部统计报告显示，2019年出国留学总人数达到70.35万人，继续保持世界最大留学生生源国地位。几年前大家就已经开始讨论"留学热"，那时候更多的是一种预期。而今，留学热已经成为一种事实，活生生地呈现在我们面前。诸多留学利好因素让留学热潮只增不减，人民收入水平提升及国内教育资源不足更是为留学热升温奠定了基础。与此同时，受金融危机的影响，各国留学政策持续利好，这为中国学生出国留学提供了客观条件。

2014年12月，全国留学工作会议在北京召开。习近平总书记作出重要指示：综合运用国际国内两种资源，培养造就更多优秀人才，努力开创留学工作新局面，希望广大留学人员跟上时代潮流，放眼世界。国家鼓励广大留学人员面向世界，努力掌握前沿知识和先进技术，掌握新知等等，都是留学的利好消息，而留学也成为社会公认的新一代青年才俊的自我能力提升的重要途径。

作为一名老海归、英语教育工作者，我辅导过的众多学子如今已在各大学接受世界最先进的教育，他们有的甚至已经学成回国，成为各行业的精英；作为一名美国留学生的家长，我见证着自己的孩子在国外教育下一步一步实现着他的人生理想。

"为什么送孩子出国留学"这个问题对于学生而言，是目标的树立问题，成功的留学始于树立目标；对于父母而言，问题的出发点应该是：我们究竟要给孩子一个什么样的人生？我们要给孩子一种什么样的教育？与前些年因成绩不够好、担心高考无优势而出国留学不同，如今的留学热所呈现的特点是许多应届高中毕业生，特别是名校"尖子生"放弃高考，留学已经成为了广大学生主动选择的一种"出路"，而不是无法过独木桥后的"退路"。据统计，高中毕业后出国留学的学生中有68%的学生出国前成绩在班中排名为前25%，排名前50%的学生占90%。中国学生出国留学越来越理性，"洋文凭""镀金"一说已经逐渐被学生们淡化了，取而代之的是孩子们有自己的想法，出国留学越来越理性，而广大家长亦希望送孩子出国留学接受更好的教育，为孩子的精彩人生尽一份力！

高中留学优势

近年来，随着教育的全球化发展和各种政策利好，留学"更低龄化现象"日趋明显，初中毕业赴国外读高中的学生群体呈井喷式增长。优秀的高中能为世界知名高校输送大量人才，家长让孩子提早出国读书，不仅是为了更好的提高学生的英语水平和生活自理能力，更是希望提高进入世界名校的成功率。中国社科院社科文献出版社于2019年联合发布的《中国留学发展报告》显示，高中生已经成为继研究生、本科生之后的第三大出国留学人群。目前，中国高中及以下低龄留学的学生已占出国留学生总数的35%。智联招聘与全球化智库（CCG）在《2018中国海归就业创业调查报告》中指出，2018年接受调查的海归群体中，高中阶段出国留学的比例占29.79%，比2017年提高了9个百分点。出国读高中究竟有什么优势呢？

优势1：课程灵活宽泛，更利于学生发展

不论是美国、加拿大还是英国、澳大利亚，其高中教育都尊重学生个性发展，注重学生个人兴趣爱好的培养，在课程上都采取选课制。学生进入高中后，根据自己的兴趣爱好、学习能力来选课，决定高中阶段究竟要学习什么内容。如美国的高中一般都有上百门的课程可供选择，澳大利亚规模较大的高中可开设50-60门课供学生选择，而英国的高中没有必修课，学生可以根据自己的喜欢和优势选择自己最感兴趣并且最有把握获得好成绩的课程。

当然，建立在选课基础上的还有与之相对应的授课方式。美、英、加、澳等国家的中学课堂基本都是鼓励学生自主讨论、团队协作、查阅资料完成学习任务。如在加拿大的中学课堂上，老师布置的自学课题，学生必须上网或者去图书馆查阅大量资料并提交图文并茂的报告。考试也不只要求死记硬背，大部分内容要求学生独立思考。老师会激发学生去做自己感兴趣的事情，比如设计邮票、编写游戏程序、城市规划等。对于老师布置的课题，学生共同商量对策并分头准备，然后一起动手完成，最后在班上宣讲或者表演。在此过程中，为了得到更好的成绩，每个学生都会认真参与，积极出谋划策，无形中培养了团队意识和集体荣誉感，不仅大大提升了学生学习的积极性，也充分发挥了学生自身的优势，为学生毕业后报考大学选择专业也做好了铺垫，更是为今后的择业奠定基础。

我接触过不少学生，有的学生在国内表现平平，甚至严重偏科，但到美国后成绩却名列前茅，还能够申请到很好的大学，这其实都跟美国的教育体制有关。美国高中是实行学分制的，学生修满足够的学分就可以毕业、可以申请大学，并没有限制每个人都要修一样的课程。站在升学的角度，对于常患"偏科"问题的中国学生而言，国外灵活的选课体制可以帮助同学们扬长避短，有的放矢地选课，更容易取得比较好的成绩，自由发展自己的兴趣和爱好，将来也可以进入理想的大学专攻自己喜欢的学科专业。在国外灵活、开放式的课堂教学下，学生的兴趣爱好和专业特长将会被极大地激发出来，这也许是与国内中学教育最大的不同。

优势2：浸泡于英语学习环境，有利于提高英文能力，提前适应国外校园和社会文化。

要想学好一门语言，语言环境和学生学习能力是两个关键因素。低龄学生在国外教学环境下，课堂上听、说、读、写、分组讨论、作业与测试等等都是用英语完成，还有下课之后的衣、食、住、行，住宿家庭的交流和出门购物办事的交流等等。生活上处处离不开英语的使用，这种情况迫使学生课堂内外都最大程度地激发自己的学习能力，并且每一个环节上都能提高留学生的英语水平，这种语言教学环境在国内是达不到的。并且学生的年纪越小，语言的学习和模仿能力越强，所以很多家长选择在中学阶段就把孩子送去美国留学，其中一个目的就是学好英文。在语言氛围很好的环境下学习语言，学生能快速准确地掌握英语的综合使用技巧，这对学生将来的学习和工作发展都大有裨益。

对于国际学生、尤其是亚洲学生，国外大学在录取时最担心的因素就是国际学生对于北美教育体系是否能够完全适应。学生提前在中学适应国外的课堂和教学模式，更容易形成英语思维模式，如写作、口语表达等，这是中国学生在语言学习中最难纠正的一个环节，一旦思维模式形成，那么以后步入大学后能够更快的适应大学教学体系，可以直接跳过国际学生普遍具有的大学磨合期。中国学生有了在国外就读高中的生活经验和学习经验，就比刚来读本科的国内学生相比占尽了先机，至少不再需要两三年的英语适应期了。学生通过高中阶段的磨砺，真实体会老师的授课方式、评估体系，了解在学分制下如何选课，进入大学更能如鱼得水。如果学生的申请材料中有可以证明你能够很好地在该国教育体系下学习，具备大学要求的学习能力，掌握美国大学要求的学习方法和思维方式，更容易在众多申请者中脱颖而出。

优势3：在名校申请中更具优势

如今，出国留学其实并不难，走进名校才是竞争的焦点。我在跟家长们交流时会发现，随着申请美国名校的竞争越来越激烈，其实计划赴国外读高中甚至初中的学生中，更多的一部分群体是在为未来进入美国名校做准备。在美国读完高中的学生，成绩达标者可以跟本地学生一样直接申请大学。许多学校明确提出，只要不申请奖学金，在美小留学生将与美国学生同等对待，这意味着小留学生将不必占用国际学生名额，而直接进入美国学生 90% 录取率的范围。所以低龄留学生在美国申请大学相较国内学生的竞争力急剧加强，进入名校的机会大大提高。

美国重视高中阶段的平时成绩，学生中学时的平时成绩和表现是大学录取与否的重要考查项目。而国内的高中毕业生，如果要想去美国一流大学深造的话，可能会被安排再读一年大学预科课程，成绩合格之后才能有资格进入一流大学。如在美国就读高中，参加 SAT 考试非常方便，可以直接参加 AP、IB 等考试，所有的学业成绩并入了美国大学的评估体系之内，对于申请美国顶级名校的学生来说，在美国高中阶段所获得的学习经历、课外活动、社区活动经历更易被美国大学评估，提交的自我陈述和推荐信亦更具公信力。

再比如英国，学生从 12 年级开始参加 A-level 考试，每年两次，学生可以选择成绩较好的一次作为保留记录，到 13 年级结束时一共有四次考试机会，因此，学生不会因一次考试失利而与志愿学校失之交臂。在升学方面，英国教育以其高教育质量闻名，高中教育中以私立寄宿高中尤为突出。私立寄宿制高中一直保持极高升学率，英国正规的寄宿中学基本都有 95% 以上的大学升学率，多数毕业生进入英国排名前 20 的大学，其中一半学生进入排名前 10 位的大学，包括牛津大学与剑桥大学。无疑，出国就读高中对未来学生升入本科名校将意味着是一条绿色通道。

优势 4：标准化考试成绩比国内学生更具说服力

2015 年沸沸扬扬的 SAT 考试成绩延迟、成绩取消事件接二连三，为什么官方会对学生的成绩提出质疑？其实最根本的原因是，近几年随着竞争激烈，中国学生的托福和 SAT 分数越来越高，然而，美国大学却发现越来越多的中国学生虽然具有非常高的托福和 SAT 成绩，但在进入大学后，其英语的听说读写等运用能力远远不能达到美国大学的学术要求。因此，对于没有在美国长时间学习经历的学生，美国大学对于其完全在中国取得的托福和 SAT 成绩，可能会打一个小小的折扣。反之，如果学生具有在美国、英国高中学习的经历，那么即便标准化考试成绩没有像国内学生一样奇高无比，因为学生已顺利在全英文环境的高中完成了部分学业，因此美国大学相信学生的英语能力更能应对课堂以及作业，还有和老师及同学的交流。我接触的学生中，不乏以托福 80 多分以及旧 SAT1700 分（总分 2400）左右的成绩成功入读美国排名前 50 的大学的情况。这些学生并没有把所有的精力都放在托福和 SAT 应试训练上，凭借在美国高中学习的经历，仍然可以进入一流的大学。在美国高中学习的经历以及美国高中提供的官方成绩单，可以向美国大学充分说明你对于北美教育体系的适应，使大学相信录取你后，你会在今后的大学生活中取得成功，不会因为不适应而痛苦煎熬。

不仅在学校选拔上如此，在专业选择上也是如此。比如教育、法律、医疗、金融等专业，往往美国大学对中国高中毕业生的录取非常严格，或者是设置了一些较难达到的条件来限制入学等等。中国学生如果去美国就读高中，毕业后则可以根据成绩和本地孩子享受同等要求，竞争这些专业，不受限制。

高等教育：最有价值的投资

不论是出国读本科还是出国读研究生，抑或是对于绝大多数送孩子出国读高中的家长而言，其终极目标依然是国外的高等教育。教育是最好的投资，而高等教育则是留学教育投资中的"金牛"产品。

1. 享受优质的教学及教师资源。

有对比才会找到差距。正是因为国外优质的教育资源与国内高等教育水平相对落后形成的巨大差距，所以国内广大学生选择了出国留学。根据英国《泰晤士报高等教育副刊》（*Times Higher Education*）全球首发的2021年世界大学排名显示，在排名前200的高校中，美国以59所的总数独领风骚，英国29所总数位列第二，清华大学排名第20，北京大学排名第23。对于中国学生而言，如果无法在考场中考出好成绩，那基本就意味着与名校无缘了。然而如果打算出国留学，经过精心的准备，也许学生比较轻松地就能被世界名校录取，排名甚至在北京大学之前，享受到名校优质的教学及教育资源。

在国内，潜意识里我们常常会认为一个好的大学应该是"大而全"，判断一个大学的优劣首先关心的是学校有多"大"、学科有多"全"、人数有多"多"，结果就恰恰忘记了教学质量，而近年来高校不断扩招，教育质量则受到极大影响。与国内大学"贪大求全"不同的是，国外的大学不求大而求小，以"质"取胜，因为小所以更能够确保教学质量，高质量的教学才能培养出有高素质的学生，才能赢得各种各样的美誉，小就是美！普林斯顿大学校长雪莉·蒂尔曼曾说："我们不愿也不可能成倍地扩大，因为我们学校成功的重要原因之一在于长期专注于两件事：一是本科生教育，二是学术研究。这是我们大学吸引学生的魅力所在。"据悉，在普林斯顿大学绝大多数大一新生进校后都是十几个人在一个班上课，学校为学生配备最资深的老师，为达到理想的学习效果，学校在扩大学生数量上会显得非常慎重。对比在国内，很多大学的授课基本上难以达到这样的小班教学，也难以实现这样的师生比例，很多公开课甚至是100~200人在一个大教室里进行，上课效果如何保证？这就像教育培训当中小班教学与大班授课的对比一样，效果的差别是不言而喻的。

再比如，以科研实力著称的加州理工学院的规模并不大，只有1 000余名研究生和900余名本科生，然而在多次世界大学排名中该学校却能位列全球第1位。在物理、行星科学、地理学等领域被公认为世界第一。连续五年，蝉联榜首。截至目前，加州理工学院已经摘取了32个诺贝尔奖。这所学校不求大而全，而是追求小而精，重点集中在几个最重要的科学领域，学校会花重金吸引世界上最好的师资，很多诺贝尔奖得主都在学校任教，学校的师生比例基本保持在1∶3。学院规模小，就有利于学生在课外活动中相互认识与交往，学生与教授之间的关系往往非常融洽。

不仅如此，国外的大学为学生提供尽可能多的学习资源，美国大学的图书馆一般都是24小时开放，图书报刊及电子资源非常丰富。在国内我们评判一个学校图书资源是否丰富可能主要是看这个学校有多少藏书，而在美国还有一个更重要的指标是图书馆的利用率，图书馆一定是全面为学生学习服务的。还有一些世界顶级教授的公开课、视频课件等，学校都免费提供给学生，这些都是国内大学里很难分享到的。

2. 更多专业选择机会，帮助学生找到兴趣所在。

尽管我们每天都在向孩子们强调，专业的选择要根据兴趣而定，然而，兴趣又从何激发呢？很多学生都是到了大一的第一学期后才发现自己对所学专业不感兴趣，而又"移情别恋"。然而很多时候"恋人"就在前面，可是有道鸿沟怎么也跨不过去，无法与自己心仪的专业牵手，这就是国内很多学生面临的现状。对于任何一个有梦想有追求的人而言，这无疑是一种悲哀，因为这短短的几年青春，可能就决定着孩子未来的一生。但是在美国，学生有充分的机会选择自己感兴趣的专业。

胡宸也是在大二时才找到了自己感兴趣的专业的，如果是在国内基本上是没有机会的。尽管国内大学里也有选修课程，但是选择的范围都非常有限。我先后在湘潭大学、国际关系学院任教，发现我们的选修课程跟国外的相比简直是"小巫见大巫"，国外的选修课程通常都有上千门供学生选择，然而国内是什么情况呢？每个学期快结束的时候，学生们需要选修下学期的课程，学校会给学生发一张选修课表，让他们在纸上进行"勾选"，然后再根据学生们的选择进行统计，开设相应的课程，可选项少之又少，失去了选修课的初衷。

相比之下，在美国，几乎所有的学校都鼓励学生们多选专业，也为学生们更好地找到适合自己的、自己喜欢的专业提供服务。比如，在美国素有"南部哈佛"之称的莱斯大学，绝大多数学生都选择了两个以上的专业，而且经常是"文""理"类结合进行选择。正如莱斯大学校长戴维·利布朗所言："许多同学来莱斯上学前有自己的想法，入校后由于环境变化，同时对自己更了解了，学生可能会改变最初的选择，所以学校给学生更多机会进行专业考虑，鼓励学生进行不同的探索，让他们跟随自己的兴趣和热情。"专业的选择不仅是为了获得相应的学分，更是帮助学生拓展知识面，激发更多的创造发明能力。

以前有学生问我：去国外上大学要比国内轻松还是辛苦？我相信只要想学有所成，不论在哪，都要付出艰辛的努力。在美国，学生既可以选择有职业竞争力的专业学习，也可以选择自己感兴趣的专业学习，还可以根据个性需要涉猎其他专业领域。这也许就是美国教育的一个诱人之处，只要你想去做，就一定可以获得一个开放的学习平台。而在国内可能是"鱼和熊掌不可兼得"。

可以说，美国学校基本上在做的一项工作是：尽量帮助同学们在学习期间找到个人的兴趣所在，尽可能地提供机会，挖掘出学生的特长、潜能。比尔·盖茨、乔布斯、扎克伯格这样的一类人，他们的一个共同之处就是在大学里就找到了自己的兴趣所在，并且沿着兴趣不懈地努力和追求。兴趣的重要意义在于它能够带来持续不断的激情与好奇心，这对于学生而言是非常难能可贵的，我非常赞同弗里德曼先生在《世界是平的》一书中提到的方程式：

$$CQ（好奇心）+ PQ（激情商）> IQ（智商）$$

IQ 很重要，但是 CQ 和 PQ 更为重要。一个拥有学习激情和发现好奇心的学生会比一个拥有更高智商但却缺乏激情的学生进步得更快。因为好奇心强同时又拥有激情的人通常都善于自我学习和自我激励。"知之者不如好之者，好之者不如乐之者。"找到自己感兴趣的学科、专业、领域，这样在感兴趣和擅长的领域努力往往更容易成功。

3.结交国际朋友，拓展国际视野。

不论是国内还是国外，每到学期开学，好学校的门口总是呈现出一幅"门庭若市"的景象，大家都挤破头希望进入更好的学校学习，为什么？因为学习的效果，除了取决于学习内容、指导者、学习环境、教材、课程设置、时间、地点等诸多因素外，在很大程度上还取决于一个非常重要的因素：跟谁一起学，即学习的伙伴。好学校因其能够培养出好学生，而提高了入学标准，相应的学生整体素质亦会更高一些。除了课堂知识，学生的学习收获经常来源于与同学的互动交流和思想的碰撞，茶余饭后的交谈，餐桌上的调侃，同学的一句不经意的话语、一个眼神、一个微笑、一个动作等都可能会给我们启发。可以说，学习的伙伴在某种程度上甚至比学习的内容更重要，正如去什么地方旅游并不重要，重要的是跟谁一起结伴旅游！

有一次，一位海归老师在讲座时展示了一张他在国外跟学生们一起吃饭的照片。这张照片并没有什么稀奇之处，我想跟大家分享的是，这张照片里一共有8个人，这8个人分别来自7个不同的国家，他们有着不同的肤色，带着不同的英语口音，代表不同的文化风俗、个性特征，可以说每个人都代表着不同的文化，这就是我们所说的"全球性"！来自世界各地的优秀学生聚在一起，每个人身上都有值得彼此学习的地方。他们来自世界不同的角落，有着不同的语言、民俗和思维习惯，通过与他们的接触，我们可以了解到不同文化下人们的喜好、习惯与交流方法，这对以后个人在工作上的发展是非常有帮助的。在国际化的今天，也许我们在未来的生活中、职场中就会面临这样的场景。如果我们不能够彼此了解对方的文化差异，不了解对方的习惯特征，不具备国际视野，就很难开展正常的沟通，难以融入国际交流中。

不仅如此，身为过来人我们都知道朋友在未来职业生涯中的重要性：比尔·盖茨与好友保罗·艾伦在1975年创建了微软，乔布斯也是和他的朋友一起创立了苹果公司。

不论是出国读本科，还是读硕、读博，归根结底，离开校园后每一个人都要进入社会走向职场，这时候可能比机会、能力更重要的是你的人际关系网络。从某种意义上而言，你在学习时所接触的圈子层次决定着未来职业发展的层次，这就是所谓的圈子。而走进世界名校，跟那些来自全世界的优秀学生一起学习、生活，成为朋友，成为以后的工作伙伴、事业伙伴……从某种意义上说就是进入了精英阶层，未来的起点会更高。

4. 国外强调"取长"，国内关注"补短"。

从中美两国在学生录取方面的差别我们可以知道，美国的教育更人性化，且具有灵活性，更尊重学生的个性发展，有的学生在国内考不上好的大学，并不意味着在智力、学习等方面不如其他学生。我遇到过一个学生，他在计算机方面非常有天赋，从小就开始接触计算机，但是他的考试成绩就比较差。而因为很多编程的语言和材料都是用英文写的，所以他对英语的兴趣比较浓，这样的学生就是我们常说的：严重偏科。要想进入国内的好大学，希望很渺茫。后来在我的建议下，这个孩子毅然放弃了国内的高考，因为即便参加国内高考，他基本上也很难考上"一本"类的学校。他的特长是计算机，这很有潜质，同时他对此非常感兴趣，他的英语也还行，因此他要做的是学好英语，取得出国考试成绩。经过一年多的努力，他最后申请到了澳大利亚的一所学校，世界排名是前100名，这比在国内挤破头去学那些原本他不擅长甚至讨厌的东西要更切合实际，也更有利于孩子未来的发展。

当然，美国课堂之所以能够成效显著并且受到学生们的喜爱，是因为美国的课堂是探讨式、开放式、互动式的，更能够激发学生主动学习，而不是万籁寂静般地在课堂上一味"填鸭"。美国的老师在课堂上希望学生多提问，参与探讨，甚至反驳老师的观点，然后开展讨论，美国师生关系是一种平等关系，在课堂上也是如此。在西方人眼里，老师只是一个引导者，不是权威，学生可以大胆地反对老师的意见，可以直呼其名，师生的关系是平等的朋友关系，老师非常渴望在课堂上与学生们展开讨论。就拿教师节来说，美国的教师节在5月第一个整周的周二，这一周也被称为"谢师周"。但美国教师节是非官方、非法定的节日，因为欧美国家淡薄师生关系，认为老师仅仅是一个职业而已。正是因为有这样一种师生关系，学生才能在一种自然的状态下发现自己的潜能，去追求自己想要的东西。

我们常常强调取长补短，结果很多家长在发现孩子某一弱项科目后寻找各种机会帮助孩子弥补短板。尽管水桶原理源于美国，然而一个有趣的事实是：在国外，尤其是美国，他们的教育重心是寻求每一个人身上的优点、强项，鼓励每个学生把自己的优点发挥到极致。一个是"补"，一个是"取"，效果却截然不同。如果你只热衷于你的强项，其他的不喜欢或不擅长，那么你可以把你的强项发挥到极致，这就是他们的教育。可以说美国的大学给了各种不同特点的人更多的选择机会，而这些机会更有利于个人潜能的发挥。

5. 促进自我成长与完善，增强职业综合竞争力。

对于留学生而言，出国留学是人生成长中很重要的一部分，而这个时期正是每个人人生中成长、成熟的关键时期，优秀的人格往往在这时得以塑造。而丰富的海外成长与生活经历本身就是一个人成熟的标志。留学期间，学生在国外复杂的环境下，需要处理诸如学习、生活、与不同的人沟通交流等各种事务，这本身就是一种挑战。

大二期间，胡宸参加了一个叫 IBIP 的项目，全称是 International Business Immersion Program。因为是个重要项目，对参加者要求很高，而且能折算成 4 个学分，胡宸就报名参加了。这个项目的内容就是采访中国各大城市中大型企业的 CEO（首席执行官）或董事长（绝大部分为上市公司），听创始人讲述创业历史，然后整理出总结报告。

2010 年 5 月，胡宸的项目组由两名美国老师带队来到了中国，两周行程里安排了北京、石家庄、武汉、杭州、上海、香港等多个城市和地区的参观访问。在北京的时间是 4 天 3 晚，因为采访行程安排满档，所以在北京期间，胡宸几乎没有时间回家。而且除了采访，他还要做同学和老师的导游，带队的美国老师亦把胡宸当成了得力助手。回到美国，老师甚至把很多报告内容让胡宸翻译成中文，因为这些报告要发给中国的接待单位。后来他们整理了一份上万字的访谈报告，国内受采访者收到后对他们给予了很高的赞赏，有些机构甚至直接向他们抛出了橄榄枝。当然他们也获得了4个学分，而对于参与项目的每一个学生而言，最重要的是他们从中积累了大量的实践经验，能面对面地与各位成功的企业家交流、采访，这样的学习比书本更直接。在美国很多学校都有类似的实践活动，这些经历对胡宸后来进入美国四大会计师事务所从事咨询工作是非常有帮助的，对未来的职业发展也非常有意义！

6.融入国际文化，成为国际人才。

语言是沟通的工具，要想成为国际人才，掌握一门国际语言是必不可少的。全世界60%的广播节目、75%的电视节目是用英语进行的，互联网上多达80%的信息都是英语，绝大部分国际会议以英语为第一通用语言，英语还是联合国的正式工作语言之一。

对于留学生而言，可以充分借助在国外的学习机会将这一国际语言掌握扎实，掌握用英语与世界各国的人进行交流的能力。文化上的融合一定建立在语言的沟通与融合基础之上，在国外不仅能丰富人生阅历，更可以接受异国文化潜移默化的熏陶，这种国际文化的熏陶是无法从纸上得来的，是独一无二的留学经历带给学生的成长经验。

诚然，国际语言沟通能力，更重要的是文化方面的沟通，表现在精神层面、传统文化、思维模式、交流方式等很多方面。如今中国正在成为全世界瞩目的中心，中国在走向世界，世界更在走向中国，在这样一种大好的形势下，市场需要的是能适应国际化发展的、具有较高外语水平的国际化人才。与语言条件相关联的还有沟通和自我表达的能力，即使掌握多国语言，如果不知道怎么表达出最好的自己，也不能称之为国际化人才。

每一个年轻人都想成为精英，实际上我们身上还承载着一种使命，这种使命就是要发扬光大中国的文化。事实上，越是成功的人士，他们越是在中国的民族文化、传统思想、哲学上有很深的修养。所以，作为国际精英人才，我们应该德才兼备，在新的大环境里，我们要善于与世界沟通，这就是我们所需要的国际精英的标准和要求。

行动指南：开始你的留学规划

读完这一章，请完成如下行动表：

请孩子\父母一起完成如下问卷调查：

• 你为什么要出国留学?

（按照重要顺序依次写出至少三个答案）

1 _____

2 _____

3 _____

• 为什么送孩子出国留学

1 _____

2 _____

3 _____

从如上 6 个回答中找到相同的答案，如果没有相同答案，父母应该跟孩子坐下来好好聊聊，找到答案。

第二章

低龄学生留学把握三个标准

之所以提及电视剧《小别离》，是因为它的剧情给了我们很多思考。剧中讲述的三个初中孩子家庭正好代表了不同情况下对于留学与否的不同心态：

优等生琴琴，为了追求更好的教育；

中等生朵朵，寄希望于去国外换一个环境，过没有压力的生活；

差等生小宇，希望出去"镀金"，"最不济学一口流利的英语回来。"

对孩子而言，低龄留学是中等生躲避压力、优等生镀金和差等生历练的"灵丹妙药"吗？

显然，答案是否定的。

良好的开端是成功的一半，在我看来，中国学生要想实现成功留学，在出国前就要做好充分的准备，功夫下在出国前。要想出国留学无忧，至少达到这三个标准：第一，想明白为什么要出国留学；第二，具备德智体三方面的成熟条件；第三，出国前学好英语。

想明白：为什么要出国留学

国外教育优势固然明显，能带给学生的收获也丰富，然而真正让一个人最终下定决心出国留学的星星之火一定植根于学生心里，只有发自内心的真正渴望，才能开启成功的留学生涯。

为什么要出国留学？一千个留学生会有一千种答案。那些成功出国留学的人一定有一个清晰的目标和明确的理由，而那些未成功出国留学的学生几乎都是因为缺乏留学目标，被动留学。出国留学一个理由就已足够，对任何一个留学生而言，只要他用心把握好留学生涯，那么他在留学期间都将收获满满。

诚然，在国外上大学不是简单的获得知识、获得更有"含金量"的文凭，留学的意义不是可以一言以蔽之的。本科毕业生选择留学的最主要理由排序依次为"增强职业综合竞争力""学习先进的知识和技能""增加见识，了解他国文化""接受先进的教育方式""去国外就业和长期居住及其他"。"增强职业综合竞争力"和"学习先进的知识和技能"两项共占54%，可见提升个人竞争力已成为留学的主要理由。

记得胡宸在大三暑期时回国，有一天，我们聊到他在美国的学习经历，他告诉我这三年来在美国最大的收获是：第一，找到了自己的兴趣和目标；第二，已经融入国际文化中；第三，培养了自己独立学习、工作、生活的能力。而三年前，他提出要去美国上大学时的三个理由是：第一，希望接受世界上最好的教育；第二，想挑战自己的潜能，跟世界上其他同龄人竞争；第三，渴望融入国际文化中。我想相比预定目标，出国留学给孩子所带来的收获远不止这些。

常常有人问：为什么要留学？其实，留学并不需要太多理由，每个人都应该有自己的留学目标。就如我们刚上学时老师常问的"为什么读书"，周恩来的回答是："为中华之崛起而读书！"我们还记得我们小时候的回答吗？其实，关键不在于问题是什么，而是我们内心究竟渴望什么样的答案，我们的理想是什么。只有带着一种理想去留学、去学习、去追求，才能真正有所收获！

就像那一则饶有趣味的关于放羊娃的对话：

"狗娃干吗呢？"

"放羊。"

"放羊干啥呢？"

"卖钱。"

"卖钱干啥呢？"

"娶媳妇。"

"娶媳妇干啥呢？"

"生娃。"

"生娃干啥呢？"

"放羊。"

"仁者见仁，智者见智。"放羊有放羊的悠然自得，留学有留学的苦尽甘来。你是想成为一个与时俱进、具备国际化视野和知识技能的国际型人才，还是想偏安一隅、日出而作、日落而息？留学不是目的，而是实现人生梦想的途径，是一种追求。在很多人看来，中国改革开放的总设计师邓小平的留学是失败的，当年他几经波折去法国留学，历尽艰辛，因为种种原因而中途辍学。但正是由于他在法国的那段人生经历和磨炼让他不断探索国家的前途和个人的出路，结识了许多后来对他帮助颇大的朋友；在磨砺了意志的同时，他在国外的所见所闻让他具有了开放的眼光，为他成为中国改革开放的设计师奠定了视野基础。因此，谁又能漠视留学对邓小平整个人生的影响呢？

1997年，我赴英国朴次茅斯大学做高级访问学者，目标就是要真切感受英语国家的文化，增强自身的英语语言与文化方面的学术底蕴，同时探究英汉两种语言的表达与思维差异，所以面对众多打工机会我没有动摇过对于专业的钻研，为回国从事英语教育奠定了强大的基础。留学并不需要太多理由，不论是迫于国内就业形势而出国深造还是为实现父母的心愿，不论是为报效祖国抑或只是为了证明自我，重要的是每一个理由都应该来源于我们内心深处。留学只是我们人生中的一段成长经历，而不是结果。我们一定是为了某种愿望、为了心中的某种理想和追求而出国留学！

为什么要出国留学？答案千千万万，每一个人的内心一定有一个能让自己满意、或者能让你的未来满意的答案。作为学生要做的是找到这个答案，并以此为目标，开始行动；而作为家长，我们要做的是激发孩子内心的渴望，并帮助他们去实现梦想！

为孩子出国创造"引爆点"

诚然,正如我在前面所描述的,胡宸的成长是与美国独特的教育体制分不开的。如果胡宸在国内上大学,也许他也和国内的同学一样,按部就班,熬过"黑色六月"然后挤过高考的"独木桥",伫立在大学校园门前,不得不孤注一掷选择一个他根本不知道是否感兴趣、是否有前途的专业——因为自己不知道选择什么专业而听从父母的建议选择了金融,但是最后发现不喜欢,又无法调换专业——也许胡宸的人生将截然不同。而今,胡宸选择了出国留学,接受了另外一种教育,开始了另一种更充实的人生。

人生最难的不是奋斗,而是选择。对于留学,很多家长与学生首先要面临的就是这样一个选择。如今,高考显然已经不是唯一的选择。面对子女青春的十字路口,一边是中国的高考,一边是出国留学,作为父母我们要做的一件事情就是为他们创造条件,让他们有更多的人生选择,找到让孩子愿意出国留学的"引爆点"。

胡宸上高二第一学期的时候,他所在的学校(清华附中)有一批去美国参加交流活动的名额,胡宸报名参加了,经过筛选后,被选上去美国交流了一段时间。交流回来后胡宸果然长见识了,有了很大的变化,对英语学习重视了很多。尽管我跟爱人都是从事英语教育工作的,但是胡宸的英语一直表现平平,而这次则不知是什么缘故他突然开始把英语当回事。

一天晚上,胡宸放学回来后,一家人准备吃饭,洗完手胡宸早早就帮我们把饭盛好了,一本正经地说:"老爸,老妈,我想去美国上学。"老实说，当时我们感觉很诧异，尽管这么多年我培训和辅导过众多学生成功出国留学，飞赴世界名校，但是似乎对于自己的孩子是否出国留学却没有好好琢磨过。很多时候就是这样，越是身边的人越容易忽略，从这个角度而言，我不得不承认我是一个不太称职的父亲。

我当时没有发表什么意见，只说了一句："想去美国上大学，可以，先把托福、SAT成绩拿来，看到成绩，咱们再谈这件事。"果不其然，他在接下来的一年时间里狠学英语。他此前的英语成绩非常普通，我们也从来没有指导过他，后来他参加考试，把两个成绩单摆在了我们面前，成绩还算不错，于是他开始申请留学。

关于留学，很多家长困惑的第一个问题就是：我们非常想让孩子出国留学，让他到国外接受更好的教育，但是不知道孩子想不想去，这可怎么办呢？

很多人之所以成功不是因为赢在了起点，而是赢在了转折点。其实每一个孩子都有梦想的基因，只是我们需要在恰当的时候创造"机会"，给予"刺激"，加以"引爆"。我想，如果儿子当时没有去美国的亲身经历，没有直面美国美丽的大学校园，没有体验过美国的文化，他又怎么能对美国留下深刻的印象呢？又怎么会在中国教育与美国教育、在中国大学与美国大学之间做出选择呢？有对比才有区别，孩子才能发现自己喜欢什么、不喜欢什么，才容易做出判断。这次亲身体验比我们在国内给他上100堂课要更实际。当然，被"引爆"的不止胡宸一个人，在一块同行的交流生中，最后有10余个孩子决定不参加国内高考，转而选择出国留学。

同样，如果没有那种自身要去美国学习的"内心的渴望"，我想胡宸是很难在一年内通过两个考试并取得较好成绩的，而我也不会赞同他出国。因为如果没有目标、没有愿望，即使出国了也是白白地溜达一圈，灰溜溜地回来，什么也感受不到，什么也学不到。有的学生跟随父母或者因为其他原因去了国外，回来后没有任何想法，没有出国学习的冲动。对这样的学生，我建议家长一定不要再刻意去要求他们去国外留学，至少不要急于让孩子出国留学，因为他自己即便亲身感受了国外的生活环境也没有产生留学渴望，那即使出去了他们在学习与生活上也会很被动。

那到底如何激发孩子的出国欲望？给大家几个可行的建议：

1. 创造机会。让孩子多参加一些国际交流活动，如国际游学、夏令营、冬令营、交流生项目等，让孩子身临其境感受国外教育、优美环境与良好的学习氛围。尤其是国际游学，让孩子在游学中感知海外文化、体会多彩课堂，获取丰富知识，同时又能提升英语，它更像是出国留学者的前站。

2. 开阔视野。多参加一些留学讲座，多了解成功留学的人讲述的海外生活及故事，参加教育展，激发孩子对于未知世界的向往。

3. 激发目标。帮助孩子找到兴趣和目标，从而引导孩子找到实现这些目标的更好的方法。

对于中国学生而言，留学承载的不仅仅是一个梦想，同时也是一个家庭的希望。精彩的留学之路从为什么开始，有了目标才会有方向，明白了为什么才能从容地准备留学，才会知道接下来应该怎么做、应该去做哪些准备。

"好"孩子适合出国留学

留学固然好，但是当广大家长将目光聚焦在留学带来的优势、当家长们都在热火朝天地讨论"该送孩子去哪个国家"这类长远的问题时，大家往往很容易忽略一个问题：孩子真的适合出国留学吗？

有一年暑期，有位朋友介绍了一位家长过来。这个家长事业做得很大，40出头，算是一位成功人士。他找到我说："胡老师，我想把孩子交给您。只要您帮我把孩子送出国，花多少钱我都愿意。"因为还没有跟孩子见过面，所以当时我没有给他一个明确的答复。我说："请先让我跟你的孩子聊一聊。"后来我跟他的孩子单独约了时间做了一次交流。跟孩子聊完后，我了解到这个孩子不仅学习基础较差，而且身上还有很多坏习惯，如网瘾很大，经常通宵熬夜玩网游；自我控制能力很差，平时跟爷爷奶奶在一起生活也是衣来伸手、饭来张口，基本在学习和生活上都很难自理。试问：这样的孩子送到国外去，父母又怎能放心呢？即便一定要让孩子出国，也一定要把这些不良的习惯纠正过来，把学习基础打牢后方可考虑送到国外留学。只有这样，孩子出国后才能够开展正常的学习和生活。

那么，究竟什么样的孩子适合留学？简而言之，我认为至少要把握好一个原则："好"孩子可以出国留学。

诚然，孩子原本没有好坏之分，世界上没有坏孩子，只有个性不同的孩子。之所以这里借用一个"好"字来概括，主要是想借助我们常常说的"三好学生"中的"好"的概念进行一个类比。在此，我引入中国教育里"三好"标准中的德、智、体三方面进行大致概括。

1. 德，指孩子在思想上的自强自立，有辨别是非和约束自我的能力。

如今的孩子基本上都是独生子女，6个家长围着一个孩子转，在家里孩子可能享受的是衣食无忧的待遇，生活、学习无忧无虑，遇到什么问题都是家长们帮助解决。国内学习期间，在学校有老师来管理和约束，回到家后有父母督促进行学习，然而到了国外基本上只能依靠自己进行自我管理。就像一根弹簧，在国内受到父母和老师的约束，处于一种压缩状态，而一旦到了国外，突然没有任何人在身边进行管理和约束，处于极度的伸张状态。巨大的反差之下，如果孩子缺乏自我约束和管理能力的话，非常难以把握各种平衡，容易出现各类问题。例如，很多年龄小的学生到了国外后根本没有目标，每天除了正常上课外，业余时间自由自在，不知道如何安排时间，于是习惯性地打开电脑，开始玩游戏，越玩越上瘾；更有甚者，通过影视、报纸杂志和网络接触到大量不健康的东西，由于抵御能力差，容易走上歪路，最后无法自拔。

我有一位在美国的同学、每次回国我们都会不可避免地聊到孩子的学习情况。有一次他跟我提到他儿子所经历的一件事情。他的儿子在高中时候交了很多朋友，其中有一个最要好的朋友后来卷入了毒品事件中，而这个学生最开始只是因为在派对上觉得很好奇，所以尝试了一下别人给他的毒品，却一发不可收拾，最后被学校开除。这位朋友也曾经让我同学的儿子尝试一下，然而同学的孩子拒绝了，所以才避免了走上错误的道路。朋友跟我谈到这个事情的时候还十分后怕。事实上，这些孩子最开始的表现都是非常优秀的，但是因为辨别是非的能力差，导致因为一次的错误判断而走上另一种人生道路，在孩子成长的道路上，可以说是"失之毫厘，谬以千里"。后来，我同学的孩子以优异的成绩顺利进入了加州大学洛杉矶分校。

孩子到达国外后接下来将面对各种复杂的环境，要面对各种各样的选择。如果没有辨别是非的能力，无法自立自强，就难以应对各种学习、生活上的问题。

2. 智，指学习能力、自我激励能力与沟通能力。

时代发展到今天，每个人所应该具备的最重要的一种能力就是学习能力。很多家长对于国外的教育了解得比较片面，有的家长认为在国外学习孩子会很轻松，有的家长甚至抱着"让孩子免受国内教育的煎熬"的心态送孩子出国留学。其实对于中国学生而言，国外的教育实行的是"宽进严出"，如果要想在毕业时有一个良好的成绩，那么在校期间就需要不断地学习和自我激励。我曾经辅导过一个学生，是个非常优秀的女孩子，被加州理工学院录取，她到美国后给我发来的第一封电子邮件就是向我诉苦，她在邮件中说道：

> 胡老师，您也知道，爱美之心人皆有之，更何况作为一名女孩子，我当然也喜欢打扮。我以为到了美国后学业就可以轻松一些，也有时间趁着"女大18变"之机变得可人一点儿。没想到，美国的大学并不是那么好读的，到了美国后很多时候忙得连打扮的时间都没有。
>
> 加州理工学院对科研是极其重视的，我选择了6门课程，这是正常的数量。但是每门课后，我们每天都有大量的作业要做，需要开展各种调查、研究、实验，需要查阅各种资料，多方面沟通，好在我的英语算扎实，否则我都害怕自己挺不住啊！

看完她的邮件我既哭笑不得，又为她捏了把汗。在美国，每年都有很多学生因为没能按时拿到学分而无法正常毕业。美国实行的是学分制，如没有取得相应的学分是无法拿到学位证书的。据统计，在四年制高校里，平均只有不到60%的学生能顺利毕业。不仅如此，由于中西方教育理念和教学的差异，学生接受知识的形式亦相差甚远。中国的教育主要是通过"填鸭式"教学，老师讲，学生听，缺少沟通和交流。学生课后的学习更是在家长和老师的督促下完成的，缺乏主动性和自控能力。而国外的学习完全取决于学生的主动性，课堂上老师布置的作业亦大都需要课后进行大量的资料查阅，开展分组讨论，最后得出结论，锻炼的是学生的协作、独立思考与整合各种学习资源的能力。很多课后作业亦并非国内的"练习题"，而是给出一个课题，让同学们自己去查阅资料，开展社会调查，然后撰写调查报告，考验学生的独立学习能力。

尽管美国大学对上课没有严格的考勤制度，管理也显得很松散，但每门课程作业繁多、考试不断，更需要学生自主地进行自我激励。记得胡宸刚到美国那段时间，刚开始可能还不太适应美国大学的教学节奏和习惯，我们经常跟他通过MSN（一款即时消息软件）沟通，看到他几乎每天都要为完成各项作业而熬夜。好几次写作业写到凌晨2点还没写完，我在电脑上通过MSN看到他那边一直处于忙碌状态，心里真是既心疼又着急。后来再聊起熬夜的事，胡宸说了一句十分引人深思的话："比起我现在的用功程度，我在中学的时候简直就没用过功！"当然，胡宸之所以说这话可能也是因为他选修的课程特别多。按照学校规定，学生一学期最少要修12个学分，最多可修18个学分，正常情况下学生会修15个学分，胡宸第一个学期就选了19个学分的课,超过了学校规定的上限。到了第二个学期,胡宸"变本加厉"要求修28个学分。就这样,每个学期多修几门课成了胡宸的家常便饭,一天到晚节奏很快自然是不可避免的。当然我相信要顺利完成这些课程的学习,学习能力是必不可少的!

可以说学习能力是完成大学学业最基本、也是必须具备的一种能力。

3. 体,可以理解为健康的体魄和生活自理能力。

尽管胡宸在去美国读大学前已经有过两次出国交流学习的机会,第一次是去韩国,第二次是去美国,但是那时候有老师或家长陪伴,出点什么问题也有人从旁协助解决。而去美国读大学则意味着所有事情都要孩子独立承担、独立解决,心里还是有点担忧的。平时在家里孩子很少干家务活,早上起床不用他叠被子,吃完早点就上学,晚上回家吃完晚饭,他就去书房学习,饭碗基本也是我爱人收拾。所以在胡宸去美国的前一天晚上,我和爱人对胡宸说:到美国安顿好后,第一件事情就是打开电脑,用电脑摄像头把宿舍给我们扫一遍。胡宸到美国后,很激动地带我们"远程"参观了一下他的宿舍,当看到书桌上整齐摆放的各类书籍,看到床上叠放整齐的被褥时,我跟爱人那颗悬着的心才算放了下来。所谓"一屋不扫,何以扫天下",很多时候其实不需要孩子给什么承诺、保证,只要通过一些小事情、小细节,就能够感觉到孩子的成长。

在国内,家里几乎最常听到的一句话就是:你学习去。家庭的一切都以孩子为中心,而孩子又是以学习为中心,所以为了能够让孩子全身心投入学习,父母基本上不让孩子干任何家务活,久而久之孩子这种天然的"劳动"权利慢慢就被剥夺了。根据《中国独生子女状况研究报告》显示,目前国内家庭让孩子每天都做家务的家长很少，除了最简单的家务如整理书本和床铺的有 22%、洗自己衣服的有 61.9% 之外，其余家务基本不涉及。这样到国外后意味着除学习以外还要接受生活的锻炼和磨砺，会给生活带来极大的不便。

举个最简单的例子：吃饭问题。尽管目前在国内有各种各样的西餐，但是美国和中国的很多生活方式和习惯还是有很大不同。有的学生在国外第一年住在学生宿舍，自己没有条件做饭（许多同学不知道怎么做饭，不知道炒菜时什么时候放盐，什么时候放味精等），所以只能吃学校的伙食。尽管每顿饭看似很丰盛，但大部分菜肴都接近墨西哥或意大利口味，再加上典型的美国油炸食品，蔬菜基本上是生吃，很多学生都需要有很长的一段适应时间，一些学生最开始时往往会出现肠胃不适应的现象。于是，很多家长害怕孩子到了国外后饿肚子，会在孩子出国前一周"传授"孩子一个不挨饿的妙招：蛋炒饭。可以说最简单，也最温饱。但是孩子不可能天天吃蛋炒饭，不可能天天吃汉堡，还是需要自己动手。如果孩子具备基本的生活自理能力，那这些都不再是问题。

我相信有了"德、智、体"这三个方面的条件，孩子出国留学后会变得更优秀！

低龄留学家庭常见误区

尽管越来越多的家庭选择送孩子出国读高中，但是很多家庭对国外的中等教育其实很陌生，尤其容易陷入一些认识误区。

误区 1：依赖排名来选择就读的高中学校

很明显，我们在选择国外大学的时候可以参考各种各样的大学排名、专业排名，但是中学是没有参考的。美国中学分类非常复杂多样，每个学校都有自己的特点，并不像我们国内的高中，国内的重点高中就是上好大学的前站。在美国，家长考虑的因素比较多，如地理位置、学校性质、学费、选修课程、文体特长等等，根据自己孩子的情况和喜欢来选择学校，而不是简单地只看排名。况且绝大部分走读私立高中并不参加排名，其中的一部分学校甚至要比有排名的更优秀，美国有很多蓝带级别的私立高中（美国仅有 3.9% 的私立高中可以获此殊荣，并且美国很多政界要员都毕业于此类学校）就没有参加任何排名。如果申请国外大学，利用排名可以来筛选适合自己的学校。但是美国中学是没有官方排名的，美国媒体只对 30 所美国高端寄宿中学进行综合排名。很多网站的排名是按照学校的 SAT 平均录取分数进行排名的，这样的排名比较片面，参考依据不大。

那么中国学生的选校标准是什么？是学生和学校的匹配度。在后面的章节我会简单跟大家分享选择国外高中学校的考量因素。我们知道美国有寄宿、走读制学校，有女校、男校、教会学校等等。那么此时要清楚了解学生的性格特点以及中学的风格。例如较内向的男生可以选择能包容自身性格特点的学校，或是注重学生内在修养的学校。男校注重男生的素质和男性气质的培养，学生在这样的环境中不会因性格内向、不敢和女生交流而感到自卑，并且能够大量参加体育运动，使性格更加开朗、外向。除去以上考虑因素，同时也要考虑到学生的学习能力。如果学生在国内学习习惯非常好，语言水平比较高，那么可以考虑为学生选择没有宗教背景的 independent school 以及课程难度较大的宗教背景的学校。总之，适合的才是最好的，而不是一定要追问学校的排名情况。

误区2：将时间放在冲击托福、SAT、AP等考试高分上

有些学生表面上是出国了、在国外学习，但在我看来，无非就是把美国的教育读成了中国的应试教育，这样的留学是要大打折扣的。为了毕业后顺利申请到美国顶尖大学，很多家长一开始就将考取托福、SAT高分作为就读美国高中的目标、作为升入美国名校的跳板。事实上，美国高中留学更多的时间用在课程学习及与寄宿家庭的沟通上。另外，美国高中学生在校期间会参加各种各样的社团活动，而课外活动在申请大学时的重要性不亚于标准化考试成绩。再拿AP课程来说，AP课程在一定程度上反映了学校的师资力量，但适合中国学生的AP也就十几门，所以选校不能以AP数量为唯一参考条件。中国学生如果一味将目光锁定在托福、SAT、AP这些考试上而耽误了GPA和课外活动，那势必容易在最后的申请美国名校上顾此失彼。

误区3：出国了，英语自然而然学好了

中国学生的刻苦用功在全世界得到公认。随着各种语言培训机构的增多，以及中国学生自身极强的应试能力，在申请赴美留学的过程中，中国学生的托福和SAT等各项成绩越来越高；而且，随着中国经济水平的不断提高，更多的家长希望孩子可以接受世界顶尖大学的教育，并且有能力支付相关的教育成本，因此，越来越多的优秀学生选择出国留学。然而，进入国外名校后，这些各地的尖子生、佼佼者却显得力不从心。几乎每年都会爆出中国留学生在名校被退学的新闻。这种现象值得大家关注。

其实，问题的根本不是学生的托福、SSAT考试成绩，而是学生的英语应用能力。美国的中学不同于加拿大、澳大利亚等国家，因为他们是没有预科的，这就意味着到美国留学前就必须掌握熟悉的英语，这也是在帮助学生以后的学习。家长需要明白孩子光靠ESL课程学习是远远不能达到要求的，真正地融入美国当地的环境中还是需要更加流利的英语，这样才是留学最坚实的基础。

误区4：远离"中国高考"，高中学业可以很轻松

每次在讲座中我都会多次强调一个观点：孩子要想表现优秀，在哪都需要努力！美国最高新闻奖"普利策奖"获得者记者爱德华·休姆斯曾花了一学年时间在加州一所公立高中惠特尼高中"蹲点"。他把一年的体验写成一本书《梦想的学校》，第一章用了这样的长标题："4是有魔力的数字：4小时睡眠，4杯拿铁，4.0GPA"。这本书描述了惠特尼高中的学生群像：为了得到最高的平均成绩4.0，他们一天只睡4个小时，灌下4大罐拿铁咖啡，为的就是能够熬过一整夜。学生疯狂学习，每天甚至只睡4个小时；他们课外活动丰富，特长"傍身"；家长们关注教育，90%的家庭不惜重金聘请家教……为了考名牌大学，为了培养孩子，美国家庭拼了。从进校那一刻开始，不只中国高中生读书辛苦，美国的高中生也很辛苦。

很多人依然在误读美国的中学生活、美国的中学生。的确，全美有3000多所大学，几乎可以做到"全民上大学"。但要上名校，竞争还是非常激烈的。拼教育，美国家庭不输给中国家庭。到了大学申请季，竞争变得隐蔽，但更为骇人。老师会提醒学生，不要互相交流申请学校的信息；有的家长在超市遇见会装作不认识，谁都不想告诉对方自己的孩子报了什么学校，以免引来"同伴竞争"。对于高中就读国外学校的同学而言，不仅要跟同班同学竞争，还要跟美国本土的大量优秀孩子竞争，甚至跟全世界的优秀孩子竞争。要想脱颖而出，非得下一番苦功夫！

案例分享：SAT高分考生入名校后被劝退

有一年6月，重庆某中学的李同学以SAT高分成绩被美国加州大学洛杉矶分校录取。然而，次年5月，他被该大学以学习能力与SAT成绩不符为由劝退，被迫转入当地一所社区学校就读。为何他以如此之高的成绩入学却无法完成学业？

李同学坦言，备考期间他每天花10小时完成各种模拟试题，背超过200篇范文，重复做过4遍历年真题……这是我们熟知的"题海战术"。这些努力尽管在一定程度上换来了他的考试高分，但也导致了他到达国外后面临的问题：做不出论文，无法融入小组，学期演讲忘记发言内容，最后一学年9门考试挂了8门，被大学劝退。尽管备战留学考试期间他每天保持10小时的模拟试题练习，但超强度模拟练习中他掌握的更多的是命题规律、做题技巧、应试策略，真正的英语能力提升微乎其微，成了典型的

"高分低能",结果出国后严重水土不服。这些现象都反映出了一个共性问题:学生考试分数高,出国了,但是不具备用英语进行学习与交流的能力。

李同学的遭遇并非个案。美国常青藤盟校公布的数据显示,进入哈佛大学、耶鲁大学、康奈尔大学、哥伦比亚大学等14所名牌大学的中国留学生退学率为25%,他们的共同特点都是曾经的高分考生。一些学生中高考后看到自己考试成绩不理想才决定出国留学,这种"灵机一动"的想法是非常危险的,他们误以为只要取得相应的出国考试成绩、申请到名校就大功告成。这种求快的心理导致同学们"抄近道",急于求"分",为通过考试在短时间内掌握大量的应试技巧。对于向来以应试能力著称的中国学生而言,获得出国考试成绩并非难事,但是真正有多少学生能够按照托福和雅思考试的考查初衷去扎扎实实地掌握英语技能呢?有多少学生在出国前具备了应付国外学习和生活的英语能力呢?

出国留学应该是出路而不是捷径,更不是退路!"洋"高考并非获得理想的出国考试分数就行,而是要真正通过备战考试来提升英语能力,获得未来在留学目的地国家适应学习与生活所需的英语能力。事实上,出国考试无时不在呼唤语言学习回归本质。如美国大学理事会(SAT考试组织者)明确表示:SAT主要是考查学生们在大学阶段所必需的阅读和写作能力;托福全名为"检定非英语为母语者的英语能力考试",最关键的落脚点应该是"能力"而不是"考试",能力才是根本,考试只是能力的检测方式之一。同样,雅思考试是一种较全面地针对听说读写四项能力的、为打算到英语国家学习、工作或定居的人们设置的英语水平考试。言外之意,到了国外后，学生是需要用英语进行日常学习、工作和生活的。这些考试无一不在提醒同学们：要提高英语技能！英语高能，自然考试高分，能力与考试一举两得，这才是出国考试的本意！

不久前，一位美国年轻人写了一篇硕士论文，论文主题是《中国低龄化留学生出国前后所担心的问题》。调查研究的是中国学生出国留学之前半年最担心的问题和出国后半年以内所面临的实际问题分别是什么。结果很有意思：那些出国前中国学生普遍担心的问题——如安全、衣食住行问题——出国后都不再是问题，而那些出国前认为不是问题的，出国后却成了最大的挑战，如英语语言能力。

为了再次论证这个调查研究，有一年，我与北京市某重点中学国际课程班的学生进行交流期间，现场问在座的学生出国前最担心的问题是什么。结果不谋而合，很多同学不假思索就说：安全。接下来还有同学提到饮食习惯等问题，而极少有人提及语言问题。他们认为到了国外有了语言环境，语言自然而然就能学好。很多家长和同学都是这样认为的。实际上，学生到了美国后，那些安全、衣食住行问题都将不是问题，真正的问题首先是语言障碍，其次是社会交往，第三是团队协作。

出国只是留学第一步，绝非终点。然而很多家长和学生误以为拿到录取通知书、申请到国外名校就万事大吉，等待凯旋而归了。殊不知，留学真正的挑战是从学生走下飞机的那一刻开始的，从那一刻起学生过去的雅思、托福、SAT成绩都将成为过去，真正的留学生活、学习才开始，这时候英语语言能力将贯穿始终。

出国前一定要学好英语

马克思说：语言是人类人生斗争的武器。对于打算出国留学的学生而言，英语就是成功留学最重要的一个武器。英语的重要性不仅仅在于我们要参加标准化考试、需要用英语准备所有的申请材料，更重要的是到了国外后，英语就是我们安身立命的法宝。不论你信不信，当孩子抵达美国的那一刻，雅思成绩、A-Level 成绩、托福成绩、SAT 成绩将与你在国外的学习、生活无关。

有调查显示，有近 20% 的海外留学生认为语言问题较为困难，其中 10% 的学生认为极为困难。我相信这个比例实际可能还会更高。2013 年 12 月，网上疯转着一则新闻："中国留学生在美因语言障碍与校警冲突遭棍打"：一名在美国大学的中国留学生废寝忘食地学习，直到凌晨 3 点还泡在学校图书馆里。图书管理员发现他在桌上瞌睡。随后，管理员让其离开，晚些再回图书馆学习，当他再次回到图书馆时，碰见校警，校警说他擅自闯入，事态迅速恶化……这本来是励志的学霸故事，然而因为语言障碍，这名留学生跟校警发生冲突，被警棍打倒在地。这样的教训俯拾皆是。在我看来，警棍打的不是中国学生，而是留学软肋。

多年来，在中国留学生中间流行着一个"传统"：抱团。一下飞机，学生就开始分流：英语能力欠缺的学生因为害怕跟外国学生交流，结果就和中国学生一起，三五成群，相约在异国他乡一起生活、学习、说中国话、吃在唐人街、玩中国牌，难以融入当地的文化氛围。几年下来发现英语还是那样，但是粤语、闽南话说得很"地道"。这就是我们常常听到的"留唐"现象：很多学生到了国外，不是留英、留美，而是"留唐"（唐人街）。

近来网上流行一个新词汇叫"中国幽灵",特指那些从中国或其他东亚国家出去的留学生,他们虽然和其他学生一起住在学生公寓,但是总呆在自己的房间,从不社交,甚至不向舍友们介绍自己。之所以从不社交,是因为担心语言表达不正确才把自己憋在宿舍里,沉溺于网络,热衷于与国内的朋友联系以消除孤独。相比之下,那些高能高分、英语能力强的学生则迅速地融入国外的生活中,跟国外的同学打成一片,融入当地生活与文化氛围中,开始了真正的留学生活。这样的两种分流,留学结果不言自明。

有一次,有位朋友跟我聊到了孩子的教育。得知我儿子在美国留学后,朋友非常激动,又找到了共同的话题,因为他孩子也在澳大利亚一所大学留学。他跟我聊到一个情况,他说他这次是受孩子之托到北京来买教材,因为孩子所在的城市买不到。

我说:"什么教材还偏要到北京才能买到?"

他说他要给孩子买澳大利亚教材的中文译本。我当时几乎没有反应过来,我以为朋友在跟我开玩笑。

"怎么孩子都在澳大利亚上学了还要买中文教材、千里迢迢从中国邮寄到澳大利亚去?"我非常好奇地问朋友。

后来,老朋友无奈之下跟我说了实话。他说因为孩子出国之前学习成绩不是太好,经过了两个月的英语培训后才勉强得到出国考试成绩,申请上了澳大利亚的一所大学。但是因为英语基础不是太好,结果到了澳大利亚后,上课非常吃力,老师布置的作业也很难完成,所以临近学期结束时孩子都会让他在国内找相应的中文教材。

这看起来也许是一个个案,但是这种因为英语基础不好而无法正常在国外学习、完成作业的情况并不少见。前几年，网络上时不时会有报道说中国留学生在国外完成的作业经常被查出是抄袭，最终导致无法顺利完成学业。因为国外的作业通常是论文，老师列出一个长长的书单，作为论文的参考资料，然后规定学生要在有限的时间里完成。要知道想在短时间里看完那么多书、同时总结其中的要点，对于英语基础不扎实的学生是非常有难度的。于是，一些喜欢走"捷径"的中国留学生就投机取巧，在网上找资料、复制、粘贴、修改。殊不知，在国外每个学校都有一个专门的检索系统，老师一旦发现你的句子有问题就会在检索系统里检验，一旦发现是抄袭作业，后果不堪设想，最严重的可能会直接被遣送回国。

英语不好不仅无法完成学业，同样，留学生活也会大打折扣。一个留学生要想在未来获得成功，除了学好专业知识和技能外，还有一个更重要的考量方面是能否融入社会，深入交流，提高文化素养。曾经美国大学一名叫黛西的学生针对中国学生在国外的生活现状进行了一番跟踪报道，题为《外国的天空能不能飘起梦想的彩云》。这篇文章引起了强烈反响，文中清楚地描绘了中国留学生在美国的生活："就像生活在中国和美国这两个世界的夹缝间"，"抽中国烟，说汉语，聊英语课，聊作业，聊家乡……"

很多学生表面上是出国了，但是从未到达彼岸，因为他们根本无法融入真正的国外大学生活中，他们根本无法用英语学习、生活。要想留学成功，英语就是一把利器，在国内就要把它磨锋利了！它是开启留学学习、生活、工作、未来的一把金钥匙。中国学生初来乍到时都很兴奋，但是，当他们在英语强化班待上一年半载后，普遍有种挫败感。所有的源头都来自于他们的英语不过硬，听不懂老师讲课，无法融入课堂，无法参加课内讨论，跟不上教学节奏，甚至有学生说："有些美式笑话我根本听不懂，就只能跟着笑。"这对于留学生而言可以说是一个灾难。

曾经有位海归在看到我写的关于留学的博文后给我留言：

"胡老师您好，今天偶然读到了您的几篇博文，别人看了这些博文只能说获益匪浅，我却加上了感慨万千。说了不怕您笑话，我自己是个'海待'，身边的亲朋好友准备考雅思出国的也有不少，但明白您说的那些道理的却少之又少。我早在看到您的博文之前，就不止一两次地问过这些亲友：考雅思为的究竟是什么？他们真的已经做好出国的准备了吗？得到的答复却是一致的：先把雅思考过去，好办理签证，英语以后可以补。

"有些更过火的甚至告诉我：就算必须先读一两年语言学校，我也要早出国早好，大不了晚毕业个一年半载就是了。每次听到亲友们这么说，我都只剩下无奈的份儿了。难道真的要出国几年、亲身体验一番，才能明白这些看似浅显易懂的道理吗？真心期待胡老师能想出解决这种问题的办法，让这些人学会做正确的选择，拯救一批听信某些留学机构谗言、盲目出国的中国娃。"

的确，国内很多家长和学生常常进入一个误区：以为到了国外就自然而然能学好英语。其实不然。到了国外，如果你英语不好，是不会有人跟你沟通的，因为你根本就听不懂对方在说什么，沟通又如何进行呢？更不会有人愿意陪你练口语。正如黛西所说："因为英语水平低，尤其是听力和口语太差，几乎所有的中国学生都需要读英语强化班，相当于正式开始专业学习前的预备课程（我们通常说的 ESL 课程）。"这意味着，在真正开始大学学习前，那些英语不好的学生不得不先在这个语言班里下点儿功夫。可能是一年，也可能是两年、三年才能通过这个强化班的重重关卡。要知道，在国外学习的成本是非常高的，为何不在国内就学好英语呢？

过去人们常说："学好数理化，走遍天下都不怕。"全球化时代的到来，更与时俱进的说法应该是："只有学好英语，才能走向世界！"英语应该成为我们参与国际竞争的利器。作为国际通用语言，英语是 21 世纪高素质人才的必备技能。如今，一个人如仅仅掌握了英语语言能力还不够，还应具备语言交际能力。早在上世纪七八十年代西方就已流行"语言交际能力理论"，从时间上相当于我们已落后了 30 年。但是客观来说，我们国家也曾经做出过努力。在 80 年代中期到 90 年代中期，国内也出版过有关教材，但那时出国人少，学英语的人不多，使用英语的机会也不多，所以当时的教材只是在学英语专业的学生中使用。为什么过去 20 多年后再来强调观念的转变呢？因为国际化、全球化环境已经到来，如今真正到了需要使用英语进行沟通与交流的时代，英语学习已经到了培养语言交际能力的阶段。

打个不一定是最合适的比方：语言能力好比人的智商，一句话中语法、用词等方面都没问题，意图也明确，但这句话可能不适合在这个场景里说；而语言交际能力就好比人的情商，在特定时间、特定的场合、采用得体的表达方式和语言进行有效沟通。情商是可以训练的，也只有通过多观察、多学习、多练习，不断修正完善，语言的交际能力才会逐步提升。英语交际能力是英语学习的最高层次，这也是全球化下中国留学生乃至中国青少年英语学习新的要求和挑战！

给孩子树立一个榜样

谈及英语对于留学的重要性，我们不得不回到英语学习的话题。如今信息这么便捷，很多关于海外留学生的报道广大家长都有所耳闻，各种媒体都在强调让孩子出国前恶补英语、学好英语。然而结果却总是不尽如人意，每天对孩子耳提面命，但是孩子反而产生抵触心理，甚至谈英语色变。其实作为父母，我们最需要做的是点燃孩子对英语学习的渴望。

记得胡宸上高中时，他的英语在班上还处于中等水平，自己也没有特别的兴趣。那年刚好是北美新托福网络考试第一次开考，第一个考了满分120分的竟然是中国大陆刚刚过去的高中女生，她并不是美国土生土长的。有人采访她，询问学习经验，问她是怎么成功的。她回答说："看 Friends（《老友记》）看了无数遍，看电影电视、英语材料，看完后用英文写观后感、读后感。有话说多写，没有少写，哪怕只写一个单词。"

在饭桌上，我给胡宸讲了这个女生学习英语的成功故事。他听后，一颗沉睡的心如梦初醒，毕竟比起我们常常挂在嘴边的愚公移山、精卫填海那么遥远、传奇的故事，这是一个活生生的榜样。接下来一年时间内，他把《老友记》看了6遍，向托福满分的那位姐姐学习。榜样的力量让他豁然开朗，激发了他对英语学习的兴趣。

那段时间我经常观察他。刚开始的时候看得出来他很痛苦，看不懂、听不明白，有时候我们看着他是含着泪、咬着牙、跺着脚在那挣扎，也要逼迫自己去听、去学。他把自己关在屋子里看，第一遍什么字幕都不看，第二遍中文字幕，第三遍英文字幕，再后来基本上不要字幕……他到网上查大量的相关资料，全身心地投入进去。仔细地算一下：《老友记》每集20分钟，共237集，看一遍下来大约80个小时，看6遍480个小时。在一年的时间看完，意味着每天看一个多小时。持之以恒，才能水滴石穿。后来他决定要去美国上大学，托福和SAT都顺利拿到不错的成绩，自己打电话面试、跟学校咨询、交流……最后成功赴美。这些都是他自己去规划、努力、坚持的结果，我们从来没有督促过他。现在他已经在美国三年了，有空时他还会情不自禁地拿出《老友记》的片段再看一看，因为那是经典。他现在对《老友记》已经熟悉到任意暂停一个画面，他就能脱口而出把后面的对话背出来。

对于孩子而言，很多时候我们不需要给他们讲太多道理，而是要跟他们分享成功的故事，而这些成功的故事不是关于伟人的，而是他们同龄人的故事，这更有启发。伟人的故事离孩子们太遥远了，只有同龄人的故事才更真实，更能激励他们的学习热情。点燃了孩子的学习动力，这样孩子就会自己主动去学习，他们会推着父母走，也会推着老师走。

如何让孩子爱上英语

兴趣是最好的老师。激发孩子学习英语的兴趣有很多方法，比如从孩子的个人喜好出发，有的人喜欢音乐，有的人喜欢电影，有的人喜欢看小说，现在几乎所有这些我们都能够找到英文版。

我知道的一位雅思老师，他最初学的专业不是英语而是日语，为什么他现在成为一名英语教师呢？因为上学期间他特别喜欢看漫画书，尤其是美国的漫画书。漫画书里全是英文，他的书包里每天都会装着这类书，每天跟漫画中的英语打交道，久而久之慢慢对英语产生了兴趣，遇到不会的单词拿出手机来，用电子词典随时查阅。毕业后他自学英语、参加雅思考试并取得了雅思总分满分的好成绩，最后成功出国留学。

从19岁登上大学讲台开始到现在，我接触过成千上万的英语学习者，也了解过众多通过努力最终学好英语的学生。可以说一个学生只要对英语不反感，他就能够学好英语；而一个学生如果对英语反感，那他一定是因为没有在英语的世界里找到窍门，这个窍门就是从自己感兴趣的东西入手。那些英语学得好的同学，他们一定是内心充满对英语的喜爱，并主动去学习、求索。新航道学校曾经有一位高分学员取得了雅思总分8分的成绩（满分9分），雅思阅读获得了满分。她在回忆自己备考留学考试的时候表现得非常轻松，在她眼里她的备考之路并没有那么多"艰苦"的成分。她跟同学们分享英语学习的经历时提到她平时比较喜欢阅读一些英文原版读物，尤其是《暮光之城》。她刚开始买了一本来看，后来越看越觉得有意思，所以将四本都买了下来，看得非常着迷，坚持了一年。在看的过程中她发现书中关于主人公的心理描写比较贴切，对英语考试中灵感的培养及阅读、写作都很有帮助。所以基本上是一举三得，既找到了英语学习的兴趣，又欣赏了一部优秀的作品。对她而言最重要的是通过阅读获得了备战出国考试时需要的各项基本英语技能，她学得很轻松，最后获得了非常好的成绩。

类似的案例还有很多，很多人最初学习英语就是源自一个小小的兴趣：或者是一部英文小说，或者是一部电影，甚至是一首歌曲。只要抓住英语学习的兴趣，就开启了通向英语学习的成功钥匙，因为学生会主动出击去学习英语、钻研英语。几年前，我读稻盛和夫先生的《干法》一书时，印象最深的就是他将人分为三种：第一种是点火就着的"可燃型"人，第二种是点火也烧不起来的"不燃型"人，第三种是自己就能熊熊燃烧的"自燃型"人。无疑，找到了英语学习的兴趣，我们就能在英语学习上成为一个"自燃人"！

一万小时英语学习理论

当然找到了动力和兴趣，并不意味着英语就能学好，还有最关键的一点就是坚持。

英语学习绝非一蹴而就的事情，在国内以分数为唯一考核标准的教育体制下，英语学习者呈现出三种状态：高分低能，高分高能，高能高分。分，即英语考试成绩；能，即英语听说读写技能。做个可能不太恰当的类比：能力就像我们常说的内功，而分数就像我们的招数，"高分低能"就像武术表演者，可能十八般武艺样样会耍，但真正到了搏斗的时候却无法派上用场，这是应试教育的结果；"高分高能"则是精通十八般武艺，经过多年的修炼而成，这是一种由外而内、被动式学习英语的结果；而"高能高分"才是由内而外，先修炼内功，再结合一定的招式瞬间制敌，这才是理想的英语学习境界。

英国著名外语教育家哈罗德·E·帕尔默（Harold E. Palmer）先生在

1917年提出一个英语学习"孵化"理论，他认为：外语学习要经历一个"孵化"阶段，即语言的储备。孵化期间蛋壳里发生着剧烈的变化，我们肉眼可能根本看不到，需要经历一段时间后小鸡才能从蛋壳里跳出来。英语技能的培养需要四项技能融会贯通，听说并进，读写相通。课堂上的教学只能起到抛砖引玉的作用，而真正要想掌握英语技能则需学生自身的努力。胡宸申请美国大学时，美国大学校方代表对他进行面试，面试时校方代表说："小伙子你英语很不错啊！是怎么学会的呢？"胡宸说："高中期间我用一年时间把《老友记》看了6遍。"接着他回问了校方代表一个问题："您得汉语说得这么标准又是怎么学的呢？"校方代表说："我跟你差不多，你把《老友记》看了很多遍，我把中国的《我爱我家》看了很多遍。"《我爱我家》一共120集，每一集20分钟左右，一遍看下来大概需要40个小时，这个过程就是语言"孵化"的过程。

英语学习切忌急功近利，应该将学习任务平摊到每天，上学、放学的途中，中午休息，放学回家吃饭前……如今学习资料越来越便利，网络学习、英语APP、智能手机，只要想学，就能够找到大量的学习资源，时间是挤出来的，越挤越有。要想学习效果最好，不是非得把灯光效果布置起来，把自己一个人关在书房里，然后郑重其事地说：老爸、老妈，我现在开始学英语了。相反，学英语往往是捡起零星的时间来效果最佳，在不同时间、不同环境下轻松学习往往能收到更好的学习效果。不论是老外看中文电视剧还是我们看美剧英剧，这个过程都是一个"默听"的过程，都是一个浸泡式的英语习得环境。

英语学习质量和学习效果取决于学习过程，词汇、语法、语音语调、听、说、读、写，面面俱到，必须具备听说读写能力，才能拿高分。我曾经在课堂上向学生们强调过一个观点，英语学习应注重"许三多"：许，就是许诺，指孩子对自己的许诺、对父母的许诺、对老师的许诺；三多，就是多接触、多模仿、多练习。如今很多机构喜欢玩概念，喜欢标新立异，其实学习的道理很简单，就是要把这些简单的事情做扎实。清华大学有个学生在大一时参加托福考试，考前她基本没有做过托福题目，几乎是"裸考"，最后取得满分的成绩，后来她获得美国佐治亚理工学院硕博连读全额奖学金录取。为学习英语，她有过一段看《狮子王》的经历，她将里面的台词从头到尾模仿了几十遍，很多英文材料能够倒背如流，她的满分绝非天天做试题就能考出来的，而是多年践行的"三多"铸就的。

出国留学前期，胡宸不仅通过了托福、SAT考试，在我的特别安排下，他还去参加了一次雅思考试，当然目的不是拿高分，而是将最新的雅思考题收集出来，帮助教学。结果，考试之前他连一套完整的试题都没有练习过，这种条件下他取得了总分7.5的雅思成绩。他此前从未接触过雅思，直接去参加考试就能考高分，这意味着英语语感在发挥作用，自身英语技能、英语功底在发挥作用，只要具备了扎实的英语能力，则不论参加何种英语水平考试都能获取高分。

在《异类》一书中，有个章节让我印象非常深刻：一个心理学家在柏林的顶级音乐学院做了一个实验，将学院学习小提琴的学生分为四组。第一组是学生中的明星人物，具有成为世界级小提琴演奏家的潜力；第二组是被大家认为"比较优秀"的；第三组是被认为不可能达到专业水准，只可能到中学当音乐老师的；第四组是普通的业余爱好者。他们都被问到一个问题：从拿到小提琴开始到现在，一共练习过多少个小时？结果发现，在 5 岁到 20 岁之间，第一组具有成为世界级卓越小提琴演奏家潜力的学生投入了至少一万个小时的练习；第二组比较优秀的，练习时间是 8000 小时；第三组，未来只是到中学当音乐老师的，他们的练习时间只有 4000 小时；第四组，只是作为业余兴趣的，大约是 2000 个小时。不管是哪个行业、哪个领域，要想成为世界水平的人才，他的练习时间必须要超过一万个小时。

对比我们的英语学习，如果一个人想用英语进行简单的日常沟通，那可能他学习 2000 个小时就可以了；但是如果一个人想从事基础的英语教学，他需要学习 4000 个小时；一个人要想实现英语的无障碍听说读写，那他需要 8000 小时以上的练习；一个人要想英语运用得跟母语一样灵活自如，那他需要一万个小时的练习，他一定是真正意义上的"十年磨一剑"。英语作为留学生海外留学的安身立命之本，如果要为我所用，非得下一番苦功夫不可！

行动指南：开始你的留学规划

读完这一章，请完成如下行动表：

请跟孩子\父母一起完成如下问卷调查：

- 目前在校英语成绩？
  _____

- 经过出国留学标准化考试测试成绩为
  _____

- 目前的成绩离目标院校所需的平均成绩差距如何？
  _____

- 未来至少每天将多少时间用在英语学习上？
  _____

- 客观分析并描述，你在"德""智""体"三方面的能力如何？

维度与程度	优秀	一般	较弱	如较弱，计划如何培养或加强？
德				1. 2. 3.
智				1. 2. 3.
体				1. 2. 3.

明确了你的出国留学目标，了解了你的当前差距？写下你的学习目标？开始你的梦想征程吧！

第三章

怎么做才能确保
成功留学？

为什么说出国留学需要早决定、早规划、早准备？这是因为优秀的人生是需要"设计"的！这两年，我将"人生设计"的理念引入新航道，打造了"留学规划三部曲"，即：沟通、设计、提升。

沟通：在全面了解孩子的前提下，个性化沟通，从而发现亮点，挖掘潜能。设计：在"沟通"的基础上，为孩子规划、设计最佳学习方案、留学方案，量身定制，拒绝虚假包装。提升：基于"有效沟通"和"人生设计"之后，留学咨询进入到"背景提升"阶段，这也是增加学生竞争力的关键所在。

什么时候出国留学最合适

对于中国学生而言，出国留学有三个黄金时间：

1. 出国从高中开始接受国外教育；

2. 出国读本科；

3. 出国读研究生。

那么，对于不同的学生，如何选择最佳的出国留学时间呢？适合的才是最好的，留学也不例外。知道什么样的孩子适合出国留学，自然什么时候出去就变得不是太重要了。对于好孩子而言，出国读高中、本科、研究生都是不错的选择，"好"孩子适合出国留学，具体出国时间因人而异。

我碰到很多家长，经常开口第一个问题就是：胡老师，我孩子今年××岁了，您认为现在送他出国合适吗？老实说，谁都没有点石成金之术，没有深入了解过孩子的背景情况，我也不知道一个孩子是否适合出国，因为我不知道孩子的具体情况，很难判断。实际上，对于什么时候出国留学这个问题，年龄只是影响因素之一。出国后留学生成长好坏主要取决于学生是否具备了出国留学的条件和素质。当然这些条件和素质是随着年龄的增长而慢慢养成和积累起来的。

我不太赞同过早把孩子送出国。很多小留学生在家里娇生惯养，离不开父母的保护。一旦独自去往异国他乡，需要独立生活，由于没有当地文化背景，英语讲不好，又不懂相应的文化礼节，到国外后很难融入当地校园文化中。课外活动期间他们经常受到当地学生的排斥,难以合群,久而久之容易产生自卑心理。因此,把孩子过早送出国读书实际上弊大于利。如果家长真的为子女前途着想、真心关心和爱护自己的孩子,就不应轻率地把仍处于成长期的孩子独自留在异国他乡,而最好等孩子更成熟了再考虑将孩子送出国。

当然,不同年龄出国留学各有利弊。据《中国留学生教育适应状况的研究》显示,社会文化障碍是留学生出国后面临的第一大障碍,有23%的学生认为较难融入当地文化,有约12%的学生认为很难融入当地文化。低龄孩子留学在语言上更容易适应,因为每一个人对于语言掌握的程度跟年龄有很大关联,通常年龄越小,适应语言的能力相对就越强。但是年龄小在思想上不够独立,生活上无法自理。而出国读本科或研究生的学生则基本上有完全的生活自理能力,思想上亦可以自立自强,但是在一定程度上都带着本国的烙印和思维惯性,对当地文化的吸收和融入可能需要较长一段时间的过渡。在国外我们常常看见中国研究生生活的圈子还是以中国人为主,与高中生或者本科生能够经常跟国外同学坐在一起上课不同,研究生跟当地人交流的情况会少一些,较少甚至很少与来自其他国家的同学交流,这使他们不能积极融入当地文化和社会,在语言和文化上交流有障碍。

研究生因为跟当地学生在一起的时间有限,加上身上的中国烙印基本形成,因此相比本科生可能更难以接受并融入当地文化。比如有时美国人在一起,说到一些涉及西方人文典故以及流行文化的笑话时会哈哈大笑,可是中国学生并不熟悉他们当下的社会流行元素,更不熟悉西方的文化典故,所以很多时候笑不出声来,久而久之容易出现反感。而去读本科的中国学生占有很大的优势，他们的心态比较年轻，而且充满活力。他们每天都要跟美国学生一起上课，课后进行交流，有些作业或者学习项目甚至要相互协作，组成团队才能完成。课后还有各种各样的社团活动、校园派对可以参加，彼此之间沟通与交流的机会更多。因此很多中国本科生都有一些比较熟悉的美国朋友，与研究生相比，去读本科的中国留学生更容易融入美国主流社会并吸收他们的文化。

所以，应根据孩子在国外的留学适应性选择最佳留学时间：

"好"孩子的标准	初中后出国读高中	高中后出国读本科	本科后出国读硕士/博士
德（思想上的自强自立，有辨别是非和约束自我的能力）	尚未成熟，受外界环境影响大，自制力差	思想上已成熟，有辨别是非和约束自我的能力	思想成熟，自强自立，有独立地辨别是非的能力
智（学习能力、自我激励能力与沟通能力）	或强或弱，容易走向两个极端	心理更成熟，学习及自我激励能力强，沟通能力与英语能力相关	自我管理能力强，沟通能力与英语能力相关
体（健康体魄和生活自理能力）	因人而异	自理能力强	自理能力强
语言能力（语言习得能力与融入环境的能力）	学习能力强，容易掌握地道英语	较容易适应、能自然过渡	有口音问题
个人价值观（有正确的价值取向、对不同文化的适应性）	未建立，受外界环境影响大	基本形成，能判断是非，适应不同的文化	形成，一旦认可某个文化，对其他文化接纳会比较难

从如上表格中大家应该不难发现，对于大多数学生而言，高中后出国留学是比较好的时机。这个比例跟我经常在讲座中对家长朋友和学生建议

的"高中毕业后再出国是比较好的选择"是相吻合的。智联招聘与全球化智库（CCG）在《2018中国海归就业创业调查报告》中指出，2018年接受调查的海归群体中，高中阶段出国留学的比例占29.79%，比2017年提高了9个百分点。

尽管近几年来留学低龄化程度加剧，然而如果用"好"孩子标准来衡量的话，高中毕业应该更符合这个标准。这个时间送孩子出国，父母对孩子可以更放心一些；如果家庭条件不错、在国外有亲戚朋友，孩子各方面都比较优秀的话，也可以送孩子出去读高中。

不仅如此，站在孩子所受教育的知识结构的角度，我对中国的基础教育还是比较有信心的。长期以来，中国完善、扎实的基础教育为孩子打下了坚实的基础，在国内可能这种基础教育的优势还体现不出来，但是一旦到国外就能够体会到了。同学们在备考SAT的过程中明显会感觉对数学部分轻车熟路、得心应手，只要基础扎实，到国外后，对中国学生而言很多学科是"小菜一碟"！尤其是对学理工科的学生，这种优势体现得更为明显，这些都得益于国内优质的基础教育。为什么美国的本科教育又如此卓越呢？中国和美国的教育差距，从何而来？

其实，美国与中国教育的差距，始于高中，主要体现在三个方面：

第一，课程及学制上有差距。大部分美国高中阶段是9-12年级，有四年学习时间。中国的高中表面上有三年时间，但第三年基本属于全面复习备考阶段，基本没多少时间在学新知识。美国高中是学分制的，因此可以开出比中国的高中多得多的必修课和选修课。一个普通的美国高中都能开出上百门的课，跟一所小型大学差不多，这点在国内是无法相比的。不仅如此，美国的高中可以开相当于大学一年级或者二年级公共课程度的科目，可以有效衔接大学课程。中国的高中基本是不会开大学程度的课的。

第二，教师及科研上有差距。美国的高中因为要开大学的课程，对教师的要求就要很高。美国的高中教师很多都有硕士学位，博士学位的也不少。美国的教师执照课程跟中国不一样。在中国读师范专业，四年本科，能考到教师证书就能当老师。但是，美国人要当教师，无论拥有何种学位，一律要读两年的教师执照课程。要考进去读，读完还得考出来。假如是本科生，读完四年师范，还得再读两年执照课程才能当老师，比中国教师多受两年训练，教师水平普遍要比中国高。而与高程度课程相对应的是高标准的科研配置。美国高中很多高程度的课程是得到资金雄厚的科研机构、政府机构或者商业机构支持的，可以让学生做很多专业实验，这样的实验，在中国的校园里条件上很难达到的。

第三，美国有重点高中，甚至有"全国重点高中"。按照成绩高低，甚至根据入学成绩高低来录取学生；在每一所高中里面，美国是按照学生的程度来分班，有专门给能力最高的学生读的"荣誉"班（honors class），天才学生读的"大学预修班"（AP class），有全球承认的"国际班"（IB class），等等。美国的大学、科研机构、医院、政府机构、商业机构，都有专门的部门负责协调高中生的课外社会实践和科研活动。因此，美国的高中生可以到大学上课，拿大学的学分；可以到科研机构，跟科学家一起做研究；可以到各级政府机构去当官员的助理、议员的秘书、民选官员的竞选团队义工；在教育董事会——州或者县市的教育局的决策机构——里面，也有学生委员，可以参与公立教育的最高决策。

中国跟美国在教育上的差距始于高中，到了大学更加大踏步拉开距离。中国学生如果能在此基础上接受美国优质的本科教育或者研究生教育，无疑是比较好的选择。

对任何一个孩子，建立起完善的知识体系对其未来的成长是非常重要的。有的家长认为，既然送孩子出国，要学英语，那么中文学得如何也就无关紧要了。这是一种误区。中文跟英文作为语言自有其相通之处。我观察过很多学生，发现中文学得好的学生，学起英语来语感会更强，学习起来会更快；而英文学得好的同学，他们的中文也不会太差。比如在写作中，英文写作和中文有相通之处，常常需要两种语言的切换：中文能帮你打开思路，更好地构思，而英文往往能够使你在写作上思维更加缜密，行文更为严谨，中英文结合可以相得益彰！

当然，更重要的原因来自于情感因素。每一位父母都希望孩子成龙成凤，这种心情是好的，也是可以理解的。正是因为如此，我们才更应该在孩子成长道路上的每一个步伐都小心翼翼，每一个决策都应该细心揣酌。作为过来人，我认为父母应该给孩子一个完整的童年，让他们在父母的引导下健康成长，这样更有利于价值观的形成。太早把孩子送到国外去，对孩子而言是很残忍的。就像一株植物，一直生存在温室中，结果还没有给它一个过渡的机会，没有任何准备就将其置之荒野让其自生自灭，这是不人性的。我们至少应该让孩子过渡，逐渐具备独自适应外界复杂环境的能力，再放手让孩子去锻炼，这才是明智的选择。否则孩子从小离开父母，失去家庭亲情，对他一辈子的成长，在人格和心理上都会带来巨大的影响。

我曾经在网上读到过一段文字，一位留学生的母亲在自己的博客中坦言："在儿子出国的5年里，我从来就没有睡过一个安稳觉，最怕儿子在半夜打来电话，那是儿子得病求助的电话；在这5年里我的心是在泪水中泡着的，虽然在外人眼里我是非常坚强的人，其实我的泪是在没人时在梦里流淌。5年间可以说我的心分分秒秒都牵挂着万里之外的孩子。"相信很多留学生的家长都有过类似的经历，尤其是很多孩子从小就没有离开过父母，突然间就要到国外去学习，可以想象父母内心的焦虑和不舍。我相信其中更多的是担心孩子能否在国外正常地学习、生活、与人沟通等，而其中难以割舍的正是父母与孩子间的亲情。

留学生独自在海外生活，离开家人和朋友的陪伴，很多事情需要自己独立承担。有些学生学业紧张，也没有时间与家人多沟通，再加之语言不通、环境陌生，获取新朋友的渠道变得非常有限，无法与人进行情感交流，长期的孤独感会使性格变得内向、孤僻、不合群。据《中国留学生教育适应状况研究》显示，留学生当中，面临的三大压力之一便是远离家人和朋友，有超过25%的学生表示这给他们带来较大的困难，有约10%的学生表示这给他们带来极大的困难，而有20%的学生在出国前对远离家人和朋友给自己带来的困难表示担心。

我非常赞同前博鳌亚洲论坛秘书长龙永图先生在南京演讲时提到的一个观点：别过早送孩子出国留学，尤其是在决定将孩子送到国外去读小学、中学时要慎之又慎。龙永图认为，在孩子世界观尚未形成的时候，过早送到国外会让其中许多孩子变坏，极端孤独，或是思想扭曲。他还认为，培养一流的中国企业家必须先让其在本土接受系统教育，然后再到国外学习先进管理经验。

到底什么时候送孩子出国留学比较好，家长和孩子要综合考虑各方面因素，权衡利弊，再做决定。

出国留学早决定、早规划、早准备

名校申请过程就像建造一个高楼大厦，我们既要明白要达到的目标，也要掌控好工期。落到实处就是要把握"三早"：早决定、早规划、早准备。

早决定，即决定留学意向国、学校、专业、出国留学时间。只有早决定，确定了一个方向，才能够制订计划，按部就班去实施，开展后续各项准备工作。

早规划，可能很多家长对"早规划"这个概念理解起来比较模糊，换一个通俗的说法就是确保充分的准备时间，拿出一份完善的规划，在既定的时间里去完成相应的事情。具体而言就是解决两个问题：第一，需要做什么？第二，什么时候去做？需要在"时间"和"内容"上进行把握。

时间上，列出一份详细的清单，这样有理有节。建议想出国读本科的学生在初三暑假就开始做留学规划；去美国读高中，初中就开始准备；想出国读研的学生在大一阶段就开始做留学规划，这样时间是比较充裕的。什么时候参加考试、什么时候拿到成绩，要对整个留学申请过程进行把控。想申请到名校，不仅需要准备各项考试成绩，还要向所申请的学校展示出各类社会实践，以体现综合素养，这些如果"亡羊补牢"是不现实的。

内容上，首先需要明确去什么国家、学什么专业、什么时候出国等；然后根据这些学校的要求进行准备，如标准化考试成绩、GPA（平均成绩点数）、社会活动情况、申请文书撰写等。周末、寒暑假做什么，需要得到什么奖项，你是如何管理时间的，这些都要做好规划。有很多孩子，由于没有课外活动，就编出课外活动凑数，这样是不可取的。

早准备，不是说出国留学越早越好，而是确定去国外读本科、研究生这一目标后，在既定的时间范围内要越早准备越好。根据目标学校的要求，进行语言能力、各类知识的储备和综合素养的准备。提前了解不同学校考查学生时不同的侧重点，这样能够在准备的时候有的放矢，事半功倍。有的学生认为自己条件优秀、英语成绩好，所以就可以等所有成绩出来后再准备，这种观念是错误的。

我经常碰到一些家长，带着孩子过来，说高考不是太理想，想出国留学。这是不现实的，因为根本没有准备申请材料的时间。出国留学不像国内一样通过"考试"这样一道程序就可以，而是要提交很多申请材料。申请材料中的内容从何而来？就是从日常生活中来，从过去几年的学习中来，不是说参加完哪门考试就可以拿到录取通知书。尤其是国外的标准化考试，要想申请好的学校，如果学生一次考试不理想可以多进行几次考试。尽管考试频率高，但是对于母语为非英语的学生而言还是非常有挑战性的，需要充足的时间准备，以确保按时获得标准化成绩，申请名校。

实际上，在美国的高中生也相当于是从我们的初三（相当于美国中学九年级）开始就为申请到一所好大学而准备各项工作了。辅导员会告诉同学们必须要去做的一些事情，比如社区服务、课外活动等。这既是每一位学生能够顺利毕业的保证，也为接下来申请知名大学打下基础。

高中留学时间规划表

美国\加拿大高中申请时间规划

小学六年级暑假到初一上学期	1. 英语培训（托福预备阶段、托福培训）
	2. 了解国外高中对学生的综合素质要求
	3. 切身体会国外文化
初一下学期	1. 参加 SSAT[①]培训
	2. 参加托福考试
	3. 按照规划参与各种竞赛和社会活动
	4. 开始坚持写英文周记与 ESSAY，做头脑风暴，准备个性化文书
	5. 院校面试培训准备
初二上学期	1. 参加 SSAT 考试
	2. 办理国外高中申请材料
	3. 参加学校面试
初二寒假	跟踪学校申请状态
初二下学期	1. 决定就读学校
	2. 签证、体检、订机票、起程

---

① SSAT 为美国中学入学考试，适用于美国、加拿大私立中学入学。

美国、加拿大高中学制基本是一样的,有些学生在初二读完就选择了出国;有些学生在初三读完选择了出国。(备注:美国主开学季:9月)

英国、澳大利亚高中申请时间规划(比如:2022年秋季入学)

2020—2021学年寒假前	1. 英语基础培训(雅思预备阶段)
	2. 了解国外文化、教育、院校、专业及生活
2020—2021学年寒假	1. 英语培训(雅思培训)
	2. 口语表达训练
2020—2021学年下学期	1. 保持良好的学习成绩
	2. 进一步了解院校信息
	3. 做头脑风暴,准备个性化文书
	4. 院校面试培训准备
2021—2022学年上学期	1. 递交申请材料
	2. 参加面试
	3. 跟踪学校申请状态
2021—2022学年下学期	1. 陆续拿到学校录取信
	2. 决定就读院校及签证准备
	3. 签证、体检、订机票、起程

备注:英国主开学季是9月;澳大利亚主开学季1月。

高中生申请本科时间规划

赴北美留学时间规划：

时间	准备事宜
初三暑假到高一上学期	参加 TOEFL（托福）和 SAT 培训 按照规划参加课外活动 坚持用英文写周记（记录各类竞赛和社会活动，体会不同的社会生活，提高对社会现象的认识，以及挖掘事件本质的能力） 可以选择切身体会美国的机会
高一下学期	参加 TOEFL 和 SAT 培训，TOEFL 考试 按照规划参与各种竞赛和社会活动 坚持用英文写周记 切身体会国外教育，为今后申请国外大学打好基础
高二上学期	参加 SAT 培训和考试 按照规划参与各种竞赛和社会活动 坚持用英文写周记 选修 AP 课程（美国大学预修课程）
高二下学期	按照规划参与各种竞赛和社会活动 坚持用英文写周记 准备留学文书素材
高三上学期	最晚在年底获得 TOEFL 和 SAT 的满意分数 准备留学资金 办理申请文件 选定学校
高三寒假	跟踪学校申请状态
高三下学期	决定就读学校 签证 体检、订机票、起程

赴英国留学方案：[1]

学生层次	留学方案	准备事宜
高中一年级	1. GCSE（评估后看是否需要）+2 年的 A-Level 课程 + 本科[1]	通过学校入学考试，雅思考试
高中二年级	1. 1~2 年的 A-Level 课程 + 本科 2. 1 年的预科课程 + 本科	通过学校入学考试，雅思考试
高中三年级	1. 1 年的预科课程 + 本科 2. 1~2 年的 A-Level 课程 + 本科 3. 1 年国际大一课程 + 本科最后 2 年	准备雅思（IELTS）考试

赴澳洲留学方案：

学生层次	留学方案	准备事宜
高一在读（含职高）	1. 申请学习澳洲 10 年级、11 年级课程	提高语言能力和生活自理能力。
高二在读	1. 申请学习澳洲中学 10 年级、11 年级课程 2. 完成高二课程后可以先申请澳洲名校大学预科，再申请本科课程	根据自身情况选择院校专业，同时准备雅思考试。高二读完即可赴澳进行大学预科的 1 年学习，预科读完进入本科读 3 年，毕业即可获得澳洲本科学士学位
高三在读/毕业	1. 优秀毕业生可直接申请澳洲大学本科 2. 先申请澳洲名校大学预科课程，再申请本科课程 3. 先申请澳洲院校大学快捷课程，成绩合格直接进入大学二年级 4. 申请澳洲 TAFE（职业技术教育学院）课程	准备雅思考试

---

[1] GCSE 为英国普通初级中学毕业文凭，A-Level 为英国高中课程。

三种主流国际课程 A-Level、AP、IB 对比

课程名称		A-Level
课程内容		英国高中课程
课程	课程数量	70 多门课
	学制	2 年
	课程优势	全球认可度高\难易适中\考试较人性化\有效提高英语水平\可无缝衔接大学课程
课程最高分		A
考试时间		5、11 月
考试难易程度		三星
评分方式		A-Level 的成绩分为 A、B、C、D、E、U 六个等级，A 为最优，E 为通过，U 为不及格。如学生对某门课成绩不满意，可选择重考，最终成绩以最好的一次为准。 评分标准：A-Level 考试的及格等级 E 相当于百分制 40 分 (按一定规则转换后的分数，非卷面上的分数)。学生达到及格成绩，就可以申请国外的大学。具体的等级与分制之间的关系：A-Level 成绩 — 百分制 A:80-100, B:70-80, C:60-70, D:50-60, E:40-50, U:40 以下
考试认可度		是英国普通中等教育证书考试高级水平课程，因此所有的英国大学和几乎所有提供本科教育的澳大利亚大学均认可 A-level 课程，据统计，全球现有 160 多个国家的 11000 多所正规大学所认可 A-level 课程。
适合对象		1、A-Level 课程通常适用于年龄在 15~18 之间，初二毕业至高二在读生的学生；2、对英语要求较高，对数学基础较好的中国学生有优势；3、未来专业方向以商科、理科为主的学生

AP	IB
美国大学先修课程	国际高中课程
22个专业、37个学科	6个必选基础学科，每一门又分高级课程HL和普通课程SL。其中3门必须是高级课程。还必须完成3项重要活动：①创新、行动和服务（CAS），②知识理论（TOK），③论文（An Extended Essay）
不限	2年
作为大学先修课程与顶尖大学接轨\节省大学学习时间和成本\提升GPA整体成绩	认可度高、使用面广\安全性高\更具有竞争力
5分	7分
5月	5月（北半球）、11月（南半球）
四星	五星
AP考试采取5分制，3分为及格；3分以上即可被大多数大学接受并折抵学分，顶尖学校要求4或5分才可折抵学分。不同分值代表不同的水平： 5=extremely well qualified 4=well qualified 3=qualified 2=possibly 1=no recommendation	IB有自己的评分系统，IB每门评分等级为1-7分，最高分为7分，4分为及格。加上TOK\CAS课程和论文（这三科成绩缺一不可）的奖励分数3分，满分45分45为最高分，拿到36-38分左右即有资格申请剑桥（一般需要40-41分），申请常春藤大学的学生一般分数在40或以上。
已有40多个国家的近3600所大学承认AP学分为其入学参考标准，其中包括哈佛、耶鲁、牛津、剑桥等世界名牌大学。可以使在高中阶段有余力的学生有机会先修部分美国大学基础课程以获得美国大学学分。适用于全球计划前往美国读本科的高中生。由美国大学理事会主持，AP成绩不但可以抵扣成功申请美国大学的同学入学后相应课程的学分，而且AP成绩也成为美国各大学录取学生的重要依据。	全球认可度最高，综合性强。美国、加拿大、英国、澳大利亚等英语国家的大学不仅都认可IB课程，而且将其视为优良的入学资历。
1、适合新高一、高二年级学生； 2、对理科较好的学生有优势，知识面较宽、知识点密集，对学生的概括能力和自学能力有一定要求； 3、适合对未来的专业方向已有一定认识的学生。	1、通常所说的IB课程为国际预科证书课程，针对16~19岁的高中生；2、适合对未来职业发展方向有清晰定位，对自己严格要求，全面发展不怕挑战的学生。

A-Level 课程介绍

近几年，A-Level 课程越来越受欢迎，英国高中课程（General Certificate of Education Advanced Level）简称 GCE A-Level 课程，是英国中学生毕业后进入正规大学学习的主流课程和主要途径。

英国基础教育为 13 年，1—6 年级为小学、7—11 年级为初中（5 年）、12—13 年级为高中。GCSE 被归为初中教育，通过 GCSE 考试拿到的证书能在参加工作时直接使用，类似国内的中专证书。

A-Level 为高中部分的课程，2 年制，12 年级为 AS 阶段，13 年级为 A2（A-Level）阶段。在 AS 阶段，学生通常选择自己最擅长且最有兴趣的 3—4 门课，通过考试后获得 AS 证书；在 A2 阶段，学生可选择 AS 阶段中优秀的 3 门课继续学习，通过考试后获得 A-Level 证书，并满足大学的预录取条件。与中国学生必须经过 3 年高中学习才能升入大学相似，A-Level 在跨度上相当于中国的高三到大一。

到目前为止，世界上几乎所有英语授课地区的大学都接受用 A-Level 成绩申请入学，A-Level 考试被国际教育界誉为"世界高考"和"全球大学入学的金牌标准"。这些大学遍布英国、美国、加拿大、澳大利亚、新西兰、中国香港、新加坡等在内的 150 多个国家和地区，共约 11,000 所，其中包括哈佛、斯坦福等世界名校。

A-Level 相对而言总体难度低一些，因为只需要学习 3—4 科自己感兴趣并与就读大学对口的课程，同时也不强制要求参加很多课外活动等，但单科难度并不低。对于很多在初升高阶段想进入国际体系的学生来说，

A-Level 课程应该是最容易上手的一个课程体系。如果你不是真正的学霸，偏科严重，希望能申请到一个好一点的本科、成为特色鲜明的个性人才，那么建议学习 A-Level 课程。

中国与英国学制对比

中国		学生年龄	英国		
学制设置	入读年级		入读年级	课程阶段	学制设置
幼儿园	小班	3	Nursery	/	幼儿园（Kindergarten）
	中班	4	Pre-school		学前班（Reception）
	大班	5	Y1	Key Stage 1	小学阶段（Primary Education）
小学	一年级	6	Y2		
	二年级	7	Y3	Key Stage 2	
	三年级	8	Y4		
	四年级	9	Y5		
	五年级	10	Y6		
初中	六年级	11	Y7	Key Stage 3 基础课程	中学阶段（Secondary Education）
	初一	12	Y8		
	初二	13	Y9		
	初三	14	Y10	Key Stage 4 GCSE 课程	
高中	高一	15	Y11		
	高二	16	Y12	Sixth Form A-Level/IB 课程	
	高三	17	Y13		

A-Level 案例：斩获 4 门 A★ 的牛津本硕录取者

姓名：张同学

高中情况：普高

雅思成绩：7.5 分，听力满分

A-Level 成绩：数学 A*、进阶数学 A*、化学 A*、物理 A*

软件背景：iGEM 国际基因工程大赛全球金奖、英国化学奥林匹克竞赛 UKCho 全球金奖、CIS 学术小组金奖等。

录取情况：牛津大学化学专业本硕、帝国理工学院化学工程本硕、香港大学等

2021 年 1 月 12 日，张同学如愿收到了牛津大学化学专业的本硕录取通知！17 岁的她，实现了从"普高少年"到"牛津女孩"的跨越。张同学用不到 2 年的时间，完成了本科留学备考、逐梦世界名校之路，铸就了一个关于选择和努力的奋斗故事。

英国学校比较重视所学专业和所学科目的相关性，学生可以选择自己更擅长的、同时更符合目标专业的科目。由于张同学目标清晰，锁定了化学及化学交叉学科，所以和父母、新航道锦秋 A-Level 老师充分沟通后，她最终选择了 A-Level 数学、进阶数学、化学和物理这四门科目。

张同学表示自己刚开始学习 A-Level 时还不太熟悉，后来通过"上课多听、多记知识点，课后做好拓展延伸、勤练习性"这样的方式，学习效果突飞猛进。化学老师对她高度称赞："刚开始学习 A-Level 化学的时候，

知识点比较多，又是英文学习，难度比较大。但是张同学非常自主、努力、认真，上课的同时课下也花了很多时间反复读教科书、理知识点、做课后题，每次考试前也是自己练习了很多套真题。渐渐适应了 A-Level 化学学习后，也越来越主动，很多时候在课上都是她自己预习了之后带着有针对性的问题问老师，提高了课堂效率。"

一般来说，A-Level 学生按部就班可以平均每个考季考完 4 个单元，但张同学却在自己的自律高效和老师们的专业"助攻"下，仅用一年多的时间就完成了四个科目共计 24 个单元的全部考试，其中化学、数学两个科目更是平均每个考季考完 10 个单元，最终几乎一次成型地拿到了 A-Level 四门科目 A* 的优异成绩。

标化成绩就像"敲门砖"，拿到好的 A-Level 成绩是留学申请的基础，除了需要付出大量的时间精力外，要在有限的时间内取到理想的 A-Level 成绩还需要避开很多"弯路"。张同学也总结了自己在 A-Level 学习和考试过程中积累的"独家"心得：

第一，明确 A* 要求，做好时间分配。A-Level 是分单元模块化考试，获得 A* 往往重在 A2 阶段，在 AS 阶段允许有一定的小瑕疵，但是在 A2 阶段一定要达到 90% 以上的得分率，这样才可以确保 A-Level 最终成绩达到 A* 的标准。正是由于她在 A-Level 学习和考试的过程中目标清晰、分清轻重缓急，所以最终才以比较快的学习和考试节奏提交了 A-Level 完整成绩申请学校，大大增加了申请优势。

第二，"吃透"书本，及时向老师请教。很多同学和家长可能有一个"误区"，觉得 A-Level 太简单了，只要刷题就够了，实则不然。张同学回

85

顾自己 2019 年 1 月数学 S1 考试，当时一起参加考试的 5 个人中只有她没有重考，主要差别大概就在于她充分利用好了书本，把所有知识点都"吃透"，把所有习题都"做透"。考试变化是永恒的，要想"以不变应万变"，就要充分利用好书本，在学习知识点和做习题的过程中，发现盲点并及时向老师请教。

第三，掌握练题的小技巧。关于如何"科学"练题，张同学给出了五点建议：

1. 每一套试卷，考察的知识点是固定的，通过不同的试卷训练不同的知识点；

2. 同一种类型的题目在平时学习的时候可以一起刷；

3. 对答案一定要一分一分比对着看，找自己做题不规范导致失分的地方；

4. 考试前可以定时做真题试卷；

5. 尝试多刷一些比真题难的题。

在 A-Level 考试之前一定要花非常多的时间去刷题，对各类题目达到非常熟练的程度，这样才能够在最终的实际考试过程中灵活运用，做到"刷题百遍，其义自见"。

最初，因为要兼顾普高学校课程，张同学只有周末才有时间学习 A-Level，所以课程安排十分紧张，每天要上 3 到 4 节课，除了睡眠之外都在学习。进入到脱产集中学习 A-Level 的阶段，她会保持每天十个小时左右的学习时间。

让 A-Level 物理老师印象最深刻的是她对世界的好奇心和求知欲；数学

老师看好恒一平时大量练题、认真总结的好习惯，评价她不仅学习课本知识扎实，课后对数理相关的知识探索也永无止尽，是同辈学员之榜样；助教老师除了做好"学术陪练"，讨论学习问题，为缓解张同学的学业压力，也经常和她聊天、画画，"她是一个非常自主的学生，对目标非常明确，有着令人惊讶的专注力和学习效率，抗压能力也非常强，能在较短时间内完成别人两倍时间才能完成的学习量，而且是非常优秀地完成。"和老师成为好朋友，也是学习路上的别样收获。

（张同学现为新航道锦秋 A-Level 形象大使）

如何选择国际课程

A-Level、AP、IB 三种国际课程各有所长，究竟如何选择呢？我建议大家可以把握一个基本的原则："以终为始、目标导向。"家长可以通过如下几个方面进行综合考量：

1. 国际课程成绩在申请中的重要性。对于绝大多数学生而言，学习国际课程的是为了出国留学。我经常跟家长们说，在孩子成长学习的路上，最大的成本不是学费投资，而是时间成本，因为时间是不可逆的。在孩子时间相对有限的情况下，我们首先要考虑，我们选择的国际课程在未来孩子申请大学时真的是必不可少的吗？是目标国家、目标院校必须要求提交的材料吗？如果是，在申请中占比权重如何？如果不是，那么就要慎重考虑，因为孩子的高中时间有限、申请学校考量的因素众多，我们要把时间、精力投入到在最有必要和最高权重的地方。

2. 要考虑国际课程本身的认可度和适用性。尽管都是国际课程，但是不同课程有不同的背景和侧重点，导致在国外大学录取中认知度和认可度肯定有高有低。那么我们的目标院校对这一国际课程的成绩是否充分认可并且高度信任其真实性？这个需要考量。比如，A-Level 的分数体系是 A*、A、B、C……，IB 的分数体系是 7 分满分，中国高中是百分制，不同分制下其分数背后反映出来的学生能力有时候是不太好衡量的。还有，这些课程体系的成绩哪个最真实、哪个可能有水分？通常考试的标准化程度越高，认可度往往也会越高。某些高中课程体系只在对接某些国家、某些省或者某些大学时才有优势，而不具备广泛的认知度和认可度，这样可能会限制学生的选择。高一到上大学还有三年的时间，这期间很多事情都有可能发生变化，所以，建议学生尽可能选择全球大部分国家的大部分大学都认可、熟知的国际课程。

3. 孩子对国际课程的适应性。中国大学的录取原则相对而言是高度统一的，这导致中国的高中课程体系灵活度相对较低。国外大学享有充分的招生自主权，这就意味着灵活的高中课程选择。孩子偏科，就可以选择那些容许孩子高中三年自由选课的课程体系；如果孩子学科上全面发展，那课程体系的选择范围就更广了。从这几个方面而言，A -Level 或者 IB 课程更能满足如上几个要素，这些课程比较适合的人群是：计划本科出国留学、在中国高中读国际课程的学生。

本科生申请研究生时间规划

北美留学时间规划：

时间	准备事宜
大一	明确专业兴趣，参加 TOEFL/GRE/GMAT[①]培训
大二	参加 TOEFL/GRE/GMAT 培训，初步确认目标学校，在线阅读论文资料，熟记专业词汇
大三上学期	参加 TOEFL/GRE/GMAT 培训，阅读教授论文以及其他相关资料，积极准备面试，参与公司实习
大三下学期	TOEFL/GRE/GMAT 备考，参与项目研究或公司实习
大三暑假	TOEFL/GRE/GMAT 备考，为下一步深入沟通做准备；参与项目研究或公司实习，为今后的留学申请推荐人选择做好准备；留学资金的准备
大四上学期	拿到 TOEFL 和 GRE/GMAT 考试的满意分数，配合办理申请大学文件，确定最终申请大学
大四寒假	配合套磁或者参加国外大学的面试
大四下学期	获取录取结果，决定就读学校，签证，体检，订机票，安排住宿

英联邦（英国、澳大利亚、新西兰）留学时间规划：

时间	准备事宜
大一上学期至大二寒假	打好英语基础，提升英语实力，从语音、语法、词汇、阅读、听力、口语、写作等多个方面着手，具体参照大学四年英语学习计划
大二下学期	背雅思词汇
大二暑假	参加雅思基础技能培训

[①] GRE 为美国研究生入学考试，GMAT 为经企管理研究生入学考试。

续表

时间	准备事宜
大三上学期	准备雅思考试
大三寒假	参加雅思培训
大三下学期	参加雅思考试
大三暑假	准备留学资料（推荐信、个人陈述、简历等），查询相关学校
大四上学期	准备学校成绩单，联系学校，最好在开学时寄出所有申请材料
大四寒假	练口语，继续和学校保持联系，继续学习英语，有条件先办护照
大四下学期	拿到录取通知书后，办理签证手续，体检，按照行前说明会介绍的情况准备出国

留学路上杜绝两种角色错位

做出了决定，做好了准备，接下来就要各就各位准备出国留学事宜了。毫无疑问，出国留学是孩子的事情。然而，儿女要留学，忙的不仅仅是孩子，我们看到的现象是：一个孩子要留学，全家上下总动员！家长们周末在各个地方听讲座，记录信息，收集资料，马不停蹄，但是孩子却从来没有露过面，这样的做法无疑会事倍功半。

从孩子萌生出国留学想法、准备出国到最终真正拿到录取通知书，是一个漫长的阶段。一定要处理好三者的关系：孩子、父母、培训或留学服务机构。那么他们究竟应该保持一种什么样的关系呢？在我看来，在这个过程中，孩子既是战士又是指挥官，父母是参谋，留学服务机构是教练员。

然而，目前在国内我们也常常看到两种现象，这两种现象概括起来都可以说是一种角色上的错位。

角色错位1：参谋成了指挥官

不得不承认，在国内很多孩子选择出国留学是父母的决定。在出国留学这个问题上，很多父母常常会"以爱之名"为孩子安排好一切，极少征求孩子的意见。每次讲座后我都会跟孩子们沟通，当问到为什么要出国留学的时候，很多孩子支支吾吾，不知该如何回答。或者有的孩子直接说了实话：是我爸妈希望我去国外读书的，我爷爷奶奶也希望我能到国外去锻炼几年……因此，孩子承受的是家族的重担，而不是去追求自己的梦想。

有一年暑期，我遇到一个从山东来的家长带着孩子来咨询课程。他刚走出电梯我就注意到，看上去这位家长似乎什么都知道，对这些出国考试和留学的信息了如指掌。他径直来到报名大厅，直接就找到了学习规划师，咨询、选课，而他的孩子则跟在他的后面显得很拘谨，没有说过一句话，似乎这个事情跟他没有任何关系。可这些事情是应该学生自己来办理的啊！当时我站在咨询台旁边，好奇之下，我忍不住问："您好，我是这里的老师，不知我能否问您孩子一个问题？"

"哦，好啊！"

我看着孩子："你是来参加出国考试学习的吧？你想出国吗？"

孩子看了看站在旁边的父亲，不知道该如何回答。

"咳！这肯定是不用说的，我们早就给他做好安排了，今天带他过来给他选好课，他平时学习忙，这些都是我们在张罗。"这位父亲接着说道。

我点了点头。当时我很想要对这位父亲和他的孩子说点儿什么，想了解更多，但是看到那位父亲忙碌的样子，我也只能放下这个念头。

　　都是为了孩子，都是想给孩子减轻点儿负担，有这样呵护备至的父母，这个孩子应该开心才对啊？可是我始终看着这个孩子低着头，没有说过一句话。表情中夹杂些许的无奈，我想并非孩子没有想法，只是他不想表达，或者无力表达。是孩子自己想要出国吗？我们知道孩子心中的答案吗？孩子们有自己的想法，有自己的主见。也许这个孩子自己根本不想出国留学；也许他心中早有理想的大学，并且已经为之而努力；也许他想把自己的想法告诉父母，可是他知道那样也只是徒劳……

　　还有一个家长，专门从老家赶到北京来，希望我能够帮他解决孩子的教育问题。他向我反映，和孩子基本没话说。我说把孩子交给我。跟孩子聊过之后，我发现这个孩子毕业以后做什么都已经被安排好了，这导致了孩子的逆反情绪。

　　父母们马不停蹄地奔走于各大讲座，忙于给孩子找机构、挑课程、寻求咨询。然而，他们对自己咨询过吗？倘若孩子不是内心渴望出国，即使到了国外也无法开心地生活、学习，因为他内心就在抵制他周围的一切东西。试问，这样的留学最后能够成功吗？

　　前两年有次去广东，跟一个朋友聚会，也聊到了孩子的问题。他的孩子学习成绩非常优秀，是个女孩子，当时按照他们家长的要求，去澳大利亚留学。学校不错，是澳大利亚八大名校中的一所。可是到了澳大利亚不到半年，她就多次跟家里打电话，说不喜欢那边的生活，根本静不下心来学习，要回国上大学，到最后跟他们吵了一架，自己回来了。回来后第二年她继续参加国内高考,上了自己喜欢的大学。当时我朋友说起此事的时候心里非常内疚,他认为耽误了孩子一年的时间。当时看到周围的同事都送孩子出国,以为出国是自己给孩子做出的最好的安排,可是事实却并非如此。

孩子成材与否,并非留学还是在国内的问题,并非在哪个学校学习的问题。留学固然好,能送孩子去世界名校接受更好的教育固然好,但是在是否选择出国留学这件事情上,作为父母,我们只能给孩子提供意见参考,只能适当地引导孩子,同时在精神上和物质上提供必要的支持,尊重孩子自身的选择,而绝不能帮助他们做决定。决定一定是孩子自己做出的,只有这样培养孩子勇于去承担责任;找准方向,孩子才能真正在学习、人生的路上走得更好。

作为家长,我们要做孩子留学道路上的强大后盾。既是长辈,也应该是朋友。如果有时间,每天尽可能腾出一些时间参与孩子的学习过程,当他们的另一双眼睛。家长的阅历和生活经验是孩子的财富,可能我们对他们的学习内容并不太了解,但是通过参与或用心观察可以更好地提醒和引导,更好地交流。

家有儿女要留学,父母需要怎么做?

充分沟通,切忌盲目跟风。

出国留学并非适合所有的学生,因此作为父母更应该做好引导工作。尤其是出国留学"低龄化",孩子在很多地方还难以把握,这样就需要父母多做工作,如分析孩子的性格、兴趣、特长、爱好、出国热情等,与孩子密切交流,了解孩子的真实想法,心仪的国家、学校和专业等等,帮助孩子做出留学决定，切忌盲目跟风。

了解留学信息，为孩子决策保驾护航。

本来这些东西都是孩子去准备的，但是很多家庭为了让孩子全力备考，主动承担起了信息参谋的任务。在前期帮助孩子了解留学目标国家的政治、经济、文化、留学政策、就业情况等基本信息，参加各种留学讲座，咨询留学服务机构等。这些问题都直接关乎孩子的学习与未来。而对于父母而言，孩子出国后事先对这些国家和当地文化有所了解也利于建立起沟通。

陪伴孩子备考之路。

出国留学，语言关是必须要过的。对母语不是英语的学生而言，要想出国留学，英语能力在各项指标中是最重要，也是最需要时间和毅力来培养的。备考期间他们会面临各种各样的困难、打击、甚至挫败，在这样的时刻他们更渴望得到父母的理解、宽容和鼓励。在备考期间需要父母及时督促和鞭策，在语言学习上一定要帮孩子树立正确的学习观念，以提高英语能力为主，而不是单纯为了获得出国考试成绩。只有这样，孩子到国外后才能用英语正常地生活和学习，才能有一个高质量的留学生涯！

经费准备，让孩子求学无忧。

孩子出国留学，对每一个家庭而言都是一笔很大的投资，不仅出国后学习需要一笔大的费用，在准备申请过程中也需要相当多的花费。去国外留学，资金准备一定要提前，因为留学资金准备是获得签证必不可少的条件。如果资金证明不足，签证官会认为你不能在国外正常完成学业，很容易导致拒签。在申请学校时，一般只需提供支付所申请学校第一年费用的存款证明；而在签证时，通常需要学生提供在外留学期间的总费用的资金担保证明，并且阐述资金的来源。在银行的选择上最好选择大型国有银行或股份制银行，不要存入地方性的信用合作社，信用合作社的存款美国领事馆不认可。当然，整个留学费用的确定还需要结合目标留学国、大学所在城市的消费情况、学费等进行综合考虑，确保孩子在国外能学习无忧，全身心投入到学习中，并能顺利完成学业。

有的家庭可能经济条件比较好，有的家庭并不富裕，可是由于望子成龙心切，借钱也要把孩子送出国。可怜天下父母心，我希望这样的孩子懂得珍惜。我还听说过有这样的家长，出钱不是问题，孩子也愿意好好读书，但家长会把孩子花的每一分钱都记下来，写成欠条让孩子签字画押。这种做法看起来有些不近人情，但我认为也没什么不对，孩子应该懂得回报父母，父母也只是通过欠条对孩子有所约束。

角色错位2：教练员成了代办员

对于一些经济条件不错、"不差钱"的家庭而言，可能更多的是将申请过程交由留学服务中介来办理。无疑，留学申请专家的介入将会对学生提供更多的帮助。

然而，根据以往的经验，有的家庭会走向一个误区：将留学申请"包办"给留学服务机构。他们认为把钱交给留学服务机构就好了，除了可能会需要参加一些培训，准备标准化考试，其他的事务一律不需要自己来。甚至很多家庭为了让孩子早点出国，减轻孩子的负担，不惜花重金请国外的留学服务机构负责申请工作，自己什么都不管。这样的方式固然省事，但也会导致一些比较严重的问题。目前国内留学中介市场鱼龙混杂，有些留学机构缺乏责任，对学生申请的学校不予把关，一味满足家长和学生对出国时间、目标学校的要求，在申请材料上"做文章"，推荐了一些"野鸡大学"，结果孩子到国外后出现不可挽回的后果。例如，2012年11月，中国留学生造假案波澜再起，在为期3个月的独立调查后，7月份卷入新西兰留学申请材料造假丑闻的231名中国留学生，有49人被确认存在造假行为，其中16人已经被遣返回国。再如，2008年11月，50名中国学生因伪造申请材料被英国纽卡斯尔大学开除。事发后，英国谢菲尔德大学、伯明翰大学、利兹大学等10余所英国知名院校纷纷出台新举措，要求中国学生申请时需提供"诚信档案"。近几年，中国留学生的诚信问题一直引发国际舆论关注。留学生诚信问题不仅危及学生群体，更有损中国的海外形象。

自从"学历门"事件后，国内家长和学生普遍加强了对国外学校的了解及申请流程的认识，但是还有很多申请中的细节需要专业人士指导，在选择留学服务机构的时候一定要注意斟酌，选择权威机构。

另外要特别提醒的是，在整个材料准备过程中申请人一定要参与到其中的每一个环节。因为留学服务机构只是"教练员"，而申请人才是"运动员"。教练能够为我们提供指导、方法，能够发现我们申请材料中的不足，提醒我们去修改、规避，但我们自己一定要去亲自动手准备。我以前听说过一个学生，最开始准备的时候他把GPA、标准化考试成绩和个人简介整理好了，后来申请文书交给了留学中介来写。结果这个留学中介在申请文书中把这个孩子塑造成一个未来的演讲大师，只是因为他在中学时期曾经参加过很多演讲比赛，并获得了很多奖项。但是留学中介人员却没有注意到孩子其他方面的特长，比如这个孩子非常喜欢电影，他曾经自己写过很多电影剧本，而学生本人也渴望能够到美国学习与影视相关的专业。这样的申请材料在整体上会出现"诉求不一致"，自相矛盾、相互打架的现象。不仅如此，"被包办"的文书往往容易因为雷同而被视为造假。美国中文网据 CNN 报道，成批涌入的中国留学生让一些美国大学招生负责人感到头疼：大概有十分之一的中国留学生的申请材料都存在造假问题——千篇一律的文书和动过手脚的成绩单。这是很麻烦的，所以学生一定要参与到每一个环节中，在"教练员"的指导下，展示出最完美的自己！

任何美好的东西要想实现，一定是没有捷径可循的，只有付出汗水，才能水到渠成，顺利拿到名校的录取通知书。

"教练员"助你步入留学快车道

那么在留学之路上是否应该选择培训机构和留学中介？不排除那些英语基础好的同学有能力自己备考出国考试、同时又自己完成留学申请的。但对于大多数学生而言，还是有必要选择服务机构的。我认为"术业有专攻"，如果家庭条件允许的话，参加出国考试培训能够大大提高学生的备考效率，而在申请材料准备上，出国留学机构能够帮助学生在同等条件下申请到更好的学校。当然在机构的选择上要慎重，选择一些正规、权威、口碑好的机构。

胡宸申请美国大学也是自己完成的。尽管我本人从事英语教学与留学服务，但是胡宸从小比较独立，也有自己的主见，我们也非常尊重孩子的想法，所以胡宸选择了自己完成，一方面想挑战一下自己的能力，另一方面是好强的他想替我们省下中介这笔开支。

他当时申请的大学全都排名前 50，他自己联系大学，撰写各种命题作文，打电话，发邮件，和美国大学那边的人交流，一步一步按照美国大学的录取程序进行准备。材料寄出去没多久就拿到了其中一所大学的录取通知书，但他最心仪的沃顿商学院没有直接录取他，而是给他寄了一封延迟录取函。通过各种渠道儿子了解了沃顿商学院，得知它近几年没有在中国大陆录取过一名本科生，胡宸这时觉得录取的希望很渺茫。果然，一段时间之后，正式的拒绝函来了，尽管早有思想准备，儿子还是很伤心。

胡宸的失利引发了我对留学申请更深入的思考。首先，我坚持认为孩子自己联系学校无疑是一次很好的锻炼，但如果能咨询一些留学专家，对申请的学校和专业做更多的了解，使申请材料更加具有针对性，录取的把握就会更大一些。胡宸的申请材料本身是具有吸引力的，问题在于缺乏针对性，他申请的学校可能没有看到他们想要的东西，结果造成了申请失败。2008年北京的一名高考状元没有被美国任何一所大学录取，问题肯定出在申请方法上。中国人理解的"成绩好就会被录取"其实是一种臆想。其次，选择留学中介的确可以节省时间、提高效率，尤其是在孩子学习负担很重、家长不懂英语的情况下，必须选择留学中介。需要注意的是，要仔细了解中介的专业能力和服务质量，只有好的中介才能最大程度发挥优势，帮你联系到最适合的学校。

好在当时胡宸对录取他的学校还比较满意，在学校学习了两年后，有一天胡宸对我们说了一番让人十分感动的话："当时没有进入最好的学校其实也是好事，说明我还要继续努力，我会记得我还有一个目标没有实现，这也鞭策我进入大学后更要把握时间、好好学习，以便缩小与那些排名更靠前的学生的差距。"或许正是这种力量指引着他后来进入MIT攻读硕士。

我相信人生的竞赛从进入大学那天即已开始，而我也坚信胡宸已经越来越接近属于他的人生目标。

毋庸置疑，参加出国考试培训能够让我们在有限的时间内获得最大的进步，在专业老师的指导下，学习效果能够事半功倍。留学申请专家的介入将会对学生提供更多的帮助。在今天这个专业细分的时代，"专业的人才做专业的事情"，留学专家对国外名校的排名、强项专业、申请过程及环节都有更多的了解，尤其是他们所拥有的成功案例和经验，可以让大家在留学申请的道路上少走弯路。他们还会针对申请者自身的独特优势量身定做，使其在众多的竞争者中脱颖而出，从而吸引更多的美国名校对申请者给予关注与青睐。

行动指南：开始你的留学规划

请结合自身的情况，制定一张属于自己的"留学时间规划表"

时间规划	准备事宜 \ 完成内容
	1. 2.
	1. 2.
	1. 2.
	1. 2.
	1. 2.

当你完成后，就可以进入下一章了！

第四章

申请国外名校
需要做什么？

名校录取是有录取公式的。

2018年美国大学录取标准＝就读高中（0—4分）+课程难度（0—21分）+年级排名（0—3分）+平均成绩（0—16分）+SAT成绩（6—25分）+（美国高中生）全国荣誉协会奖（0—3分）+申请论文（-3—5分）+推荐信（-2—4分）+课外活动（-5—30分）+种族多元化（-3—5分）+体育活动（8—40分）+超级录取（40分）+其他。

从"考"学校到"申请"学校

很多学生见到我上来就说：胡老师，你就直接告诉我应该做些什么就好了。但是需要强调的是，如果没有前面对于"为什么"的回答，学生在准备材料过程中遇到问题、困难的时候很容易打退堂鼓。

那么，究竟申请国外名校需要什么条件？其实，单从字面意思就能够了解国外录取与中国录取的区别：中国的升学，流行的是"考"，每到学期期末，家长和同学们最常提到的一个字就是"考"。"考高中""考大学"，只有"考好了"才有可能"上好的"。一张考卷决定你接下来接受的教育的质量，一场考试决定一个人的前途和未来。而国外的升学，流行的一个词是"申请"。国外的大学不是通过某个考试就可以直接录取你的，而是需要通过申请来决定你将被哪一所或者哪几所学校录取。比如，《普林斯顿评论》曾经为那些想要成为美国大学佼佼者中的一员的学生总结过一套强大的 2018 年美国大学录取标准：

2018 年美国大学录取标准 = 就读高中（0-4 分）+ 课程难度（0-21 分）+ 年级排名（0-3 分）+ 平均成绩（0-16 分）+ SAT 成绩（6-25 分）+（美国高中生）全国荣誉协会奖（0-3 分）+ 申请论文（-3-5 分）+ 推荐信（-2-4 分）+ 课外活动（-5-30 分）+ 种族多元化（-3-5 分）+ 体育活动（8-40 分）+ 超级录取（40 分）+ 其他。

那么，我们就要至少提前两年准备很多申请材料。每个学生的材料会有3~5个招生官看，看完后每个招生官会给一个评语，最后得到一个综合的结论。只有通过审核和大学认可后才能拿到录取通知书。

美英加澳高中留学申请条件

	美国	加拿大	英国	澳大利亚
学术条件	在校平均分至少80分以上；托福（最好有）SSAT（可选）	在校平均分至少80分以上；雅思（最好有）SSAT（可选）	在校平均分至少80分以上；雅思	在校平均分至少80分以上；雅思
非学术条件	体现学生综合素养 *****	体现学生综合素养 ***	体现学生综合素养 **	体现学生综合素养 **

（备注"*"代表要求的强度，五颗"*"为最高）

中国学生主要留学目标国申请条件如下：

意向国 / 申请条件	美国	加拿大	英国	澳大利亚
学术条件	GPA TOEFL/IELTS/SAT GRE/GMAT/AP/SAT2	GPA TOEFL/IELTS SAT/GRE/GMAT/AP	GPA IELTS	GPA IELTS
非学术条件	个人简历 个人陈述 推荐信 命题式作文	个人简历 个人陈述 推荐信 获奖证书和工作证明复印件		

到底需要哪些申请材料呢？申请就读美国高中需要平时成绩、托福、雅思或 SSAT 成绩，再综合考量学生课外实践能力等。美国大学申请较为复杂，我们就以美国大学申请为例抽丝剥茧，了解名校录取规则。

去美国读本科或者研究生，需要提供的申请材料大致可分为两大类：学术类和非学术类材料。学术类有 GPA、SAT/GRE/GMAT、TOEFL 或 IELTS 考试成绩；非学术类有个人简历、个人陈述、推荐信、命题式作文等。如果仅有"考"出来的成绩，那几乎是不可能申请到好大学的。有人向哈佛大学招生官询问哈佛的录取标准是什么，是看高中成绩还是标准化考试、还是申请人的申请文书？哈佛大学招生官回答说：我们要查看一切！

为什么要查看一切？

不难理解，美国作为世界教育资源最优质的国家，自然在选择学生方面有至高的话语权。美国高校，尤其是录取学生比较挑剔的学校，办校宗旨绝不局限于传播知识，而是放眼于培养社会各领域的领军人物。他们要找到这些未来能够成为各领域顶级人才的"好苗子"，就必须通过多角度的考核才能确定。尽管所查看的条件都是表象，然而醉翁之意不在酒，一项申请材料描述的活动本身有多大的分量和价值并不重要，重要的是通过活动去发现学生具备哪些潜质，这些潜质就是未来成材、成功的基础。他们不知道所招收的学生中谁将成为未来的领袖人才、商界精英，他们只是希望通过这些表象的东西看到学生深层次的素养和潜能，通过这些活动去发掘那些有领袖潜质和商业头脑的人，这也是整个申请材料准备的一个核心思路。

通过如下的图表，大家应该会有直观的理解：

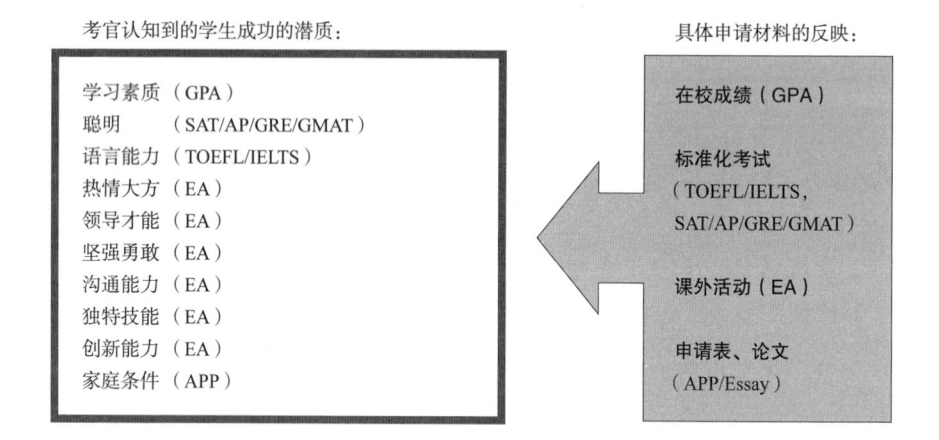

考官认知到的学生成功的潜质：		具体申请材料的反映：
学习素质（GPA） 聪明　　（SAT/AP/GRE/GMAT） 语言能力（TOEFL/IELTS） 热情大方（EA） 领导才能（EA） 坚强勇敢（EA） 沟通能力（EA） 独特技能（EA） 创新能力（EA） 家庭条件（APP）	⬅	在校成绩（GPA） 标准化考试 （TOEFL/IELTS， SAT/AP/GRE/GMAT） 课外活动（EA） 申请表、论文 （APP/Essay）

在众多提交申请材料的学生中，大浪淘沙后那些留下来的"金子"将成为名校的培养对象，在学校优质的教学资源下，逐渐被培养成精英人才。而反过来，学校培养出的这些精英人才往往会成为学校的"活广告"，哈佛、耶鲁、普林斯顿的闻名很大程度上正是因为它们为世界培养了各行业的领袖人物、商界精英、诺贝尔奖得主等。因此美国名校的申请就像是一场恋爱，最初可能是学生对学校的"一见钟情"，而最终要实现的则是"情投意合"：学校选中了你，培养了你，反过来学生成功后又将反哺学校、回报社会。

即便是对于美国本土学生而言也是如此：想上大学是比较容易的，但是要想上一个好的大学，需要下一番功夫。美国教育体制中的竞争压力自高中开始，其强度毫不逊于中国的高考，不仅要求学生本人具有很强的自制力和主动性，也对家长提出很高的要求：家长除了要监督孩子学习，还要承担范围广泛的辅助责任,帮助孩子完成入学申请的各项内容。如果说中国高考是千军万马过独木桥,那么进入美国名校的过程就是一场全能综合竞赛。要想申请到一所好的大学,就要多角度全面准备。

亲访哈佛招生办公室:哈佛大学录取的六大标准

新航道前程留学总经理冉维毕业于哈佛大学肯尼迪学院,曾获哈佛大学全额奖学金录取。在哈佛大学期间,他曾走访哈佛大学招生办公室,亲自向招生老师请教,并多次参加哈佛大学不同学院举行的招生介绍会,听招生官亲自向潜在的申请者讲解。他总结出哈佛大学录取的六大标准。

标准一:Integrity(人品)

这个词中国直译是"正直"的意思,可以理解为人品。也就是说,学校首先要看这个人的人品如何。这需要从申请者的简历、课外活动、工作经历、参加过的学生活动以及别人的推荐信来判断。学校不光希望看到学生能够自己成功,而且希望看到他能关心别人和社会。哈佛大学肯尼迪学院招生办主任马特·克莱蒙斯就说过,他在看申请者的时候,不光要看候选人是不是在不断努力提升自己,还要看他(她)是不是在这个过程中对别人和社会产生了积极影响。为何要如此?我认为,浅的来说,如果一个学生极度自私、只关注自己如何成功,那么他即使成功,也难以回馈社会,也很难回馈他的母校,那现在培养他干什么呢?

标准二：Capability（能力）

这个应该对于中国学生来说比较好理解，就是所谓的硬条件。你是否有完成学业的学术能力？这个包括你的分数，比如：SAT、在学校的平均分GPA、英语考试成绩托福、GRE、GMAT 等。当然，还有你是否有在相关专业的研究成果和论文等。现在申请美国顶级名校竞争激烈，对于考分普遍较高的中国学生来说可能更是如此。

标准三：Dream & Passion（梦想和激情）

美国大学特别是顶尖大学可能比其他国家的学校更加重视文书的内容。你自己的兴趣、激情和梦想是什么？是什么促使你选择这个专业和学校？完成学业后，它能够如何和你要实现的梦想联系起来？这些在你的文书中都要自圆其说。一些学生的误区是：把那些看起来很牛、很高大上的经历或者奖项都一股脑儿放到文书或者简历中，其实关键是要能够证明你和要申请的学校和专业的相关性。比如，你如果想申请公共管理或者公共政策专业，那你需要突出写作和公共领域相关的活动、参加过的项目或者做过的论文。如果列出的是那些在纯粹以盈利为目的的私人领域经历，比如投行的经历，你觉得很高大上，但实际可能起副作用。

标准四：Guts（胆量）

每一个人在自己生活和事业的道路上都会面临重大选择甚至重大挑战。能否在关键时刻有胆量去承担考量过的风险（calculated risk）（注意不是盲目冒险），这也至关重要。能否从你的过往经历上看出来这一点呢？如果只是一个一辈子中规中矩的乖孩子，可能也并非最佳选择。

标准五：Vision & Insight（远见和洞察力）

马云在早年前看到电子商务在中国的潜力，可惜当时很多中国的土豪都没看到，反倒是一个叫孙正义的日本人和一个美国的互联网公司雅虎看到了，他们现在可以算阿里巴巴的大股东，看看今天他们的收益多么惊人。因此，不管是领导一个城市还是一个企业，远见不可或缺。

标准六：Leadership（领导力）

这是哈佛大学比较强调的。当然，对于领导力的定义可以是多样的：学生会主席叫领导力，甘地或者马丁·路德·金叫领导力，乔布斯或者马克·扎克伯格领导科技创新的极客（Geek）也叫领导力。

疫情期间，哈佛联合多所美国大学发布2021年招生声明

从2016年哈佛教育学院"关爱共同项目"（Make Caring Common）发起了一项名为Turning the Tide的招生倡议，得到了耶鲁、普林斯顿、斯坦福、麻省理工、芝加哥大学等近200所大学的招生负责人支持后，Make Caring Common就一直致力于团结各大学的招生负责人共同面对挑战，做出一系列具体的改变，采取措施维护公平、公正和充满关爱的招生环境，提供更多、更好、更有价值的招生信息。

2020年突如其来的疫情给整个留学带来了很大的不确定性，这种影响甚至是全球范围的。疫情期间，Make Caring Common 发布了一份来自哈佛大学等美国315所大学招生主任联合发出的2021年新的招生声明。这份集体声明旨在消除误解，并通过招生负责人的集体发声来逐一回应这些问题。随着全美乃至全球各地的学生都在经历着挑战和各种不确定性，招生负责人强调该项声明的公平性。

声明具体内容如下：

作为招生和录取负责人，我们认识到我们和我们所代表的机构发出的信息可以改变学生在整个高中期间的优先事项和学习经历。本集体声明旨在阐明我们在COVID-19期间对申请者的重视。我们意识到全美乃至全世界的学生都面临着许多不确定性和挑战。我们主要希望重申我们对公平的承诺，并鼓励学生关爱自我、平衡、有意义的学习以及帮助他人。

更具体地说，我们重视以下几点：

1. 关爱自我

自我关爱非常重要，尤其在紧要关头。我们意识到许多学生面临着经济紧张、亲人逝去及各种困难，只能强打精神。我们也认识到由于诸多原因，这段时间大家的压力都很大，我们鼓励所有学生在这段时间保持冷静。

2. 学术表现

大家的学术表现对于申请依然重要，但考虑到许多家庭的实情，大家很多人可能会遇到学习上的困难。我们进行评估时会考虑这些困难。另外，录取会考量大家在疫情前和疫情后的学术成绩。大家不会因为精力投入或计划变动而受到影响，比如疫情爆发、所在学校的成绩政策变化、没有AP或IB成绩、无法参加其他标准化考试（尽管这里的很多学校并不要求这些考试）或者无法到校参观。学校同样会结合课程、学术资源、能得到的支持等多方因素去判断。

3. 对他人的帮助和贡献

对于那些有能力做贡献的人，我们重视其对社会的贡献。我们意识到，尽管许多学生由于压力和所需问题而无法帮助他人，但也不乏一些学生正在寻找参与社会服务的机会，并有所作为。疫情催发了各种各样的需求，比如心理辅导、传染链追踪、对老年人的支持以及在送餐方面的帮助。我们认为学生在这期间可以尽自己的力量迎合这些需求，这种参与方式也很有价值。

我们还重视疫情之外的服务形式，例如选民登记、保护环境、消除种族不平等现象或制止同龄人的网络骚扰。学生在此期间是否创建新项目或表现出领导才能并不重要。我们重申，在面对这场疫情之际，我们并不是要创造一个比赛公共服务的"奥运会"。我们看重的是学生的贡献或帮助是否是真诚的，对自己或他人是否有意义；无论这些帮助是经常向前线防疫人员写便条还是上门察看独居的邻居。我们将在考虑学生面临困难的背景之下来评估这些帮助和服务。我们还关注学生从帮助他人中所学到的关于对自己、社会和/或国家的认知。在此期间无法帮助他人的学生也不会受到区别对待。我们将根据申请者其他方面的情况考虑其录取与否。

4. 对家庭的贡献

人们常常会误以为只有高端的、短暂的贡献形式才会在申请过程中

"算数"，而对家庭的贡献却不会，这些贡献会更投入、更耗时、要求也更高。例如，一些学生可能会照料自己的兄弟姐妹、照顾患病的亲人或打工补贴家用，而在疫情期间这些责任可能会相应地增加。我们认为家庭贡献是非常重要的，我们鼓励大家在申请中说明自己所做的这些贡献。这只会给大家的申请带来积极的影响。

5. 课外活动和暑期活动

在最近这段期间，大家都不会因为没有参加课外活动而在录取时受到影响。我们也理解许多暑期活动也受疫情影响而取消了，大家也不会因此受到影响。一些计划中的实习工作、暑期工作、宿营经历、课程及其他一些有意义的活动都取消了或改期了。我们从未对任何类型的课外活动或暑期经历有任何特定的标准，我们知道每个人的环境中都存在着不同的机会。我们一直认为打工或者家庭责任也是值得花时间去做的，在此期间尤其如此。

大家可以提供对自己或者对我们而言重要的信息。我们会向学校了解有关课程、学术资源、支持方面的情况，但我们也鼓励大家说明哪些特殊的情况影响了自己的学术成绩。

比如，这些原因可能包括无法上网、学习环境嘈杂或者上述提到的各种家庭责任。我们敦促大家具体描述一下这些环境如何影响了自己的学术成绩或参加重要活动的能力。比如，如果清楚大家每周花多少时间在家庭责任上，如照顾病患，这就很有帮助。我们将对这类内容完全保密。

今年，Common Application 和 Coalition for College application 都鼓励学生去说明疫情带给自己的影响。

而除了这封公开信，项目主任 Richard Weissbourd 在接受采访的时候也表示：今年的大学录取将更加依赖申请中的其他因素来做决定，包括文书、高中课程、推荐信和申请人的韧性、创意和团队合作精神等品质。因此，对于 2020 年申请的同学们，综合提高自己的软硬件实力，自然会收获学校的认可！

美国名校申请中的学术条件

对于中国学生而言，要想申请美国大学，尤其是排在 100 名以前的学校，并非一个 SAT 成绩即可。近些年，留学热潮高涨，在家庭条件允许的前提下越来越多的人渴望进入国外名校学习，而事实上国外名校的录取名额并没有明显的增加。为了申请到更好的学校，国内学子都在为自己的申请添加"筹码"，单纯的一个 SAT 考试成绩是不足以赢得高校青睐的。对于想赴美国名校读本科的同学，真正意义上的"美国高考"应该意味着：S（SAT）+A（AP）+T（TOEFL）。对于善于考试的中国孩子而言，考试是难不倒的，但是要确保这些条件都优秀，就有一定难度了。

标准语言考试：TOEFL

TOEFL（Test of English as a Foreign Language）是由美国教育考试服务处（Educational Testing Service，ETS）主办的为申请去美国或加拿大等国家上大学或入研究生院学习的非英语国家学生提供的一种英语水平考试。

中文译名为"检定非英语为母语者的英语能力考试"。顾名思义，美国和加拿大等地的学生是不需要参加托福考试的。目前美国和加拿大已有超过2400所大学和学院承认这项考试成绩。我们通常说的是新托福（TOEFL iBT）考试，它是自2005年9月美国教育考试服务处在全球推出的一种全新的综合英语测试方法，是一种能够反映在一流大专院校教学和校园生活中对语言实际需求的考试，它是留学生进入美国大学的一个必要条件，但不是充分条件。

新托福由四部分组成：阅读（Reading）、听力（Listening）、口试（Speaking）、写作（Writing）。每部分满分30分，总分为120分。考试的有效期为两年，从考试日开始计算。由于托福考试主要考查的是学生的语言运用能力，即学生到了北美后能否具备用英语交流和学习的能力，因此托福考试重视考生的口语与写作能力。除了总分外，据了解，北美各大学还对新托福分项成绩做了基本要求，一般阅读最低要求21分，听力要求18分，口语要求23分，写作要求22分。

根据以往公布的北美各大学对新托福成绩的要求，绝大多数北美高校对入学者新托福的总分要求在80~95分之间，但是如果学生想进入美国名校，托福成绩一般都要100分以上。

标准入学考试：美国高考SAT

SAT（Scholastic Assessment Test）是由美国大学理事会（College Board）组织的"学术水平测验考试"，它是美国高中生进入大学的标准入学考试，相当于"美国的高考"。SAT考试成绩被美国3600余所大学认可，同时也被加拿大所有大学认可。SAT 分为两部分：一是通用考试——推理测验（Reasoning Test），2016 年改革后的新 SAT（也常常被称为 SATI）总分共 1600 分，分为阅读、文法和数学三部分，写作改为选考；二是单科考试——专项测验（Subject Tests），有数学、物理、化学、生物、外语（包括汉语、日语、德语、法语、西班牙语）等，被统称为 SATII。绝大部分美国名校只要求中国留学申请人提供 SATI 的成绩即可，个别院校及专业要求申请人提供 SATII 的单科考试成绩。我们通常说的 SAT 主要指的是第一种。如果申请美国前 50 名的大学，SATI 是必须要具备的，SATII 较多学校要求考两到三门，很多孩子考完 SATI 后都能够在 SATII 中取得优异的成绩，这样会在申请中加分。为了增加录取的可能，参加完 SATI 后胡宸决定再考 SATII，他选择去考的是自己的强项数理化。

　　SAT 考试成绩是美国大学所能够得到的、唯一可以比较不同地区和学校的学生的指标，所以它是学生能否被录取及能否得到奖学金的重要参考，SAT 分数高低对学生能否申请到奖学金、奖学金的多少有很大关系。

　　根据以往的美国留学申请经验，中国高中生若仅有 TOEFL 成绩，几乎不可能被美国排名前 30 的顶尖大学录取，大部分美国名校要求中国留学申请人同时提供 SAT 和 TOEFL 考试成绩，TOEFL 考查的主要是语言能力，SAT 考查的是学生的逻辑推理能力。SAT 是比 TOEFL 更高一级的能力测试。SAT 要想取得一个满意的成绩，必须通过平时的日积月累，不仅要做到科学早规划，还要做到备考上的统筹兼顾。对于大多数学生而言，建议在中考结束或高一就开始准备 SAT 的词汇学习，先把 TOEFL 考完，然后再把 SAT 拿下，这样高三就有充分的时间准备申请材料；如果达不到，最迟要在高三第一学期通过 SAT 考试。

可能有同学会问：既然是次数不限，那是不是考的次数越多越好呢？或者为了取得更好的成绩可以参加多次考试呢？尽管美国大学理事会并不限制学生参加考试的次数，但是以两次或三次为宜，如果考试次数太多，潜意识里难免会给大学招生录取官留下申请人太过于注重分数的负面印象。

名校申请的敲门砖：AP 课程

近年来，美国留学竞争越来越激烈，仅有 TOEFL 和 SAT 成绩已经不能满足美国名校本科申请的要求。越来越流行的 AP 考试成绩成为许多大学招生关注的焦点。尽管很少有美国大学在招生简章明确要求学生提供 AP 成绩，但事实上很多大学、尤其是名校已把 AP 成绩作为甄选学生的隐性指标，只是大家心照不宣而已。甚至有人指出 AP 统考成绩是大学挑选新生的最重要指标之一。AP 成绩已然成为进入美国顶尖大学绝对必要的敲门砖。对于申请哈佛、耶鲁、普林斯顿等顶尖名校的高中生来说，具备了托福和 SAT 两个考试成绩是远远不够的。因为毫无疑问，能够报考这类顶级名校的学生 SAT 和托福成绩都很优秀。因此为了提高被顶级名校录取的可能，最好还能向大学提供 4~6 门以上的 AP 成绩。AP 成绩已成为学生是否具备优秀学习能力、是否能挑战自我的重要考核内容，是大学考核学生才智、专长和学习能力的一个重要依据，是展示学生自我核心竞争力的重要方面。

AP 即 Advanced Placement 的缩写，就是把大学的课程超前地放到高中来学习。AP 项目最初于 1951 年由福特基金会启动，并于 1955 年由美国大学理事会接手管理，是全国性的统一考试。目前，在全美的 2.5 万所公私立高中里，已经有 60% 的高中也就是约 1.5 万所高中开设了 AP 课程。至今 AP 考试已经在全球 80 多个国家举行。包括哈佛、耶鲁等著名大学在内，已有 22 个国家的 3000 多所大学承认 AP 学分。学生在入读这些大学时，可以将考试通过的 AP 学分折抵大学学分，减免大学课程，达到缩短学时、节省学费的目的。与中国的高考类似，这个考试也是一年举行一次，考试时间为每年 5 月，学生们称之为"AP 五月"。

AP 统考评分标准分为 1~5 分，5 分是最高分，非常符合大学的课程要求标准，4 分为高分合格，3 分为合格。3 分以上的成绩为大多数的大学所接受，可以在以后上大学时折抵学分。少数顶尖大学要求 4 分或 5 分才能折抵学分，例如：哈佛大学 2003 年做出新规定，只有 5 分的 AP 成绩才有资格折抵学分。目前 AP 考试包含 22 个科目的 37 门课程，涵盖的科目除了有数、理、化、生以外，还有音乐、艺术、历史、经济、计算机、外语等科目。AP 课程得到美国、加拿大、英国、澳大利亚、新西兰等国家众多大学的承认。加拿大一流大学都承认 AP 学分，例如多伦多大学、麦吉尔大学、女王大学、维多利亚大学和马尼托巴大学等。拥有 AP 成绩的预科毕业生较容易得到大学的录取，有较大机会获得奖学金。这样，既节省宝贵的时间，又能节省学费。

AP 为何越来越受到美国名校的重视

1. AP 考试设计公平合理。AP 考试是由美国大学理事会主办的全国统考。在大学招生时，对于这些 AP 分数，不需要考虑各个高中学校的教学和评分差异，也不需要考虑各个国家的语言基础和学科差异，因为全球的考试都是统一的。因此名校在比较和甄选过程中可以直接根据考试成绩对申请学生的潜在学习能力做出合理比较，更具有权威性。

2. AP 开发和阅卷科学合理。AP 项目的开发和阅卷通常都由大学教授主导，同时 AP 的所有课程和考试都是由很强大的大学教授团队和高中教师一起参与设计完成的。试题主观题与客观题各占 50%，设计者一般都来自美国名校，例如哈佛、耶鲁、普林斯顿等著名大学的教授。更重要的是，AP 的考卷不是高中老师批改，而是由大学教授参与批改、打分，实行人工阅卷，这样教授在试卷的评判过程中、尤其是主观题的评判中，更能够发现学生在专业学科上的学习能力和发展潜力。所以，相比中学里我们学习的课程，AP 更接近真正的大学同等课程的水平，更能够检测学生是否适合这个专业的学习。

3. AP 能更直接地检测学生的学习能力。与托福、SAT、雅思等其他考试不同的是，AP 课程每年只允许考一次，无法靠机械训练提高成绩，却能预测高中生未来在大学里的成绩。而其他考试允许多次考试，取其最佳成绩即可，很难看出学生实际水平。同时，AP 作为学生自主先修的大学课程，考查内容与学生未来在大学阶段学术潜力发展紧密相关，涵盖知识面广，考核起来更加直接、准确。与托福、SAT 考试相比，AP 考试题目比较灵活，学生可以自由发挥，分数人工判定，比机器判卷更能测出学生的思维能力。

4. AP 是学生未来发展潜力的最好证明。在美国，通常选择参加 AP 课程学习的学生首先要通过荣誉课程，而欲进入荣誉课程则必须先通过普通课程。因此，在学校看来，如果外国学生也能参加 AP 课程的学习，那么他们自然会认为学生本身已经具有充分的学习能力了，已经比较优秀了。同时由于学生在 37 门具有大学难度的 AP 课程的选择过程中必须考虑到未来大学的专业方向，因此使得很多名校从学生所选择的课程中就能有效判断和确信学生是否做好了未来专业发展方向的充分准备，以及是否具备应有的素质。

5. AP 是学生能否敢于挑战难度的依据。由于 AP 课程是美国大一的内容，较之中学内容难度增加很大，因此一流大学能够轻易地通过学生在中学期间是否选修 AP、选修多少门来推断学生挑战困难的信心和能力。AP 课程自 1955 年开始设立后很快便成为了美国精英教育的课程。学生是否能在中学修 AP 课程、修多少门实质上成为美国一流大学判断学生是否优秀的隐性条件，AP 在判断学生是否更为优秀方面远超过其他考试。目前包括哈佛、耶鲁、剑桥、牛津在内的全球近 5000 所学校都已将 AP 作为考核学生能否挑战难度的重要依据。

6. 折换大学学分既省时又省钱。AP 成绩经统考取得，含金量高，成绩公认。如果学生修完课程并通过由 AP 组织举办的考试，就可能在大学免修已通过的 AP 课程。如通过所有相当于大一的课程，就能直接上大二的课程。这意味着可以提前一年毕业，很多学生可以利用节约下来的时间在大学学习更多自己感兴趣的其他专业和课程。美国和加拿大 90% 以上的学院和全部的大学都接受 AP 考试并授予大学学分。大学评定 AP 统考分数是否符合免修课程的要求是依校、依课程而定。一般大学要求 3 分以上，但多数名校的许多课程要求 AP 统考成绩是 4 分或 5 分。如果没达到标准，AP

统考成绩在入学后就不能用来抵扣学分。一般来说，AP 统考 3 分以上，在公立大学基本上可以用来免修相应的课程学分。

跟中国大学不同的是，国外大学学费是按学分来计算的，并且几乎每年都在涨。选的学分越多，学费越贵。大学一门课约合 3 个学分，费用从几百到几千美元不等。而目前公立高中的 AP 课是免费的，AP 考试费仅 80 多美元。只要中国考生考取了好的 AP 成绩，很有可能只用 3 年的时间就完成美国大学 4 年的本科学习，大幅度降低留学成本。如果学生的托福等成绩优秀，AP 考试成绩达到标准，这将大大增强在哈佛、牛津等排名前 100 位的世界重点大学申请到海外奖学金的机会。另据调查，英国、加拿大、澳大利亚等国的院校也已将 AP 成绩作为发放奖学金的主要条件之一。在国内，北京大学、清华大学、北京语言大学也承认 AP 课程学分。

标准入学考试：ACT

除了 SAT，美国还有另一项考试也被称为"美国高考"，这就是 ACT（American College Test，美国大学入学考试）。这个考试也被很多美国大学承认，其中美国中部和西部的院校居多。与 SAT 不同的是，ACT 考试更像一种学科考试，它更强调考生对课程知识的掌握，同时也考虑到了对考生独立思考和判断能力的测试。从难度上看，ACT 考试比 SAT 更容易一些，尤其对中国的考生来说，选择 ACT 考试可能更容易在短期内获得相对满意的成绩。它包括四个部分：数学、英语、阅读、科学推理。科学推理部分整合高中物理、化学、生物等学科，综合在一张卷子上，以推理题目的形式出现。出题方式比较灵活，考查对高中知识的掌握和逻辑运用能力。目前，所有美国4年制学院及大学均认可ACT的成绩。ACT考试不仅考查学生对英语的掌握能力，还要考查各学科的知识运用能力，是一项能力测试。

在美国，ACT和SAT都作为大学录取新生的重要依据而颇受高中生重视。如果留学生要申请美国前50位的顶尖大学，除了要提供托福或雅思成绩外，90%以上的美国顶尖名校还会参考学生的SAT或ACT成绩，而且成绩的高低是决定学生能否得到奖学金的重要参考。由于SAT设立时间早，在美国被更多的大学认可，而ACT主要在美国中西部的大学中流行。但是，近年来高速发展的ACT考试已经在美国著名高校中获得承认，其中也包括哈佛、耶鲁这样的顶级名校。随着考试的发展和普及，ACT和SAT考试所影响的地域已经开始模糊化了。哈佛大学甚至明确表示完全等同接受ACT和SAT考试分数。中国学生可根据自身情况、结合申请院校对成绩喜好和考试本身的特点，选择要参加的考试。

留学新途径：考雅思去美国

以前我们只听说考雅思去英联邦国家，考托福去美国加拿大，如今还有一种更流行的途径是：考雅思去美国。

雅思（International English Language Testing System，简称IELTS，中文名为"国际英语语言测试系统"）是由英国文化协会、剑桥大学考试委员会和澳大利亚教育国际开发署共同组织的国际英语水平测试。此项考试是为申请赴英语国家（美国、英国、澳大利亚、加拿大、新西兰等）留学、移民的非英语国家学生而设，用来评定考生运用英语的能力。

雅思考试在英国机构的认可度超过其他任何一种英语考试，国际学生可以使用雅思成绩申请想去的学校、想学的专业。绝大部分英国大学和机构都非常认可雅思考试，对于申请学校和机构的考生来说，雅思是一种可信赖的衡量手段。雅思考试包括四个部分，依次为听力、阅读、写作和口语。每一部分都独立评分，四部分得分的平均分作为考生的综合得分（小数部分取舍到最近的一分或半分，即如果平均分为 6.125 分，雅思得分算作 6 分）。成绩单上将列出考生每一部分的得分，同时给出考生的综合得分。雅思考试满分为 9 分，成绩在考试结束 10 个工作日后通知考生，成绩有效期为两年。

近几年，原本更多应用于英联邦国家留学申请的雅思考试在美国亦风生水起，随着认可度的提升，选择雅思的中国学生数量也大幅增加。英国大使馆文化教育处公布的数据显示，每年都有数万考生通过雅思考试进入北美院校。目前，全美认可雅思的学校已升至 3000 所，这些学校既包括哈佛、耶鲁等常春藤盟校和其他多数受中国学生青睐的美国大学排行榜前 130 名的院校，也包括普通四年制大学和社区学院。以麻省理工学院研究生的招生要求为例，其理学院、建筑学院、工程学院、健康科学与技术学院的众多招生简章中都有条规定——"更倾向于雅思成绩"，个别专业如比较媒介研究、计算和优化设计、材料科学与工程、数学、媒体艺术与科学等甚至"只接受雅思成绩"。

事实上，作为英语语言测试，雅思能够迅速得到北美国家院校的认可并非偶然，因为雅思考试在诸多方面具有优势。比如雅思口语测试是考生与考官面对面的交流、表达，测试期间，考官和考生可以看到对方的表情，这样考生能发挥得更加自然，检测的效果自然是最为真实和客观公正的。

第四章　申请国外名校需要做什么？

同时，雅思考试大量的真实场景涵盖了很多学习者未来在海外学习和生活中可能遇到的场景，让考生未出国门就能亲密感受国外生活。从学生表现来看，雅思考生的实际能力与其考试成绩很接近，雅思考试能更真实地反映学生的实际英语水平和学术水平。

托福考试和雅思考试都在不断地调整和创新，对于赴美留学的同学而言，到底是选择雅思还是托福要因人而异。托福与雅思虽都是英语测试的标准化考试，但还有互相借鉴的地方。对国内学生来说，最大的一个问题是，很多人更适合纸笔考试，所以现在更多人愿意接受雅思考试。此外，托福考试的题材内容更突出北美文化，而雅思考试题材内容更趋于国际化。比如听力测试，雅思听力中会有各种不同口音的英语，会帮助学生对国际文化和各国的英语口音有更多的了解。学生要根据自身的情况具体选择，看对哪一种考试更适应，同时结合想要申请的目标学校对语言成绩的要求进行选择，做到有的放矢。比如，如果一个学生对机考不适应，比较习惯雅思考试模式，同时他所申请的学校又完全认可雅思成绩，那就可以选择参加雅思考试。

英语语言成绩是留美申请过程中一项必不可少的要求。托福已不是唯一，可以说以前 TOEFL+SAT、TOEFL+GRE/GMAT 带学生去美国，如今 IELTS+SAT、IELTS+GRE/GMAT 同样能帮助学生赴美留学。雅思考试为赴美留学学生又开辟了一条阳光大道。

研究生入学考试：GRE 与 GMAT 概况

美国研究生入学考试 GRE（Graduate Record Examination）是由美国教

育考试服务处主办的另一项考试，赴美国和加拿大攻读研究生（商学院与法学院除外）的学生一般必须参加这一考试。较高的GRE成绩无疑会增加申请人被录取甚至获得奖学金的机会，因为它是教授决定是否向申请者提供奖学金的重要依据。

GRE考试分两种：普通考试（General Test）与学科考试（Subject Test）。大多数学生只需要参加普通考试，有些专业还要求提供学科考试成绩。申请专业与申请人本科专业不一致的学生，或申请某些专业博士学位的学生，需要提供GRE学科考试成绩。GRE普通考试主要考查应试者进行学术研究所必须达到的英语水平，包括语文（Verbal）、数学（Quantitative）与作文（Analytical Writing）。2011年ETS在全球范围内对GRE实施了改革，加大了填空和阅读的难度，由原来的"笔考+机考"形式改为全机考形式；总分由原来的1600+6（作文）改为340+6，其中语文和数学分数区间为130~170分，写作满分为6分，整个考试更加注重对学生实际运用语言能力的考查。

GRE考试的重要性还体现在它有时可以替代GMAT考试。自2009年开始，哈佛大学商学院就宣布，MBA（工商管理硕士）学生可以用GRE成绩代替GMAT成绩。这是继斯坦福大学、麻省理工学院等顶尖名校的商学院宣布接受GRE成绩后，又一全球顶尖商学院宣布接受认可GRE成绩。还有一些世界十强的商学院已接受GRE普通考试成绩用于申请MBA。目前，全球超过190所商学院正在通过接受GRE考试成绩来吸引更多不同领域和背景的人员申请MBA课程，其中不乏来自欧洲、亚洲和北美地区的众多顶级MBA项目。

GMAT 是 Graduate Management Admission Test 的缩写，中文名称为"经企管理研究生入学考试"。它是一种标准化考试，目前已经被广泛地用作工商管理硕士的入学考试，是当前测试考生是否具备顺利完成工商管理硕士项目学习能力的最为可靠的考试项目，专门帮助各商学院或工商管理硕士项目评估申请人是否具备在工商管理方面继续深造的资格。因为 GMAT 的主办方成员包括世界各地许多知名的商学院，所以 GMAT 成绩获得全球各大商学院的普遍认可，是目前世界范围内申请攻读 MBA 时最被普遍要求提供的一个考试成绩。

各标准化考试对比如下：

项目 差异	托福	雅思	SAT	ACT	GRE	GMAT
考试目的	英语语言能力	英语语言能力	逻辑思维	学科知识	实际运用语言的能力及判断推理能力	分析写作能力、逻辑思维能力
考试形式	网上机考	笔考，口语采取人人对话	笔考	笔考	机考	机考
考查内容	听力、口语、阅读、写作	听力、阅读、写作、口语	数学、批判性阅读、写作（选择性测试）	数学、阅读、英文、科学推理、可选性作文	写作、词汇、数学	语文、数学、分析性写作
总分	120	9	1600	36	346	800
成绩有效期	2 年	2 年	2 年	2 年	5 年	5 年

GPA：学习能力与态度展现

经常有家长问我：既然孩子打算到国外去上大学，那么国内的课程是不是就不用管了、高中成绩就不需要了、而要全身心地投入到出国考试的备考中？如果这样想，就大错特错了。

美国大学跟中国大学相比在录取上最大的不同就是：美国大学更希望通过各方面去了解、发现一个学生过去在学校或者其他地方参与各项社会活动所体现出来的持续能力。在他们看来，一次考试的成绩远不足以说明一个学生的优秀程度，因此学生在校期间的学习成绩甚至有时候比标准化成绩更能反映一个学生的学习能力。

在申请过程中，中国学生常常容易出现顾此失彼的情况。因为和国内一次性考试相比，去美国上大学需要准备的东西太多，面对众多的申请材料，很多人不知道孰重孰轻，反而容易忽略一些重要项目。比如我们对SAT考试比较重视，认为这个考试相当于中国的高考，但是对GPA成绩就没有给予足够的关注。GPA成绩是根据高中期间每次考试甚至作业的成绩算出的平均分。要想在GPA上取得好成绩，就得从高一开始努力，优秀的GPA成绩在申请名校时意义重大。

而在所有成绩中，前三年的成绩又相对更重要。拿去美国读本科来说，由于绝大部分学生都是在高二时就提交了申请，这就意味着学生提交的GPA主要是初三、高一、高二的成绩，高三的成绩是看不到的。但是，这并不是意味着提交了成绩后高三的成绩就没有用了。为了全面检测学生的学习，很多学校在给中国学生发录取通知书的时候可能发的是有条件录取通知书，这些学校即便录取了学生，还会要求学生补交后一年的成绩单，部分学校甚至还要求学生提供高考成绩单。倘若学生后面一年的成绩退步明显，高校完全有理由拒收学生。华盛顿大学就曾因为最后一学年成绩不够理想而取消过 27 名学生的入学资格。优异的 GPA 能够证明你在同样的时间精力下能够比同龄人完成更多的学业，学习效率更高，这是成功者的一种潜质，也是检测学生自觉学习与持续学习的一种方式。

当然，GPA 的高低跟学生所在学校有很大关系。比如有的学生来自教学质量非常好的学校，学校里的学生都非常优秀，相互之间成绩不相上下。在这样的学校如果还能够取得优异成绩，并且排名在前面，那么他需要付出更多的努力，这样的成绩含金量会更高。相同分数下，他最后得出的综合评价会比教学质量比较低的学校要高一些。但是这里又有一个极端，即如果孩子是来自于教育欠发达的地区，学习条件相对落后，学习环境更为艰苦，在这样的条件下，学生依然获得了好的成绩，那么招生官会认为你是在逆境中成长起来的，你有坚强的毅力和奋发向上的品质，这样会为你的综合评价加不少分。

那么在申请过程中标准化考试成绩与 GPA 孰轻孰重？答案是两者都很重要，要想申请名校，一个都不能少，一项都不能蹩脚！很多大学在做选择的时候，宁可选择录取一个高中成绩优异而标准化考试成绩欠佳的学生，而不会选择标准化成绩优异而高中成绩欠佳的学生。因为高中成绩反映出的是学生很长一段时间的学习能力和学习态度，所以勤奋而又聪明的学生更受青睐，而不是聪明但是不勤奋的学生。

根据以往的录取情况来看，通常平时成绩至少要 80 分以上才能够申请美国的大学。GPA录取标准线按照百分制来计算应该是80分，而不是国内的60分，90分以上就是一个优秀的成绩。一般学校要求申请人的GPA达到3.0以上，按照国内的考分标准相当于百分制的85分。如果申请一些排名靠前的学校，GPA的成绩要求也相对较高（如哈佛大学近几年录取的学生GPA始终在3.9左右）。当然，国外大学在录取中对每一项指标的重视程度都不尽相同，没有统一、硬性的标准，这跟学校本身对GPA的重视程度有很大关系。因此学生在申请时应该有所侧重，对名校重视的条件要重点强化、突出。

在美国，很多学生为了提高GPA成绩会争先恐后地选择AP课程，通过的AP课程越多，得到的高分越多，GPA就会越高，多获得几个满分5分的成绩能够把GPA提升至4.0分以上。当然在选择AP课程的时候一定要难易适度，如果所选课程几乎全部为比较容易的，那么大学会认为学生缺乏挑战自我的能力，没有追求，所以一定要在确保能够拿到高分的前提下，选择具有一定难度的AP课程。

与GPA紧密相关的因素还有一个是排名。排名在一定程度上能够说明你在同龄人中的学习能力，这也是很多学校录取时的一个参考因素。在国内像人大附中这样的学校，可能有的班级全班的学生都很优秀，大家都考到90分以上，很难拉开距离，那么这时候排名的重要性就显现出来了。一言以蔽之：在申请中，学生一定要注意"扬长避短"，尽量突出个人优秀之处。

分数是门道而不是"王道"

　　拥有优秀的 GPA，拥有 TOEFL、SAT 高分成绩是不是就可以申请到美国名校了呢？当然不是。要挤进这些世界名校，高分是必需的，但是仅有高分是远远不够的。评价一位好学生的标准，不可能只有分数这一把标尺。如 1996 年哈佛大学在招生中拒绝了 165 个 SAT 满分的"高考状元"，2009 年普林斯顿大学拒绝了 4000 名全 A（即 GPA 成绩为 4.0）学生。很多中国学生的考试成绩能够在申请中"绩"压群雄，但是结果却总是与美国名校失之交臂，原因就是美国名校录取的关键不是成绩，而是学生除学习外体现出来的综合素养和所陈述的个人经历是否能够打动人。

　　事实上，考试成绩并不能十分准确地体现学生的真实水平，在一定范围内的分数之差也不能说明一个学生的优秀与不优秀。以 SAT 为例，同一个学生早上去参加考试和下午去参加考试可能成绩会相差 100 分，这是正常现象，跟考场发挥的状态有很大关系。在统计学上有一个标准误差的说法，同样在考官眼中，考试成绩也有标准误差。我们不能断定一个 SAT 考了 1470 分的学生就一定比 1400 分的学生聪明、优秀，这样说是不科学的。甚至有的高校公开宣布新生标准化考试成绩不是具体的数字而是一个分数段。如果仅仅根据考试成绩的高低来判断一个学生是否优秀，那么美国的录取制度跟中国就没有什么区别了。

　　曾经有记者问哈佛大学招生官：在 SAT 获得满分的学生中，他们的录取比例如何？哈佛招生官说，所有这些满分的学生里面我们只录取了 40%，也就是哈佛几乎每年都要拒绝 60% 的 SAT 满分考生。哈佛大学本科学生大约是 6000 名，而这 6000 人的 SAT 平均成绩大约是 1540 分左右，对于擅长考试的中国学生而言，达到这个分数并非难事。同样，伯克利大学的学生成绩在 1440 左右，这就意味着伯克利大学的学生基本上有一半没有达到 1440 分，为什么他们的平均成绩不是很高？为什么哈佛还要拒绝那么多成绩高的学生？因为他们看的不只是考试分数，这也是为什么 2010 年人大附中高考状元 SAT 成绩很高但是却没有被任何一所美国名校录取的重要原因之一。

很多家长可能不解，为什么分数高却没有被录取、而分数低反而被录取了？受国内应试教育的影响，我们的潜意识里难以脱离成绩的影响。然而在美国名校申请中，成绩不是不重要，而只是一个参考！跟学生在校成绩比起来，标准化考试成绩反而没有那么重要。因为在校成绩反映的是学生在很长一段时间内的学习情况，更能说明一个学生的正常水平，而比考试成绩更重要的是看不见的、无法直接用分数来衡量的校园活动、社会实践等非学术条件。

同样，GPA 成绩也很难判断出学生的学习能力。比如在北京，人大附中和北京四中本身对学生要求比较高，一个人大附中的学生的 GPA 和另一个其他普通中学的学生的 GPA 很有可能一样，但是这样比较这两个同学的 GPA 成绩是不科学的，很难看到成绩背后反映出来的学生的努力程度与真正实力。申请美国学校时，不能只凭分数高低就选 GPA3.9 的学生而拒录 3.6 的学生，因为一个老师的打分标准不同，一个城市不同的高中水平也不同，更何况一个国家多个地域、多所中学水平更是千差万别、参差不齐，很难从成绩中判断。所以，GPA、TOEFL、SAT 这些考试成绩只是美国大学的一个门槛，是必要条件，是门道而不是"王道"。要真正打开名校的大门，还需要一把"金钥匙"，这把金钥匙就是后面我们要提到的课外活动及申请文书。

名校申请中的自我淘汰现象

在国内的招生体制下，大学在招生录取中其实在政策上已经对学生进行了一次"筛选"。高考成绩出来后，学生们就忙于一个事情：查数据。一是查当地本科一批、二批分数线；二是查目标学校往年在当地招收学生的录取分数，根据这两项指标填报志愿。如果一个学生的高考成绩没有达到"一本"分数线，他是不会报考那一层次的学校的。即便那是他理想的学校，是梦寐以求的，但是报了也是白费，因为学校无法调档，录取的概率几乎为零，因此他会自动选择"二本"层次的学校。这个筛选的过程，其实也是学生自我淘汰的过程。

同样，美国名校申请过程中也遵循着一个潜在的"学生自我淘汰"过程：强者敢于申请，弱者自我淘汰。就拿哈佛大学来说，正是因为其是世界名校，录取率低，历年 TOEFL、SAT、GPA 的录取平均分数高，所以很多没有获得高分成绩的学生会选择"退而求其次"，选择申请第二档次的学校，以便提高自己在学校申请中的优势。比如，一个学生的 TOEFL 考了 70 分，这样的成绩他会申请哈佛、耶鲁、普林斯顿、斯坦福之类的大学吗？不会，因为被录取的概率很小，所以在申请过程中学生就把自己淘汰掉了。反过来如果一个学生 TOEFL 考了 115 分,那么他一定不会错过申请哈佛、耶鲁、斯坦福等这类世界名校的机会。这也就意味着哈佛收到的几万封申请里面,几乎没有 TOEFL 分数是 80 分以下的学生,在招生官手中的申请材料里,他们所看到的 TOEFL 成绩都是在 110 分左右,在一个有限的区间内浮动。这就意味着申请哈佛的学生 TOEFL、SAT、GPA 分数都非常高,而且相互间成绩非常接近。可能同时有很多学生托福考了 115 分,考官们根本不能判断一个考 115 分的人是否就一定比考 110 分的人更优秀,所以这时考官只能选出那些很明显不符合学校要求的人,仅凭成绩进行录取根本就无从选择。

根据以往申请经验,我们曾就学术条件和非学术条件在申请排名不同的大学时对录取的重要性进行过统计,具体如下:

申请条件 学校排名	学术条件 TOEFL/IELTS SAT/GRE/GMAT GPA AP	非学术条件 命题式作文 个人简历 个人陈述 推荐信
1~16	30%	70%
17~30	50%	50%
31~50	60%	40%
51~70	70%	30%

越是排名靠前的学校,非学术条件所占的比重就越大,所以要想在名校申请中脱颖而出,学生就需要在非学术条件上下足功夫!

课外活动应与众不同

美国名校，尤其是常春藤盟校，申请严格程度可想而知，他们要挑选的是世界各地学生中"尖子中的尖子"。名校眼中的尖子，除了学习成绩好之外，更要有卓越的创造能力、领导才能、奉献精神、个人潜能以及综合素质等，他们对一门心思学习、什么活动都不参加的学生不感兴趣。如果一个学生只在考试方面成绩顶尖，但是在其他方面如社团活动、个人才艺等方面却一片空白，几乎不可能被美国名校录取。在他们看来，这样的学生把所有时间只投入到学习这一件事情中了，与那些多才多艺同时又成绩优秀的学生比起来，他们的学习效率、生活效率是无法与之相比的。美国名校需要培养的是领袖型人才，领袖型人才就需要具备比普通人在同样的时间里处理更多事情的能力，而不是只会"死读书"。

美国名校在考核学生的过程中很重视是否具有社会实践经验，是否参加过学生社团，或者在哪些公开刊物上发表过文章，在哪些重大竞赛中获过奖，尤其是那些国内外知名度很高的大赛。因为从中可以看出一个学生具备的社会活动能力和个人潜力。如普林斯顿大学明确表示：会检查申请者的成绩单，但不会只看他的成绩，希望申请者提供的资料能够帮助学校欣赏其才华、学术成果和个人成就。他们需要知道你如何把握学校提供的丰富多彩的学业和非学业机会，而这些都跟学生表现出的学术能力、兴趣爱好紧密相关。

不仅如此，美国是一个多元文化发展与融合的国家，这种多元性自然也体现在大学校园里。美国大学非常注重多样化的发展，他们希望招收到的每个学生都有独一无二的个人经历，社会、经济、文化、种族、地区背景以及才华等，这样综合起来才能够形成一种多样化的校园文化。他们要确保在所招收的学生中既要有数学天才，也要有公益积极分子；既要有校报编辑，更要有小科学家；既要顾及文化、民族的多样性，还要尽可能加入多元的地域、经济、文化背景等因素。因此名校在考核过程中会特别注重考核学生的综合素养，以实现校园的多元文化。美国学校期望他们所录取的学生能够呈现他们渴望在大学里看到的样子，即学生在高中时的影子。

课外活动听起来很抽象，从字面意思可以理解为涵盖学生课堂以外的所有安排都属于课外活动。课外活动没有好坏之分，在课外活动的参与上要兼顾广度与深度：一是在分类上的广泛性，二是突出兴趣爱好。

在规划时，我们可以将课外活动分类：体育、文艺活动、夏令营、科技活动、义工、旅游、比赛、看电影、逛街买东西等，这些都属于课外活动。这里要特别说一下体育活动。美国是一个非常重视体育的国家，之所以在奥运会赛场上每年都有出色的表现，跟美国提倡体育文化与全民运动的文化是分不开的。在美国，关于体育的活动随处可见，他们真正拥有一种大众的体育精神。实际上常春藤盟校的得来最初也是因为这八所名校共同联合来举办体育活动，而不是因学术而出名。当然，需要特别强调的是，课外活动绝不仅仅局限于活动本身，比如打球、跳舞、学习乐器，关键是要从中看到学生如何把握和利用自己的业余时间，以此审查学生的个性、品格甚至价值观。

课外活动选择参考表如下所示：

活动类别	活动可选项目	对应内容（可为申请文书、推荐信等提供素材）	体现的个人素养
体育活动	足球、篮球、游泳、射箭	是否参加过校级、省级、国家级运动会，是否组织过比赛，是否有突出表现，是否获得奖项	富于挑战、崇尚运动
文艺活动	钢琴、二胡，参加乐队，组建乐团	是否参加过校级、省级、国家级演出，是否组织过比赛，是否有突出表现，是否获得奖项	积极向上、兴趣广泛、热爱生活
科技活动（学术活动）	学报编辑、科学俱乐部等各类与专业相关的社团或组织	是否参加过校级、省级、国家级比赛，是否有过小发明、论文发表	聪明、创造性、专业及学术潜质
校内社团活动	各种学生社团、模拟联合国	是否参加或组建某个社团，在社团中表现如何，是否组织过某项活动，是否因社团工作而获得荣誉	组织、沟通与领导能力
校外实践活动	假期打工、志愿者、社会公益、环保、保姆、游泳池救生员、快餐店零工	是否资助过需要帮助的人，是否凭借自己的双手获得劳动成果，获得过哪些非政府组织的嘉奖	服务意识，独立生活的能力，组织、沟通与时间管理能力

很多学生选择课外活动的时候都是大同小异：模拟联合国、义工、各种常见的社团活动……这些东西也许以前有很多作用，但是做得人太多了，又没有新意和深度的话那就没有什么意义了。正所谓物以稀为贵，如果把时间倒推10年，那时候美国刚好对中国开放本科，如果你参加支教，为贫困灾区捐款，那么美国招生官会觉得很感动。但是汶川地震后，很多同学都提到有过捐款经历、心理辅导经历，这些东西都是非常值得肯定的，但是因为说的人太多了，几近泛滥，所以招生官都已经司空见惯，这样的经历毫无新意，也就很难感动他们。时间再回到2005年，当时模拟联合国很

受欢迎，因为那时北京中学里只有几个学校有这个组织，但是后来美国留学咨询机构都说应该去参加模拟联合国，结果大家蜂拥而至，一个招生录取官每天都能看到好几个模拟联合国主席提交的材料，大家都有过相似的经历，到最后美国大学招生官们都已经麻木了。怎么比较？又如何判断一个学生就比另一个学生优秀呢？因此，课外活动的参与，需把握三个关键点：兴趣与深度、独特性、相关性与一致性。

兴趣与深度的统一

兴趣是成功的一半。在大学招生官眼中也是这样。很多人听说美国名校录取的时候需要看学生参加的活动，于是不管三七二十一，只要是学校里面有的活动、社团都去参加。其实美国大学需要全方位发展学生，并不是说需要学生什么都参加，而是在结合兴趣爱好的基础上尽可能广泛地挖掘自身潜能。任何活动的目的都是希望让名校招生官看到你具有的天赋和潜能，只有自己感兴趣的活动才更有利于激发出参与的热情，才能持久，而不是蜻蜓点水，为参加活动而参加活动。比如，你参加过贫困小学支教，这对于招生招生官是毫无兴趣可言的。但是如果你高中三年每一年的寒、暑假都在为某一所特定的贫困小学义务支教，那情况就不一样了，他们会认为你在坚持做一件有意义的事情。

胡宸曾经跟我讲过一个与他同行去美国上大学的同学的经历。这个同学对体育和文学非常感兴趣，从小就希望自己未来能成为一位出色的记者，在学校加入了记者团，负责学校一些新闻工作的采编与报道，后来参加编辑校报的工作。最开始他作为一个记者去采访和报道体育及一些学术活动，采访各种运动员和在学术上有突出表现的学生，后来被提升为体育版版面编辑组长，负责带领一小队写作人员整理出相应报道，再后来因为在工作中的出色表现，被提升为校报主编，负责校报的整体采编及出版发行工作。像这样的活动是很有说服力的，它能够说明学生参与的深度，以及从中获得的成长。

突出自己的作用最重要。在申请材料上说明自己是某一组织的一员并没有什么优势，招生官要了解的是学生在自己参加的活动中处于什么地位，做了什么事情，产生的作用等具体问题。只有学生真正加入到社会实践活动中去，自己的能力才能得到切实锻炼，综合素质才会有所提高。因此为帮助同学们更好地理顺思路，我建议在选择课外活动的时候，可以多问自己几个问题：我的爱好是什么？多长时间了？一周大约在上面耗费多长时间？水平如何？为了这个爱好你会放弃什么？从中又将收获什么？回答了这些问题，也是在为后面个人申请文书的整理做准备。

课外活动的价值取决于付出的时间、投入的激情与热忱、参加活动的频繁程度、投入的时间总量。坚持一年做某一社会服务肯定要比利用一个暑假的时间体验社会实践活动更能打动招生官，因为课外活动的关键点是你从中学到什么，对自身的发展和成长起到了什么作用。

案例分享："泡面哥"被名校录取的启发

2014年4月，福州一位狂爱吃泡面的高三男生被全美排名32的名校罗彻斯特大学录取。这名学生从小就爱吃泡面，他几乎尝遍了各国泡面。在申请美国学校时，他把这段经历加了进去，其独特的经历吸引了招生官，被称为"泡面哥"。

分析一下，"泡面哥"被录取有两个很显著的特征：1、成绩过硬；2、个性突出。他的 SAT 取得了 1560，此外，福州一中的相关负责人也表示，这位同学的成绩在学校确实是比较优秀的。可以说如果没有这些基础"硬指标"的优秀，我想他是很难被名校录取的，因为这是基本的门槛。

"泡面哥"的独特经历有两个特别之处：一个是时间：从小就养成的爱好；一个是深度：尝遍了各国泡面，通过泡面对各国文化有了不同的理解。这些软实力同样需要早做准备。蜻蜓点水、应付准备的个人经历只会在美国面试官面前原形毕露，并且苍白无力。

其实每一个学生都有个性，而同样每一所学校都有自己的录取标准和喜好倾向，所谓醉翁之意不在酒，很多人也许有"泡面哥"类似的经历，但是并非所有的人都可以像他那样近乎狂热，这名学生从小就爱吃泡面，他几乎尝遍了各国泡面，这已经成为他的一大兴趣，而从时间和深度上，他让人看到了内心的执着和追求。这种对于兴趣爱好的执着精神才是名校在录取中的"醉翁之意"。不论是学术能力、创新能力，还是领导潜质、团队协作、社会责任感等等，这些潜在的能力往往正是通过我们一些日常生活和成长的细节与故事来体现的，几乎所有我们能够想到的考量个人的要素都是美国名校录取的重要参考标准。

独特性

可以说，在美国名校的招生录取中，几乎每一个招生官都渴望看到那些"与众不同"的材料，因此学生在课外活动中的独特性就显得尤其重要。一个学生最好努力做到尽量有自己的特色，如果你有独特的经验和洞察力，你将会为大学课堂和学习环境带来一些谁也没有的新东西。好成绩使你具有竞争力，却不能使你与众不同，你需要通过学习之外的地方来展示独特之处。如果你的课外活动都跟其他同学相似，你就最容易被拒。先选独特性，再选相关性，跟专业、学校、未来相关，这些经历可以帮助自己创造故事。

我身边有一位年轻的同事，她是在孤儿院长大的，一直以来成绩都很优秀。后来毕业参加工作，她几乎每周末都会去孤儿院看望孩子，给孤儿院的孩子免费上课。她因为别人的关爱而成长，所以她也真心希望通过自己的爱心帮助那些需要帮助的孩子。所以，从大学开始一直到毕业后的几年，直到她出国留学前，她都一直在做这件事情。毕业后她自己边工作边学习英语，后来申请到了英国的一所大学。我相信对她而言，她对孤儿院孩子的爱心是发自肺腑的，这样有爱心的人，在国外招生官看来是一定能在未来服务于社会的人，"培养服务于社会的人"不正是那些世界名校的初衷吗？在社会服务过程中，招生官看重的是学生的责任感及真心程度。目前，很多中国学生并不热衷于社会服务，但是为了成功申请到美国名校的录取名额，只是象征性地参加某一个社会活动或者公益活动，希望以此为阶梯为自己申请名校加分，其实那种不具独特性的活动起不到实质性的作用。

不是每一个人都会有类似的经历，但是我相信每一个人只要用心去经营自己的学习与生活，就一定能够挖掘出与众不同的地方。我们每一个人的成长经历都是独一无二的，而我们每一个人所生活的环境都各有不同，就连我们的追求和理想也都是因人而异，所以不要害怕自己没有独特性，重要的是我们要善于发现身上的美，然后去挖掘、去放大。

同学们可以从如下几个方面进行把握：

1. 追随兴趣。每一个人的兴趣、爱好本身就各有千秋，而每一个人在兴趣上投入的经历不一样，所经历的故事也是不一样的。经常问问自己：为什么会对这个感兴趣？你是怎么在感兴趣的事情上努力的？你取得了什么样的收获，有什么样的成长？

2. 把握细节。细微处才能见真情，细微处才是故事的本质，有没有什么感人的地方？独特之处？通过这些细节我们可以由此及彼、见微知著把握一个人最真实的品质和内心世界。

3. 养成用英语写日记、周记的习惯。好记性不如烂笔头，这一点非常关键。养成一个及时记录生活的习惯，因为随着时间的延伸，人的大脑能记忆的东西越来越模糊，只有随时记下生活的点滴，记下这些细节，才能够为后期的准备提供"历史"依据以及故事的原材料。

相关性与一致性

所谓的相关性，就是指参加的课外活动不是毫无目的，而应该在有限的时间内结合所学专业和目标学校进行考量，当然这个"考量"的意思不是急功近利，而是在众多的课外活动中要有所突出。

我遇到过一个学生，他的学习成绩很不错，申请的是哥伦比亚大学，未来想从事国际事务与公共关系方面的工作，但是最后被拒了。后来家长带着孩子找到了我们，当时父母非常焦急，因为孩子本身成绩很优秀，各方面表现也非常优秀，就是不知道问题出在哪里。后来我们对孩子进行了非常全面、深入的了解后发现，他非常喜欢打网球，而他在个人文书里写的正是他在一次网球比赛时面临压力如何克服的经历。这个事情是真实的，他也写得很不错，但是像这种活动已经有太多人在写，参加不同的体育比赛，面临压力和困难，坚苦训练、战胜困难……过程虽然也很感人，但是因为有太多类似情节的话题了，所以在招生官眼中也就平淡无奇了。

后来经过我们的深入挖掘后，发现他还有一段比较特殊的经历：他在学校成立了一个社团，并建立了自己的网上讨论平台。这个社团专门负责与美国的一个学校里一个类似的社团组织进行对话，讨论经济问题和各种国际话题，就像一个初级别的"国际对话"。他们的很多观点都来自于互联网，当然也结合了他们个人的认识和看法，这不仅让他们掌握了从多角度收集资料的能力，同时更培养了站在不同角度去思考问题、分析问题的能力。后来我们的工作人员就对这方面的材料进行整理，做重新的包装，体现他关心世界经济、关心国际国内时事、有远见和想法的特点，刚好跟他想要学的专业相吻合。后来再次申请，他成功申请到了美国排名前20名的学校。

新航道还有一个经典的案例，这个同学中学时是人大附学生会副主席，托福110多分，SAT1520多分。她未来的目标是想做律师，需要学法律，而要想学法律对英语要求很高，因此她计划本科进入一所常春藤攻读英语本科，而后再修法律。她有一个很突出的特点，那就是语言成绩很好，她从小学开始就在很多公开的平台上发表作品，后来她妈妈帮她把小时候的作品集成一个作品集，最终证明她的语言能力很强势，而且她很有规划，再加上她申请的优势英语专业都是语言学范畴，最终顺利进入了美国常春藤盟校康奈尔大学。

相关性在撰写个人文书和准备推荐信的时候体现的就是一致性，个人文书和推荐信的内容应该保持与课外活动的一致性，至少不能相悖。比如，如果一个学生在个人文书中说自己非常喜欢文学，结果在课外活动中根本没有参加过任何文学活动，或者写作、演讲等相关比赛，那么大学招生老师在审核录取材料时不得不打一个大大的问号。申请中的任何一个环节，学生都应该尽量向大学展示自己渴望展示出来的独特的地方，利用各个材料不断地强化自己的独特优势。

美国大学申请中的各个步骤都是有机串联起来的，尤其是课外活动与个人文书的准备。课外活动的准备其实也是在让学生成为一个有故事的人，让学生在申请文书中有话可说，言之有物，言之有情，多维度展示个性特征与未来成功的潜质。有的学生在准备申请文书时经常不知道自己有哪些打动人的经历，因为他没有参加过任何活动。没有经历，何来体会？没有体会，谈何深入？没有深入，谈何感动？连自己都无法打动，又如何打动招生官？如何打动大学？

申请文书：一定要"文如其人"

有人说留学申请文书就是一张"吹牛纸"，对此我持中立态度。我认为一定要"吹"得恰到好处，否则会适得其反，甚至摔得粉身碎骨。我曾经看到过一些学生的申请文书，里面提到他获得的各种奖项、担任的重要角色，看起来确实很优秀。但是给人的感觉是他在不断强调过去所取得的成绩，孤芳自赏的痕迹很重。其实美国大学之所以要看学生参加的社会活动、奖项，最重要的是想通过这些奖项和活动看学生从中得到什么，培养了哪些素质和能力，这些素质和能力才能够决定学生未来的学业和人生发展！这才是根本。

在我看来，用中国的一个成语来描述申请文书最恰当不过了：文如其人！

我曾经写过一篇小文章，标题是《我人生的第一桶金》，在《中国青年》杂志2007年第3期首次刊登，讲的是我在12岁时为添补家用，给砖瓦厂挑土挣钱的经历。这篇文章发表后被国内很多主流媒体转载，后来《英语世界》又将其全文翻译成英文刊登在2008年第12期上。有一次，一位美国大学的招生主任过来交流，我将这期《英语世界》随手递给他看，同时说里面有一篇我写的文章。他仔细阅读后说："如果你去申请我们美国的大学，仅凭这一篇文章就可以获得很多大学的录取通知书。"

我说："为什么？不就是一篇小时候挑土的文章吗？"

他说："我们从中看到的是这种挑土精神——钢铁般的坚持精神，有了这种精神，未来还有什么是你不能做到的呢？"

附原文：

The First Pot of Gold in My Life

The first sum of money in my life is hard to earn. It is merely a little more than ten yuan made out of blood and sweat indeed. But it is such experience that has made me understand a truth to live by.

A reporter once asked me: "Now that you have established New Channel School, you are a real entrepreneur now. What is your first pot of gold? And how did you get it?" In his eyes, perhaps, this pot of gold must be a small fortune. Then I replied: "My first pot of gold is nothing but a bit over ten yuan, which I have made by shouldering one basket of earth after another." On hearing this, he shook his head, bemused.

What I told him is true. That was the first time I had made some money. Despite a tiny sum, it proved to be invaluable later on and made a difference in my life. Although I have earned a huge sum once or twice ever since, at the bottom of my heart the first earning has always been looked upon as my first pot of gold.

That year, when I was only 12 years old, and the first semester of Junior Grade Two was just over, I asked for my parents' consent to my request to work during winter vacation in order to earn some money to pay my tuition fees. Initially, they refused because at that time in the village, the only way to make some money was to do manual jobs, which meant that I had to be a child labourer. However, urged by my repeated requests plus their intention to toughen my will in hard conditions, they finally agreed to let me have a try.

The Tuo River near the village was then in the dry season. Its riverbed emerged and there was a thick layer of earth underneath, which could be used in the brickyard as raw matcrials for making bricks or tiles. Quite a few villagers would make this hard money out of digging earth when farming was already in slack season. So my parents asked me to carry earth for the brickyard, believing that it would pay me by earth weight I did. That meant the more earth I carried, the more money I could earn, and vice versa, so I could do the job according to my capacity. It was at the same time that an uncle of mine from another village would also come to do the same job, so mother and father asked me to go along with him.

On the first day, shouldering a spade and a basket, I followed the villagers to the riverbeds. In the winter of Hunan, the outdoor temperature reached as low as zero degree Celsius. On top of that, the air was rather humid, and gusts of chilly wind pierced me to the bone. But, even though I was trembled with cold, I had to wear just a shirt, only to do the job more efficiently. It was as far as more than half a kilometer from the riverbeds to the earth collecting site, where earth would be weighed. Worse still, I had to climb over the steep river bank. The job was strenuous, and usually it was only a robust man who was able to do it. Of the earth diggers snaking along the river, I was the youngest and the shortest, carrying dozens of kilos of earth on my shoulder pole and staggering along without stop for fear that if the pole slipped off my shoulder, it would be beyond my power to carry again. At last, I arrived at the collecting site. But as I was too short even on tiptoe to put the basket of earth on the scale hook, a woman scale assistant put several bricks under my feet so that I could finally reach it.

At the end of a day's work, my shoulder was already swollen. I would feel a stinging pain whenever the pole touched my shoulder. Back at home in the evening, I was reduced to a sore flesh all over. Next morning, I took great trouble to rise from bed, enduring pain in the arms and sores in the legs. My shoulder seemed to be more painful than the day before. I was really expecting to have a good rest, but I felt that, if I started to rest, I would certainly not go to carry earth again. And if I could not persevere today, then all my previous efforts would go down the drain. So, after breakfast, I picked up the tools and headed straight to the riverbed. At the end of the second day, the blood blisters on my hands and the skin on my shoulder were all broken, burning with pain which was hard to describe. That night, while lying in bed, I said to myself: "Can I continue tomorrow?"

On the morning of the third day, my uncle, who had brought me along to the riverbeds on the first day, made a retreat, saying, "oh, my, I couldn't go any further. I'm really worn-out." His hands were also afflicted with blood blisters and a layer of skin scraped off his shoulder. After seeing him off, my parents did not ask me to return to work. A robust man even can't do this, let alone a child! There and then, my stubborn character did not allow me to concede. Still

I did not believe I could not keep at it.

Of the earth diggers snaking along the riverbeds, only a half kept working until the last day, I among them. My hands were already growing callused, and my shoulders numb with loads.

New Year's Eve was the pay day of the brickyard. In order to get the money, I had my first stamp made in my lifetime. Seeing the two characters "Hu Min" carved on the stamp, I especially felt a sense of accomplishment. When I gave just a little over ten yuan to Mom, I suddenly saw her tears swelling in the eyes. Instantly followed my own tears welling up in my eyes and a smile on my face—at last, I could make some money to help the family!

By convention of my hometown, on New Year's Eve, one should take a shower and put on clean clothes. When taking off the clothes, I found that there had been a thick layer of clotted blood on my shoulder. The blood clots were already glued to my shirt on the body. Even just pulling it a bit would cause heart-stinging pain in me, to say nothing of taking it off. For fear that Mom might see this, I gave myself a quick rub, and then put on new clothes with the old ones still on.

In the evening, when Mom started to do the washing, she could not find my used shirt, so she asked: "Where is your used shirt?"

"I just put it in there." I replied. "But where?" she insisted, rummaging around in the room.

Knowing that I could no longer cover it up, I had to tell her that the old shirt was still on me. Then she asked me to take it off. When I took off the outfit, the shirt I could not manage to take off caught her eyes. Seeing the clotted blood on the shirt, all of a sudden, she burst into tears….

Such is the story of the little sum of money I made with blood and sweat. And it is just this money-making experience that has made me understand a truth to live by: However hard your undertaking is, as long as you do not give up, you'll be able to carry it through to the end; once you carry it through to the end, you will make it!

Since then, I have made some achievements in my career, which are surely attributed to this unusual experience. Although I have earned only a bit over ten yuan, who should have said this is not the first pot of gold in my life?

我人生的第一桶金

我平生挣的这第一笔钱，十几块钱，挣得很辛苦，真的是血汗钱。但正是挣这第一笔钱的经历，让我明白了一个道理。

曾经有个记者问我："你创办新航道学校，也算个企业家了，你的第一桶金是多少？是怎么挖到的？"在他看来，我的第一桶金一定是一笔不小的钱。

当时我这样回答他："我的第一桶金只有十几块钱，是一担一担地挑土挣的。"他听后摇摇头。

我说的是真的。那是我生平挣的第一笔钱，数目不大，对我的人生而言，却价值不菲。尽管以后我也曾一次挣到不少钱，但在心里，我一直把这十几块钱看作我的第一桶金。

那年我 12 岁，初二上学期刚上完。寒假期间，我向父母提出要打一份工给自己赚学费。父母起初不同意，因为当时在乡下只有体力劳动能够赚一点儿钱，也就是说我只能去做一个童工。但禁不住我的再三请求，同时也想让我受点磨炼，他们终于答应让我试试。

村子附近的沱江正值枯水期，河床露出来，下面是厚厚的黄土，正好做砖瓦厂烧制砖瓦的原料，村里许多人都趁着农闲去挣这份辛苦钱。父母便让我也去给砖瓦厂挑土，反正是按重量计价，挑多赚多，挑少赚少，自己可以量力而为。当时正好有一个外村来找活儿干的表叔也要去挑土，父母就让我和他一起去。

第一天，我拿了锄头和土筐跟着村里的人下了河床。湖南的冬季最低温度达零度，空气湿度大，风一吹寒冷刺骨。但为了方便干活我只穿了件衬衫，冻得直哆嗦。从挖土的河床到收土过秤的地点有一里多路，还要爬上高高的河岸，劳动强度很大，一般只有壮劳力才会来干这活儿。在长蛇阵一般的挑土队伍中，我的年龄最小，个头最矮，挑着几十斤的担子一路歪斜，根本就不敢停步，生怕放下担子就再也没有力量挑起来。好不容易走到收土的地方，因我的个子太矮，踮起脚，土筐也挂不到秤钩上，司秤阿姨拿过几块砖让我踩上去，才把土称了。

一天土挑下来，肩膀早肿了，担子一压上去就针刺一样疼。晚上回到家浑身上下没有一块肌肉不酸痛。第二天早上我费了好大的劲儿才从床上爬起来，胳膊疼得不行，腿又酸又胀，肩膀好像比前一天更痛。真想好好休息一下，可是我感觉到只要自己一休息，肯定就不会再去挑土了，今天坚持不住，前一天付出的努力就全白费了。吃完早饭我拿了工具又直奔河床。第二天干下来，手上的血泡和肩膀上的皮肤全都磨破了，火辣辣地痛，心里苦得简直没法说，晚上躺在床上我偷偷问自己："明天还干吗？"

第三天早上，和我一起挑土的表叔先打了退堂鼓，"实在干不动，太累了！"他的手上也磨出了血泡，肩膀上磨掉了一层皮。送走表叔，父母让我不要再去挑土了。一个壮劳力都受不了，何况我还是个孩子。这时候我的犟脾气却让我不服输，"我就不信坚持不下来。"

那挑土的长蛇阵中，只有一半的人坚持到了最后一天，我就是其中的一个。手上已经长出了老茧，肩膀早被压麻木了。

砖瓦厂年三十发工钱。为了领钱，我刻了生平第一枚私章，看着上面的"胡敏"两个字，我特别有成就感。当我把十几元钱交给母亲时，我看见眼泪在她的眼睛里打转，我也不由得笑着流出了眼泪——我终于可以挣钱帮补家里了！

按照家乡的规矩，年三十晚必须洗一个澡，换一身干净衣服。脱衣服时我才发现，肩膀上结了一层厚厚的血痂，这层血痂已经跟身上穿的衬衫粘在了一起，不用说脱衣服，一拉都痛得钻心。我不想让母亲看到这些，就简单擦洗了一下，之后把新换的衣服直接套在了旧衬衫上。

晚上母亲洗衣服，找不见旧衬衫，就问我："你那旧衬衣呢？"

我说："我放在那里了。"

"在哪里呀？"母亲来回翻找。

我看瞒不过去,才说还穿在身上。

母亲让我把旧衬衫脱下来,我脱下了外面的衣服,露出了那件脱不下来的旧衬衫。当母亲见到衬衫上的血痂,泪水一下就涌了出来……

我平生挣的这第一笔钱,十几块钱,挣得很辛苦,真的是血汗钱。但正是挣这第一笔钱的经历,让我明白了一个道理:再苦再难的事,只要自己不放弃,就能坚持下来;而只要坚持下来,就能成功!

这以后,我在事业上取得了一些成绩,都可以说是得益于这第一笔血汗钱。这十几块钱,谁能说它不是我人生的第一桶金呢?

后来我对比了一下发现,我的这个《我人生的第一桶金》的经历跟很多美国名校给学生的文书命题相吻合,如斯坦福大学2014年的文书:"Reflect on an idea or experience that has been important to your intellectual development."(对你思想形成产生重大影响的想法或经历)。

美国大学招生官一个申请季可能要审阅数百份甚至上千份申请材料,其中也许很多学生都有不错的考试成绩,甚至简历上活动都类似。那么如何从众多竞争者脱颖而出?文书是一个重要的参考。例如,2014年的一轮申请中的一些文书题目:

1、Tell us about a person who has influenced you in a significant way.(对你有重大影响的人。)——普林斯顿大学

2、How have your interests and related experiences influenced the major you have selected in…College?(为什么要选择某个专业或学校。)——康奈尔大学

3、Reflect on an idea or experience that has been important to your intellectual development.（对你思想形成产生重大影响的想法或经历。）——斯坦福大学

此外，有些文书题目极为简洁，比如斯坦福2014年另一篇文书题目是："What matters to you, and why?"（什么对你来说很重要？）当然，简洁并不意味着好写，反而意味着你要花更多心思。

有的文书充满创意。比如斯坦福的另一个文书题目是要你向未来的大学室友介绍自己："Write a note to your future roommate that reveals something about you or that will help your roommate — and us — know you better."

当然，还有一些无厘头、难以下笔的文书，芝加哥大学一向以此闻名。比如它2014年的一个题目就是："What's so odd about odd numbers?" 姑且翻译为：奇数有何奇特之处？

不论文书命题如何，请注意，招生官对于其他人或事并不感兴趣，他们是在评估你是否够资格进他们的学校，他们最关心的是某人某事是怎么影响到你的。招生官更重视你在有限的经历上怎么思考的，即使写小事也能达到这个目的，一定将重心落脚于成长中的思考。

几乎每一次讲座我都会强调：出国留学要早规划、早准备！很多家长和学生以为只要一门心思准备各种硬性的语言测试即可。实际上比这些硬性的语言测试更重要、需要更多时间去准备的是软实力，如学术活动、文体活动、社会活动、工作经历等。每一个学生可能需要更多时间去发现和挖掘自身独有的特征、优势，并将其转化为成长中的思考，这样才能够有

话可说，有感能发，在申请文书中得以体现，这方方面面往往就是最受名校青睐的地方。

将个人自荐信与命题作文称为美国名校申请中的"王牌"一点儿也不为过。在美国名校申请中 TOEFL、SAT、AP 成绩都有可能相同，社会实践、参加的社团活动和个人才艺都有可能大同小异，唯一最能区别学生个性之处就是自荐信。一份独一无二、独具个性的自荐信可能帮你迅速叩开名校之门。

个性不一定指个人的特长、优势。其实在美国名校申请中，只要具有能够区别于他人的、自身独一无二的某一方面即可，比如自己的故事、申请名校的原因等等，这些都是体现个性的方面。我经常问学生：你为什么选择去美国商学院读经济、金融专业？他们告诉我：赚钱。没有几个人能够给出一个确切有个性的回答。事实上美国名校在录取中更期待的是看到学生身上与众不同的一面。在录取审核中，哈佛大学宣称："进入哈佛没有固定的模式，我们给予申请人最大的自由和最灵活的方式，告诉我们他认为最重要的事情。"耶鲁大学强调："寻找最聪明最优秀的人才，这样的人才能够充分利用学校提供的独一无二的学习机会让自己成为未来的领袖。"

在命题作文这方面，很多大学会在网站上向申请者明确提出为什么选择这个学校、未来的目标是什么等问题。我们有一位资深美国留学顾问曾指导过这样一个学生：他高中时作为交换生在美国上学，最后申请到"常春藤"之一的宾夕法尼亚大学沃顿商学院，全球最著名的商学院之一。在回答"为什么要选择我们学校"的问题上，他在文中写道：

"窗外下着小雨，大家都打着伞，此时此刻的我非常想念我的家乡。我的家乡在中国的南方，每天也下着像这样的小雨，我的家乡还是全世界的雨伞基地，全世界大约有95%的雨伞是从我的家乡走到世界各地的。所以我知道窗外95%的人都是打着我们家乡生产的雨伞，但是我也知道我们家乡制造雨伞的都是一些小公司，而且有80%的利润都是掌握在外国商人的手中，只有20%的利润在我们自己手上，所以我们工人的工资很低，工厂的效率也不是特别好。我来沃顿商学院上学的目的就是想了解这个产业结构、了解公司的运作过程，我要在将来把这些利润留在我们家乡，留在我们中国！"

这位学生将自己最真实的人生理想表达出来，而学校会认为它具备这样的资源帮助世界各地的学生最终实现理想，成为某一领域的领袖，从而更好地回馈社会。

当然，个人文书中所阐述的一些个人经历一定要与所描述的社会实践活动相吻合。曾经出现过这样一个悲剧：有一位学生成绩不错，要申请美国大学，他有很多社会实践活动经历，但是都不太突出，所以在文书写作的时候不知道如何下手。后来找到一个留学服务中介，结果留学服务中介整理出了一份非常独特的个人文书，也赢得了招生官的青睐。不幸的是，招生录取官在整理这位学生的资料时发现，他所填写的课外活动，根本就没有与个人文书中所陈述的经历相吻合的项目，经过仔细核对后判定其是"造假"，最后与申请的学校擦肩而过。还有的学生SAT作文成绩并不高，个人文书、命题小作文却写得非常漂亮，比SAT作文好很多，大学招生官可能会认定你的申请文件是请人代写，这也将大大降低录取概率。因此，我经常提醒家长朋友，即便请了留学中介，也要让学生参与到整个材料准备过程中。

结合我自身多年的英文写作教学经验及留学生成功申请案例，建议同学们在准备申请文书的过程中把握如下四个方面：

第一，言之有心。很多学生认为在申请过程中是学校的录取招生官在看作文，于是在文章中想尽一切办法去迎合国外招生老师的口味。但其实作文不是写给具有丰富想象力的招生办人员看的，也不是写给具有高度文学修养的老师看的。所以，关键要拿出一颗平常心来写作，内容胜于形式，就像跟家长朋友们一块沟通一样，要发自内心、真实、真诚，这样才有可能引起招生官的共鸣。

第二，言之有物。不要为作文而作文。作文就是在讲述一个故事，一段独特的经历，所描述的事实不怕"细"而怕"泛"。人往往是对于那些具体的东西记忆深刻，比如你参加了什么活动？从中你获得了什么？所写内容应该是形象的、深刻的、独具个性的，而不是简单的概括与笼统的总结，切忌人云亦云。就拿普林斯顿的文书为例：说说一个对你产生重大影响的人。你必须重点写为什么你认为这个人是重要的。一定要记住，落脚点是要告诉招生官：你是谁、你的想法以及你思想的深度。比如你写比尔·盖茨对你影响很大，但如果你写盖茨的内容超过你自己，这就有问题了。换句话说，别人或者其他事情只是你自己想法的引子。记住：申请入学的人不是盖茨，而是你！你重点要写的是你对盖茨的看法，你的思维和价值观是如何和他联系起来的。你在文书中需要表达一种立场和观点，当招生官读完了你的文书，他们应该知道是关于你的一些重要信息，而非比尔·盖茨。

第三，言之有情。一篇好的作文首先要能打动自己，否则就难以感动别人。作文里的你应该是一个真实的、有血有肉的人。你可以展现好的那一面以及为什么好，说出让人感动的故事；也可以分享你曾经有过的不好之处，从中你获得的教训，获得的成长。无论你想表现的是哪一面，都应该要符合自身的实际情况。

第四，多做打磨。作文写好后应该让不同的人看一看，比如老师、父母、朋友，最好还要请一个跟自己不熟悉的陌生朋友看一看。只有站在第三方的角度去看问题，提意见，才能更客观。但每个人的作文应该表现出自己的风格、特点，表现出自己的思想、情感、价值观，展现出自己的独一无二。

总之，申请文书是学校衡量申请者与学校之间是否"契合"的重要途径。在大学看来，你未来成功与否，取决于你是否清楚地了解自己的目标与期望值，学校也在寻找学生和学校理念的契合点，大学渴望实现的是两者一拍即合，这才是他们要录用的人！

个人简历：侧重与学校及专业相匹配

个人简历是对申请文书的有效补充，是美国大学招生官全面了解学生各方面发展情况的重要途径。它能帮助招生官快速地对申请人的能力、兴趣爱好、特长、成就等做出简要而且一目了然的总结。个人简历通常包括如下内容：

1. 题头部分，包括姓名、出生日期、父母姓名及职位、通信地址、联系电话、电子邮件。

2. 受教育情况，就读的高中或大学、所在城市、起止日期、取得的成绩。

3. 课外活动，包括学术活动、打工经历及志愿者活动、寒暑假活动、业余爱好及特长等。

4. 奖项及荣誉，每个奖项及荣誉的名称、简要说明、获得奖项的时间和原因。

很多学生在整理申请材料时常常困惑的不是课外活动的匮乏，而是不知道如何从这些活动中找到重点。为此我给大家提供一个思路：目标导向。我们可以根据目标院校和专业突出重点，也可以围绕自身在申请中渴望向目标学校展示的品质，重点选择，只有一拍即合才能赢得录取。

我们辅导过一个学生，他的标准化考试成绩不算太好，第一次申请时被美国的一所大学拒绝了，但是他非常喜欢这个学校的食品工程专业。后来我们跟他深入沟通后发现，这个学生有一个特点，就是他对食物特别有研究，也非常爱吃，可以说是一个典型的"吃货"，经常跟同学、老师一起谈论美食。他还有一个特别的爱好，就是喜欢看电影。大家可能不会觉得这两者之间有什么关联，但是这位同学的经历非常有意思，他看电影的目的不是为了去研究演员的演技，也不是为了欣赏导演的才华，而是为了寻找电影中的美食。他会把他看过的所有电影中出现的食物记录下来，然后再通过书籍、网站查找各种资料，比如菜名、做法、特色、品尝方法、文化内涵等。他也写了很多东西，最后整理成一本小册子，叫《电影美食》。小册子出来后,他就想,这是一个非常有意思的事情,他就思考如何跟更多的同学去分享。于是高二的时候,他在学校成立了一个社团,这个社团也是定期组织大家一起看电影,然后去发现电影中的美食;他们在社团内部讨论,定期出版《电影美食》杂志,还拿到市面上去销售,销售情况还不错。对于美国学校的申请而言,这样的经历应该是独一无二的。

后来在我们的建议下,这个学生给学校写了一封信,着重讲述了他在美食上的一些经历,在信的末尾,他写道:"进入大学后,我想做的不是组织同学们一起看电影,品美食,而是将中国的美食、中国的饮食文化带到美国,也会将美国甚至其他国家的美食与文化传播到中国。"他几乎成为一位美食文化的传播使者。教育分享与文化传承,这不就是国际教育的意义吗!后来,美国的学校重新审核了这个学生的申请,最后录取了他。这个学生各项成绩并不突出,但是他喜欢的是食品工程专业,因为他的独特经历,学校认为这样的同学在学校资源的帮助下一定能够成为未来行业精英与文化传播者,而他们渴望培养的就是这样的学生,所以录取是情理之中的事。

推荐信:熟悉为第一原则

有这样一个女学生,在校期间她负责学校的废物回收工作,因为工作的需要她在高二开始就与校长、副校长有所接触,并且与一位清洁工具体执行废物回收工作。到了毕业时,这项工作进行得非常成功。在这 10 多个月中，她频繁地与校长、副校长和那位清洁工进行工作沟通，由于关系很亲近，圣诞节时，她给这三个人都送出了圣诞礼物，申请大学时她需要邀请其中一个人给她写推荐信。大家可能都会认为她应该选校长给她写，或者至少是副校长写，但是出乎所有人的意料，她选择了那位老清洁工。那位老清洁工因为不是本地人，加之文化有限，所以英语说得欠地道，写出来的推荐信甚至词不达意，语法上存在小问题，但清洁工的推荐信却十足地说明了一个问题：这个女学生很关心他和他的一家。尽管他从事的只是一份清洁工的工作，但是这位学生总是很尊重他，经常跟他一起商量怎样做好学校废物回收工作，让他觉得自己的工作很重要。据说这封信感动了每一位读过的招生录取官，有人甚至是含着泪读完这封文法欠缺但质朴无华的推荐信的。这位学生因为这封推荐信打动了考官，被常春藤盟校录取。

在推荐信的准备上，学生一定要把握一个基本原则：推荐信之所以成为美国大学录取中要审查的材料之一，就在于推荐人了解被推荐人，因此"熟悉"是最重要的。从以往的经验来看，中国学生在寻找推荐人方面往往存在两种片面的认识：第一，找关心自己、对自己好的人；第二，认为有地位或名声显赫的人写的推荐信才好。

老师对学生的评价，无外乎从创新思维、学习热情、课堂表现、独立性和主动性方面进行，如果学生在准备推荐信的时候能够找到熟悉自己的老师，而这个老师又可以用一些比较有说服力的真实的故事来进行说明，比如这个学生课堂表现如何，课余跟同学的关系如何，有没有主动去跟同学们分享自己的观点，或者在课堂上如何参与到老师的教学中……那这个推荐信是非常有说服力的。不需要去找教授、院士、企业经理等头衔较高的人，因为他们对你不一定了解。不熟悉，没有太多的日常接触，没有真实故事，那么写出来的推荐信难免千篇一律、索然无味。

我曾经给几个赴国外留学的学生写推荐信，这些学生都是我身边的人，我非常熟悉，有些还是我的同事。他们后来都被世界名校录取，除他们本身各方面很优秀外，推荐信也起到了作用。所以推荐信要力争吸引招生官，为学生申请到名校加分，现有以下几个建议供参考：

1. 好的推荐信应该直奔主题，言简意赅。如今的时代是"眼球经济"，在招生录取中，每一个招生官每天都要看成百上千份材料，基本上在每份材料上停留的时间非常有限。因此如何抓住招生官"第一眼"就显得非常重要了，与其拐弯抹角，不如直奔主题。不仅如此，在语言思维上西方国家更习惯直线思维，不像中国那么含蓄，喜欢婉转、拐弯抹角。因此我们首先要符合招生官的习惯。

2. 好的推荐信应该把握细节，以情动人。推荐信最不缺的就是褒奖之词，但好东西是不需要用专门词语来描述的，大家一看一读都会明白。那么看的是什么，读的是什么？应该是做了什么事情，有哪些独特的、感人的经历，而不是奖项的罗列、头衔的陈述。

3. 好的推荐信应该有的放矢，突出特色。俗话说："不比不知道，一比见分晓。"从某个意义上说，美国大学招生的标准就是"比出来"的，每个人都因为其"特色"而跟别人不一样。如何能从众多的优秀申请材料中"跳"出来，推荐信是非常重要的补充。站在第三者的角度去评判一个学生与一个学校的关联，以更客观的角度找到适合点，这更有说服力。

而要实现如上三个方面则需要学生与推荐老师的紧密配合，如平时多与老师沟通，让老师了解学生更多学习、生活等情况，甚至学生可以整理出自己的一些特长、爱好、参加过的活动和收获给推荐老师，这样老师有了系统全面的了解才能确保推荐信能满足如上三个条件。

当然，写推荐信的老师也有"经验"一说。有的学校的老师曾经推荐过很多学生去国外留学，比如曾经推荐过某个学生去某个学校学习，而这个学生在该校表现非常良好，那这样的老师写的推荐信还会为你加不少分。反之，如果某个老师推荐过的学生在国外表现不好，也会影响之后的留学生。学校也一样，因此留学生在国外的影响还有一个"顺延"现象。在此我也呼吁广大留学生，出国后都是一张中国名片，要好好表现，正所谓"前人铺路后人搭桥"，要凭借我们的优秀成绩，让这张中国名片受到世界的尊敬！

面试：不面则已，一面惊人

很多同学提交完申请材料后，就是坐等结果，这样是不合适的。当学生申请美国大学时，学校都会鼓励学生主动预约来校参加大学申请面试，一方面会给大学招生官一个额外的机会来了解申请者，让大学可以通过面试了解学生；另一方面学生也可以提高他们被大学录取的概率。在提交申请材料后，为了提高被学校录取的可能，同时借机更直接地了解学校，胡宸开始直接跟学校联系，预约面试。在面试的时候，开始胡宸与面试官相互问了几个问题，然后就跟面试官讨论起语言的学习来。因为对方的汉语说得非常好，而胡宸的英语学得也不赖，所以他们的面试就是围绕语言的学习而来，其中谈到了在语言学习中遇到的问题，后来是如何克服的，非常轻松。胡宸开朗、乐观的性格与极佳的英语语言能力给面试官留下了非常好的印象，为他获得录取加分不少！

当然，面试是一把双刃剑，是一个"只许成功，不许失败"的环节。面试成功，会为你成功申请学校大大加分，有利于你的申请材料在最初的筛选中脱颖而出，提高你的录取概率。每年很多申请名校的学生都会被大学放在"候选名单中"，一旦被录取的学生拒绝了大学的邀请，便从候选人中挑选学生补充。参加大学申请面试并获得评估报告会为你脱离候选名单提供一个推力。但如果面试留下了不好的印象，给申请造成的负面影响也可以说是灾难性的，所以同学们在选择的时候要慎之又慎！

面试之前，学生一定要做好功课，因为面试对申请者而言是一次展示自我的绝好机会。在与面试官沟通的时候，可以从如下方面进行把握：

1. 申请者一定要清楚地知道自己想要在面试中展现的个性化的一面。

2. 了解所申请学校的一些基本情况，有哪些特色专业和文化积淀、学校优势等。

3. 在面试之前可以先理顺一下申请材料，一定要对自己的简历和作文了如指掌。

最后还有一点值得特别提醒的是，大学申请面试绝对不是简单的一问一答，更不是学生一个人的表演，而是一次双向的沟通和交流。面试官在了解学生的同时，学生也是在通过面试官更直接地了解学校。

因此在短暂的面试时间里，学生与面试官的沟通与交流就特别重要，能否提出有水平的问题，能否在一种融洽的氛围中开展令人记忆深刻的对话,这个才是面试的根本。

美国名校申请就是一个"系统工程"!同学们既要向名校展现全面发展的自己,同时又要告诉名校自己的与众不同。犹如我们拿着一张白纸描绘,既要将各个部分都呈现出来,又要突出最后的一笔"画龙点睛",让整个画面熠熠生辉。既要注重面的优秀,又要将自己的"个性"尽情绽放,优秀的"面"带你到达名校的门口,而闪亮的"点"将帮助你一步跃入名校的殿堂!

案例分享:一封邮件搞定美国南加州大学

我们曾有个学生本科学的是对外汉语,由于在美国没有对口专业,所以学生在申请硕士时候目标锁定在了商科、传媒、社会学这样对专业背景要求不严格而是看重实践的专业,以及东亚研究、教育管理、TESOL这样偏文科及教育类的专业。学生最后选择了TESOL,因为她喜欢与人沟通,并且对语言有很好的诠释能力,另外还有一些教学经验,申请中最大的不足就是英语基础不行,TOEFL只考了82分且申请时间晚,难度很大。

她最后成功申请到了美国南加州大学的TESOL专业。而录取的关键就是一封别人不屑一顾的电子邮件。

南加州大学TESOL专业3月15号截止,2月18号完成申请,3月中旬确定申请材料以及G/T成绩学校确定收到,3月底留学专家再次询问录取进展及结果。

4月初，学校的教授给每个申请人发了一封邮件，邀请学生参加一个在线讨论（online session），即他们今年刚开始尝试的一种和学生交流的网络渠道，形式是老师对着摄像头讲话，学生提问，这是很多地方作广告的一种方式，相信很多学生邮箱里都收到过 online-chat 这样的邮件。最初留学专家老师跟学生讲的时候，她不屑一顾，因为她听说过这样的东西，很没有意义，反复打了几个电话向我确认要不要参加。而专家老师第一时间给学校回复了要参加这个活动，并且了解了活动的形式和内容。

　　为什么要这么做？因为留学专家都事先在网站上了解过参加活动的两个老师，一个是主管（Program director），决定录取的关键人物，另外一个是助理，并且他们第一次开通这样的服务，肯定会很重视，至少会对感兴趣的学生有很深的印象，这绝对是一个潜在机会。

　　接下来老师热情洋溢地介绍了一下，并且希望参加之后给他们提意见，从言语之中更肯定了他们对此活动的重视，并且我这个第一印象肯定很好。参加活动的前几天，留学专家和学生一起开始像准备面试一样准备材料，打算在 online session 大展拳脚，我们叮嘱她一定要临场想出个特别的问题来问老师，以便加深印象。活动结束后，学生给我们专家打了个电话，说"老师啊，就视频聊天，没啥啊，我就问了个比较搞笑的问题，老师还插话回答我了，嘿嘿……"，可以感觉到她是因为感觉好奇而乐，并不是因为争取录取机会，于是，我们立刻让她回忆细节，并草拟了两份感谢信，精心修改之后分别发给了 director 和助理老师，顺便夸赞了一下 online session。一周之后，老师回信了，说非常感谢提意见，他们以后会进行改进，多用这种机会和学生交流，希望能看到她有一天申请南加州大学。看到这封信之后，接下来我们再热情洋溢的发了一封套磁信给对方，把我们之前准备的套磁材料都给老师发了过去，并且跟老师说已经申请，现在在等结果了，希望老师再核对一下材料。一周后，助理老师发来贺信，恭喜被录取了！

留学申请是一个非常复杂的过程，来自学校的任何信息都可能是学生申请成功的加分项，在此期间，学校发来的每一封邮件都要认真阅读，一定要把工作做细，从中找出能为自己争取录取的机会。

哈佛、牛津、剑桥等世界名校申请成功案例

哈佛大学全奖录取：既是全能又是独一无二

在跟一些顾问专家沟通时，他们总会发出一个感慨：除了成绩优异，能力突出，其实能被哈佛大学录取的学生都有一些独一无二的经历，这些经历基本是很难复制的。

学生：张同学

基本条件：

硬件：北京四中 TOEFL：110，SAT：1510，GPA：3.8

优势：硬件条件不错，课外活动准备非常充足

劣势：领导才能的展示有所欠缺

申请结果：哈佛大学、哥伦比亚大学、杜克大学

专家点评：全能型人才还得高领导力

学生语言考试成绩优秀，但要获取哈佛大学的录取，不仅仅过了门槛就行。除语言成绩外，学生软实力很强，准备时间充足。早在高一就开始安排高中各阶段相应的活动，如文章发表、文艺演出、社区活动、竞赛获奖以及留美交换，并有相应的留影资料作为积淀。

鉴于学生领导才能的欠缺以及哈佛对申请者领导才能的看重，努力申请到了全球哈佛领袖峰会活动参与权，这段经历可以说为学生申请哈佛大学起到了画龙点睛的作用；申请过程中，将多样的人生集中性以文档的形式展示在录取委员会的面前，最终以全能的优秀获得哈佛的录取！

哈佛全奖获得者：我是如何申请到哈佛全奖的

勇于去尝试，才会有希望

那年深秋的一天，我一位在同为常青藤联盟的康奈尔大学商学院攻读MBA的朋友找我喝咖啡。在闲聊中，我说出了我还未实现的梦想：到国外一所优秀的大学"充电"，读个硕士。

这位精通美国院校申请的朋友对我的背景和情况比较了解，他听了之后，突然两眼放光，兴奋地说："哎呀，我刚好知道哈佛肯尼迪学院的一个硕士项目就很适合你，他们在以往就招了不少有媒体背景的学生哟。按照你的条件，绝对有戏！"

这个硕士项目是什么呢？就是MPA公共管理硕士，这个硕士有两个比较突出的特点：1、比较关注学生以往的工作经历和成就；2、注重学生服务公众的意识，因为哈佛希望肯尼迪学院 MPA 培养出来的学生是未来服务于社会的人才。

真的吗？我听了后自己都不敢相信："我还能有资格去申请哈佛？"但看着他一本正经的样子，一个哈佛梦在我心中被点燃。"也许我真的可以实现一个原本只能指望我下一代才能实现的梦想！"

竭尽全力，用心准备

准备申请的日子可谓煎熬：白天工作已经累得精疲力尽，但为了准备考试和申请材料，回到家后，一天的艰苦战斗才刚刚开始。

幸运的是，我最后坚持了下来。在压力之下，我自己也到了崩溃的边缘。提交材料完毕之后，我彻底放松了，因为我已经尽了全力，成功与否都已没有遗憾。

大概两个月之后，我收到一份来自哈佛肯尼迪学院的邮件，打开一看，是录取通知。过了几个星期，又发来了一封邮件，学校告知我已经获得了全奖。

在学校面前，展示自己的优秀

那我如何拿到奖学金的呢？第一，软硬条件还不错：比如大学的 GPA、英语标准化考试成绩、在伊拉克当战地记者和在华盛顿当记者的经历、高质量的推荐信。我还记得当时找了一位朋友为我写推荐信，为什么找他写是因为：

1、帮我写推荐信时他已经是凤凰卫视一名高层管理人员，在传媒领域具有相当的影响力；

2、他是我驻伊拉克战地记者时的同事或者说战友，对我有深入全面的了解，写出来的推荐信更具真实性和可信度。

再加上我那位在康奈尔大学的朋友对我在申请文书上真诚和专业的指导，才有了最后的硕果，毕竟，能够拿到哈佛肯尼迪学院全奖的人可谓凤毛麟角。

不光自己优秀，还要让世界更好

被哈佛录取，不仅仅要证明自己很优秀，更重要的是哈佛要看你能否同时能让周边人的生活和社会变得更好。回想起来，也许，我能够幸运地拿到奖学金，正是因为我着力讲述我过往的经历是如何服务到公众和社会的。比如，我曾在伊拉克首都巴格达担任新华社战地记者，现场近距离观察接受审判的萨达姆，感受100米开外汽车炸弹爆炸强大气浪的震撼；我亲历过奥巴马和罗姆尼之间的总统辩论，曾在钓鱼岛问题上让美国国务院新闻发言人无言以对，被国内网民称赞为"真正的中国好声音"等等。此外，我还阐述了经过十多年的工作积累，我逐渐成长为了一个越来越有影响力的记者、专栏作家和评论员，在中国主流报纸和电视上发表一些观点，同时通过自己的新媒体平台如微博进行国际重大事件的报道和评论，比如，在美国大选之夜，我通过微博报道美国总统奥巴马的获胜演讲……我逐渐成为了一个在互联网新媒体领域小有名气的评论者家。如何把如上的这些经历以及为受众的服务恰当地阐述和表达出来，这可能比自身条件的优秀更为重要。

最后，除了哈佛梦，我也没有忘记我当时在申请书中所写的：毕业后，我要回到中国，给我的国家和身边的人带来积极变化和影响。如今，我正在我从事的教育事业中实践我的承诺。

（此部分作者：冉维，新航道前程留学总经理，哈佛大学肯尼迪学院公共管理硕士，哈佛大学全额奖学金获得者，曾成功被耶鲁大学管理学院MBA录取，夏威夷大学访问学者，具有丰富的名校申请成功经验。前新华社驻伊拉克战地记者、驻华盛顿外交记者，2013年还曾获得共青团中央授予青年的最高荣誉"中国青年五四奖章"。）

剑桥大学录取：学校的要求即自我展示的契机

录取学员：刘同学

毕业院校：北京师范大学

硬件条件：雅思7.5

申请国家及专业：英国教育管理

录取结果：剑桥大学教育管理专业硕士学士（高额奖学金）

对于名校大家垂涎，但是真正到了拿到成绩，要去申请的时候可能很多人就望而却步了，害怕名校的高要求，低录取。虽然雅思考了7.5分的成绩，非常不错，达到了剑桥的雅思成绩要求，但是刘同学也没有想过要申请剑桥大学，更没有想到自己居然能拿到剑桥大学的offer，觉得自己虽然在成绩各方面都不错，但是还不是顶级的牛人。

名校是可以申请的，万一录取了呢！

在申请过程中，我们跟刘同学一起准备各种材料，准备完后，我们问她："既然这么好的成绩，为什么不申请剑桥大学看一看？你已经在准备申请其他学校的材料了，剑桥很其他学校的申请材料也差不多"，梦想是要有的，万一实现了呢！后来刘同学就被我们说动了，当时她还调侃着跟我们说："大不了以后我可以跟自己的小孩说，你妈妈我还是被剑桥拒过的人"，就这样在我们的强烈建议下，刘同学填写了剑桥大学的申请表。

学校的要求即自我展示的契机

剑桥的申请跟其他学校还是有不一样的地方的，一般来说，申请其他学校递完申请资料，学生就可以在那等候消息了，但是剑桥大学不一样，校方会对申请者进行突然袭击。而刘同学就遇到了这个情况，第一次学校会给她发了一篇国外的期刊文章，让她写一篇针对这篇文章的评论，并且要求刘同学在24小时之内，把评论发回给学校，保证这个反馈学生及时作出的回答。时间紧，任务重，我们当时给学生四个字的建议"真情实感！"，这个作业完成后，学校又给刘同学发来一个题目，内容是：写一个研究计划。刘同学最后的按时按质按量给予了学校回复。

一波三折后，惊喜真的发生了。剑桥大学不仅发来了录取通知，学校还给刘同学提供了6000英磅的丰厚奖学金。这其中还有一个插曲：通常大家会认为去美国留学会有很多奖学金，其实在英国也有很多的奖学金。提交申请材料之前，我们仔细审核学生的申请材料，发现申请表最后一页没有填，这一页正是奖学金的申请表格，当时刘同学觉得申请学校都有困难，压根就没考虑过奖学金的事……后来，在我们的劝说下填写了表格，"就差最后一张表格了，你就多些几个字，也不少块肉"加上一封推荐信，提交了申请。

其实，在申请奖学金的时候，千万不要谦虚内敛，当然，事先要对申请国家、学校的奖学金情况有所了解，然后结合自身情况去申请。

名校申请中学生会涉及到跟学校的各种沟通，这期间学校可能会向学生提各种各样的问题，这是学校在考查学生某方面的能力，比如说对待学业的态度、是否具备在国外学习、科研的能力等等，而这些都是学校录取学生的"关键时刻"，是学生自我展示和表现的大好时机，丝毫不能马虎，一定要予以重视。

剑桥大学录取：父母放手，让孩子按自己的节奏慢慢成长

姓名：商同学

硬件条件：托福 117，SAT1530，A-Level 法语 A

录取结果：剑桥大学教育学专业

在外人看来，商同学简直就是别人家孩子，从小读书自觉，不用督促，还课业优秀，小小年纪就已经手握众多荣誉：山东省校园学生才艺展示语言类一等奖；世园会小使者戏曲一等奖；北大模联杰出代表团奖；青岛市中小学生艺术展演声乐金奖；青岛市中小学生艺术展演校园作词类银奖；21世纪英语演讲比赛山东省一等奖。但商妈妈说自己只希望女儿对这个世界充满好奇，用她自己的方式去探索，去前行。

这些年来，父母不对商同学寄托过多期望，也不试图灌输给她什么。其实在嘉琦小时候，琴棋书画的课她一个不落，全都尝试过。那时的商爸爸和商妈妈想着，文艺的滋养可以让孩子的内心得以自由，获得支撑，以后在面对现实的琐碎疲惫时也有一方天地可以安顿身心。小学升初中，课业加重，嘉琦不时感到疲累，父母问询她的意见，她说课太多，想休息。从那时起，父母决定尊重女儿的选择，再也没有报名参加任何课外辅导班。"经历过的人都知道，在接下来的高中三年里，孩子是不可能放松下来的。父母说什么也没用，孩子会逼自己的，你不逼，环境也会逼的。"有什么可着急的呢？孩子总会按照她自己内在的节奏慢慢生长起来的。对父母来说，没有什么比保护孩子的天性和活力更重要的事情。商妈妈说现在的期许，就是让女儿按照自己的想象力和天性去成长。她的快乐和自尊是最重要的。至于其他的，终有一天她会知道。商同学说父母从不在学业上给她任何压力，也没有设定一条必须要去走的路。她自己反而会对自己有要求，要过自己决定的生活。汗水浇灌梦想之花，有人很小就明白一生所向，但我们多数人还是要在世间摸爬滚打、怀疑挣扎后，才慢慢看清自己，要走的路在浮云散尽后，才缓缓展开。

从初中起，商同学一直想去看看更广阔的世界。商同学觉得在国内考大学，像C9这样的高校对她来说是非常有难度的，但是国外考试相对来说会简单很多，所以她当时就有一个这样的想法：可不可以通过一条不同的道路来达到名校情结的满足呢？

想法一旦冒出来，就如同一颗种子生了根，再也无法忽视它的存在。就这样，每天背单词，听BBC、VOA、CNN做笔记，看外文资料汲取知识，成了她雷打不动的习惯。很多人感叹商同学托福首考114、二刷117的逆天成绩，把成绩归因于她的语言天赋。但她说："多看、多读、多写、多背，所谓天赋，对我来说，就是把喜欢变擅长。"无论何时，不论何地，商同学坚持每天把要背的单词学完才肯睡觉。世界上没有什么轻轻松松就能成功的方法，不管网上说什么"5天搞定托福单词"，还是"托福考试一百招"，这些都是不靠谱的。只有勤勉是唯一不变的诀窍，老师可以传授知识，教你技巧，但是要转化成自己内在的东西，只有靠一点一滴的积累，持之以恒的努力。在进入新航道腾飞学院之后，在别人暑假放松的时候，她依然坚持每天早上7点准时在腾飞学院打卡学习、上课、查漏补缺。在商同学的感染下，同学们自己成立了英语学习小组，每天早起背70—200个单词，并坚持打卡。在她眼中，自律不是限制，而是在它内化为自己的习惯和思维方式之后，感受到的是另一种从容和自由。学习没有一蹴而就的幸运，唯有脚踏实地持之以恒的努力。所有的付出，只是想离自己梦想再近一些。

商同学的偶像是被媒体称为"Facebook第一夫人"的雪莉·桑德伯格（Sheryl Sandberg）。她在偶然间翻看雪莉女士的《向前一步》时，书中这句话"去可以让你挥洒汗水和热情的地方，不管什么时候，好奇心都是人类活下去的勇气"闯入眼帘，帮她一点点认清自己。作为女性可以在职场中谦逊不炫耀，热忱有抱负，而且她可以站在一个客观的角度，为女性理性地发声，呼吁大家既要反省自己又要争取自己应有的权利。也许是偶像的力量，商同学柔弱的外表下，有一颗执着梦想的坚毅的心。

（商同学现为新航道锦秋A-Level品牌形象大使）

哥伦比亚大学（本科）录取：早规划，无惧SAT成绩被延期

姓名： 李同学

毕业院校：国内高中

硬件条件：GPA：85+，托福：109，SAT1：1510，SAT2：数学800/物理790/化学780

申请国家及专业：美国生物化学

录取结果：哥伦比亚大学Barnard College（ED）录取

软件优势：

志愿者类：盲人学校志愿者、艺术志愿者、自闭症研究中心。

奖项：模型桥梁设计第一名、科学壁画竞赛二等奖。

实验类：植物研究小组、细胞实验室。

领导力：领袖俱乐部

案例分析：

李同学刚好赶上2014年的SAT作弊事件，美国高考SAT成绩被推迟，如果事先没有留学专家周全的规划和考虑的话，很有可能李同学跟其他学生一样只能坐等SAT考试成绩，无法顺利完成申请。为什么她最终被哥伦比亚大学录取呢？

首先，李同学从高一开始就参加了新航道腾飞计划美国留学直通车项目，2012年8月开始在新航道学校培训托福和SAT，同时办理留学申请。由于学生准备的比较早，留学专家很早就开始给她规划个人背景提升方案，

在高中前两年参加了很多适合她个性特长的课外活动。也有充分的时间提高语言能力，拿到了理想的语言成绩。

其次，为了帮助学生能够申请到更好的学校，留学专家还跟同学商量，建议她再去参加一门考试：SAT2，做两手准备，虽然 SAT2 的成绩也没有满分，但也取得了不错的成绩，其中化学比较难考，这位同学考到了 780，非常不错。而事实证明，在 2014 年 SAT 作弊事件出现后，这个 SAT2 成绩对学生的申请起到了巨大的帮助作用。

第三，据统计，通常申请到哥伦比亚大学的学生托福平均分为 110 分，SAT 为 1520，学生在成绩上是不占优势的，加上 SAT 成绩统一被延期，这对申请早申请的整个亚洲的学生都带来了不小的影响。但由于学生很早就跟留学专家在沟通，一直在新航道参加语言学习，专家们更清楚的知道学生身上的优点和缺点，虽然 SAT、托福成绩也不是那么优秀，但是留学专家根据学生的情况也迅速找到的应对的办法，在选校方面，结合学生的意愿和硬件条件，针对早申请做出了两套选校方案，最终选定 ED 申请哥伦比亚大学 Barnard College。此前，学生在夏令营中也亲身去过并喜欢这个学院。在文书思路方面，由于早年的准备做得很充分，因此文书素材非常有创意，通过中国传统的游戏阐述了深刻的道理，为录取加分，最终被哥伦比亚大学录取。

如今，申请美国大学的中国大陆学生约来越多，同时在美国读高中的中国大陆学生也陆续增多，竞争颇为激烈。如何在激烈的竞争中脱颖而出，就需要学生尽早准备留学准备工作，根据自身的特点选择最适合自己的学校，为留学申请把握正确的方向，最终取得理想的结果。

哥伦比亚大学（研究生）录取：寻找具有国际知名度的推荐人

姓名：张同学

毕业院校：北京航空航天大学，电子信息工程

硬件成绩：平均分88，托福100分，GRE 1250分

申请国家及专业：美国，电子信息工程

录取结果：哥伦比亚大学

难点分析：张同学是个非常聪明的孩子，GPA很高，在大学里傲视群雄的感觉让他自然对申请结果的期待非常高。但实际签约的时候，TOEFL、GRE成绩都没有，而且在专业项目、研究、实习等方面一片空白，可以说除了GPA没有任何亮点。按照美国大学的录取标准就是典型的高分低能，虽然可以很容易拿到美国大学录取通知书，但不可能进入顶尖大学，所以他申请的难度就在于怎样去提高他的软实力。恰好他在暑假前签约，所以我们有时间进行背景提升的规划。

规划设计：稳固GPA成果。GPA3.8是他在前期唯一的亮点，必须要重点突出。我了解到他的一些成绩比较好的同学也在申请美国的大学，那么跟同学之间的竞争会是首要问题。我们想了两个办法：第一，到学院里开出他的个人排名证明，155人中排第二，这比一个高分的GPA更能显示出他在人群中的比较优势；第二，我们自己做了一个专业课成绩单，结果又比总GPA高出了一截。这时我们可以确信，招生委员会拿到他的材料，会对他的超强学习能力确信无疑。

保证 TOEFL 过线。张同学选择的大学无一例外要求 TOEFL100 分。当他第一次托福成绩出来之后，95 分确实让我有些紧张，口语尤其低，只有 17 分。新航道有很多优秀的托福老师，我们给张同学介绍了一位口语几乎满分的托福老师，让她给张同学仔细分析他口语存在的各项问题，甚至亲自录了一套真题口语答案让张同学模仿学习，终于在一个月后口语提高了 5 分，总分达到了 100，这让我们和学生都如释重负。

寻找多个学术研究项目，必须包含高级别项目。没有项目就要去找，我们根据要申请的无线通信方向，找到本校这方面的教授，加入了他的实验室，参与了几个项目的研究。但是更高级别的项目怎么办？我建议他跳出本校的范围，到其他研究机构去试试，功夫不负有心人，最后在清华大学一个国家级重点实验室找到了一个非常前沿的项目。这样经过两个月的假期，通过我们一起整理搜集的素材和资料，张同学的学术背景显得非常强大了。而且，在做项目的过程中有幸认识了一些美国顶尖大学相关方面的教授，跟这些教授的交流对申请及套磁的过程都起到了关键作用。

寻找有国际知名度的推荐人。在这一点上我们也跳出了在本校找推荐人这个框框。经过努力，清华国家重点实验室的负责人同意为张同学签署推荐信，我们在推荐信中着重突出了张同学的研究能力，以及对无线通信方向发展的个人看法，使得整套文书显得更有深度。

提早进行套磁工作。很多人会说申请硕士不需要套磁，其实不然。我们找出了所有申请学校在无线通信方面的知名教授，主动表明自己的优势，得到了很好的反馈，甚至有老师主动邀请他参与自己的项目研究。

专家顾问点评：

张同学是个非常有激情且自信的学生，这样的性格在我们相互配合的过程中起到了非常积极的作用。他一开始一直打算自己DIY，并且做好了非常充分的准备，甚至他所了解的很多信息要比一些中介知道的还多，以至于在拿到录取通知之后还希望在我们留学中心获得兼职的机会。他当时找到留学专家是看重专家们的经验，向我们请教一些问题，通过沟通一些专业知识，了解和他情况类似的一些学生的详细申请过程。他非常清楚能从留学专家这里得到什么帮助，以及自己应该付出怎样的努力，以达到比他自己申请更好的效果，因此后来配合起来效率非常高。

康奈尔大学录取：兴趣广泛更要心怀世界

录取学员：屠同学

毕业院校：北京一零一中

硬件条件：托福117，SAT1540

申请国家及专业：美国环境科学

录取结果：康奈尔大学

屠同学有一个很显著的特点就是成绩优异、爱好广泛。在高中三年的学习生活中，各方面表现出色，在校成绩和出国考试语言成绩都非常优异。在校期间，他曾分别在一零一中学校理科和文科实验班就读，并担任过体委、学委等职务。北京一零一中作为北京市重点中学，和北京市高中示范校，本身在国外也有相当的知名度和认可度，学生在校内经历含金量也相对较高。在校外，屠同学积极组织参与圆明园义务讲解，并为打工子弟小学组织策划新年联欢会。在假期他曾赴山西"明星学校"支教，与那里的孩子们建立起了深厚的感情。

不仅如此，由于屠同学对社会公益表现出了浓厚的兴趣，为了让屠同学的社会实践经历更为出彩，更有"国际范"，2012年暑假，他还利用假期参加了尼泊尔的国际志愿者项目，独自前往尼泊尔，与世界各地的志愿者一起在当地孤儿院和乡村学校进行志愿服务。这段经历为他的申请材料添色不少。名校需要的就是这种未来能够奉献于整个世界的人。此外，他还有一段经历，就是坚持3年都跑马拉松，虽然从未取得过名次，但这个就是名校看重的成功者的潜质：坚持精神。

他喜爱旅行，对文化及语言有着浓厚的兴趣，在课余曾学习法语和俄语，并将在大学继续选修这些课程。优异的成绩、广泛的兴趣、丰富的履历与独特的文书使他最终被康奈尔大学录取。

斯坦福大学录取：学霸进名校也得加"科研"实力

姓名：王同学

毕业院校：中国人民大学

硬件成绩：平均分90，托福96分，GRE 1250分

申请国家及专业：美国，计算机专业

录取结果：斯坦福大学，南加州大学，纽约大学，北卡州立大学全额奖学金，雪城大学半奖

专家顾问点评:

该生是冒着放弃国内保研的风险来进行留学申请的,所以期望非常高。她大学成绩优秀,语言成绩、专业经历不突出,除了学习成绩较好外没有其他拿得出手的材料。这种情况下我们首先要做的是帮学生做一个全方面的合理规划。

学生是传统的学霸型选手,这是学生的优势但同时也证明了学生把大部分的时间用来做学术和提升成绩了并没有多余的时间和精力在其他兴趣和特长方面,偏偏国外的教育和国内的教育有很大的不同是非常注重学生全面发展的。所以团队老师当即做出初步规划,让她和本校的研究生导师联系,到实验室里给老师做助理,在3个月内积累了2个项目经历,写出2篇学术论文。文书中重点描述了作为一个女孩,她如何细心发现项目编程中的问题,如何用创新的办法来解决遇到的困难,这些经历正好弥补了学生实践能力的不足,当然仅仅靠这项是不够的。同时积极地和招生委员会及教授进行邮件和电话交流,使得最后的结果从能不能被录取变成了到底该怎样拒绝学校的盛情邀请。

当然在申请准备过程中,我们还建议学生在校刊上多发表计算机相关的文章,和本校的导师保持良好的关系,让自己本专业的导师作为推荐人也是能帮学生加分的。"优异的成绩+一套量身设计的精准文书+优秀的面试技巧"成功的让王同学将多所大学的offer纳入自己的囊中,尤其是斯坦福大学。

成功不是偶然幸运是需要很多的专业准备过程才有机会获得这份幸运,陪伴王同学一路上也有过不理解、不认同、疑惑……但是在学生的offer接踵而来的时候家长和学生才真正的理解，并发自内心对我们给予了由衷的感谢。

达特茅斯学院录取：GPA敲门，软件匹配赢录取

姓名：刘同学

毕业院校：北京四中

硬件成绩：平均分90，托福106，SAT 1410

申请国家及专业：美国本科

录取结果：达特茅斯学院

通常对于达特茅斯学院这类全球顶尖知名学府的早期申请者来说，因其每年在华招生人数仅有个位数，申请难度很大。

立足现有优势，扬长避短

刘同学的优势在于在重点高中就读，同时在校成绩优秀，劣势是SAT成绩低。幸运的是，根据我们的调查统计，达特茅斯学院在录取过程中将学习成绩作为首要标准，他们衡量学生能否胜任在校学习和研究的首要标准，主要依据其此前在国内高中或大学学习期间的成绩（GPA）和平时表现记录。鉴于上面的难度，并且在已经分析出学生的优劣势的基础上我们的团队老师更要在学生的背景和其他特长方面做更深入的挖掘，取长补短让美国招生老师发现学生的潜力。

解读目标院校，寻找匹配度

基于学生现有的优势和不足，我们对达特茅斯做了深入的调研，例如：

1、达特茅斯学院（Dartmouth College）的学子以喜爱体育和室外活动而著称，更是美国顶尖私立大学中体育水平最高的学校。我们指导学生着重阐述了他在学校运动会中发挥出的角色，和在青少年围棋比赛中的特长。

2、该校特别喜欢有独特兴趣的学生，正如达特茅斯学院前任校长傅雷德曼所说：他更喜欢那些"最大的快乐也许并不来自于与同学们交往，而是来自于写诗、拉大提琴、解数学谜语或是翻译卡度拉斯这种孤独的事情"的学生，他想让达特茅斯学院对这一类型学生更具有吸引力。

因此，根据达特茅斯大学历年招生的倾向我们也给学生安排了一些可以赢得大学招生老师加分的项目。比如学生曾经参加过学校组织的爱心公益活动、组织过学校运动会期间拉拉队、在一些报纸周刊发表过短文、参加过北京市的青少年围棋比赛等等这些都是可以从不同方面展示学生的能力，都是在为学生申请大学做准备工作。而在推荐老师的选择，以及用什么样方式推荐学生、什么风格的简历适合学生适合申请达特茅斯，还有学生申请本科段什么样的个人陈述更能凸显自身优势等等我们都经过了仔细的斟酌，精心准备了一份足以打动学校评审老师的完整的申请材料和申请文书。

期间，对学校反馈回来的信息，留学专家都会第一时间让学生获悉，同时对其进行专业性的指导，跟学生一起认真做好反馈整理。在申请过程中会出现大学临时增加个别材料或需要学生补充信息等，这些信息都是需要学生在第一时间了解到并且和专家老师第一时间做好给大学的回复。

与此同时，留学专家还跟学生一起准备 10 月份的大学面试，因为这是大学能否给学生发 offer 的关键，也是最后一步，需要学生严肃认真对待，专家老师会帮学生安排面试辅导，在接到大学的面试邀请邮件时首先安排好自己的时间，然后通过大学官网了解招生老师的信息等等，环环相扣，刘同学最终拿到了录取通知书。

伊利诺伊大学香槟分校：成绩平平就得靠软实力加码

姓名：任同学

毕业院校：首师大附中

硬件成绩：平均分 85，托福 79，SAT 1400

申请国家及专业：美国，土木工程

录取结果：伊利诺伊大学香槟分校（综合排名 39，专业排名 2），加州大学圣迭戈分校（综合排名 35，专业排名 15）

难点分析：任同学的自身条件非常一般，毕业院校也不是很突出，语言成绩也比较差，当时家长要求只进美国排名前 40 的学校。而且来签约的时间比较晚，没有时间再参加考试了，所以只能深层发掘他的一些经历和活动来下功夫。

规划设计：任同学的家长带着朋友为孩子写的推荐信和申请文书等材料给我们看，认为成绩和写作材料都有了，无非就是我们帮着申请就行了。我们看过后，马上分析了内容和构架的不足，并认为，所有写作材料必须全部废掉，否则不能签保前40的合约。家长听了我们的写作想法后，频频点头，认为我能深入挖掘孩子的潜质并有效地运用到写作材料中。

之所以全盘否定了学生自己准备的文书，原因有三点：

首先，学生自己的文书没有重点，无法让老师了解学生自身的亮点，这在申请中是很关键的。尤其是排名前40的大学对于申请者的要求更为严格。需要挖掘学生更多信息和潜力制作更适合申请用的文书。

其次，土木工程专业更关注学生的实践动手能力，想要申请到TOP40的美国大学就更要提升自身的实践能力。

第三，再有申请者的推荐人也很重要，学生只是找了自己的班主任和一个非专业课的任课老师，这无非在申请中都给自己扣了分，再次提醒申请者注意，只有优异的成绩不足以在申请中脱颖而出，还需要学生的实践能力和其他加分优势才能有机会获得美国大学的青睐。

通过和任同学的进一步的沟通发现，学生还有很多优势被忽略掉了，比如参加过全国的竞技比赛、组织过募捐活动、还有歌唱方面的特长等等。重点突出学生的实践能力，美国的大学就综合评估学生，有时候大学的招生老师在面对同等条件的学生往往一些个人特长、背景就能帮自己顺利获得offer。虽然不是必要项但是在申请中这些绝对是个人加分项。因为每到申请季美国大学的招生老师是非常辛苦的要面对来自全球不同国家的国际生的申请材料，所以在这种情况下有一套吸引人的专业申请文书是很重要的。

接下来我们重新找到了适合申请的推荐老师和推荐人，其中有学生相关理科的任课老师，这样能让美国大学的老师了解申请者在学习过程中的实际学习能力和学生逻辑思维的能力。

最后，在选校上，根据学生要求，结合综合排名和专业排名来选择学校，然后结合学生看重的学校的软件条件来选择。在写作上，结合他父母的工作及孩子物理、数学方面的特长来写作，毕竟土木专业很喜欢有这方面特长的学生。最后，学生的申请肯定不能局限在网申及快递纸质材料，必须要经过一定的套磁，每个学校我采取的套磁方式是不同的，因为每个学校喜好的学生有所不同。当两所学校的录取通知书下来后，家长和学生都很高兴，毕竟伊利诺伊大学一直是孩子喜欢的学校，而且该校理工科和商科都非常有名。

罗彻斯特大学录取：从社区大学转入顶尖名校！

姓名：石同学

毕业院校：美国某社区学院

硬件成绩：GPA：3.5 TOEFL：96

申请国家及专业：美国数学与统计（申请转学）

录取结果：罗彻斯特大学、宾夕法尼亚州立大学、匹兹堡大学、普渡大学西拉法叶分校

软件背景：参加过加州大学伯克利分校的 Summer School

喜爱编程的她，误入社区学院

石同学是申请 2015 年春季的美国转学生。此前就读于旧金山一所两年制的社区学院。

从小出生在工程师与银行家家庭的石同学对理工学科很感兴趣，初三的时候就开始掌握初步的编程知识，到了高中的时候已经能够掌握两门编程语言（Python，C++），在学校的时候也在做班级的多媒体管理员。高中毕业后选择出国读计算机专业，但是由于托福和SAT成绩处于一般水平，又被当时的中介公司误导，导致出国后就读于一所社区学院。

DIY转学失败，丧失信心

经过在社区大学两年的学习生活与种种经历，石同学决定转学到综合性大学。在大一下学期便开始了DIY转学申请，此次石同学共申请8所学校（排名从80-100不等），然而DIY转学并不那么顺利，最终她并没有获得任何一个学校的录取。此次申请失败不得不使她继续在社区学院上学。通过朋友介绍，石同学找到了新航道，希望我们能为她力挽狂澜。

深挖其优势，触碰TOP50名校

第一次与石同学取得沟通时，已经是八月底，这次她对自己的申请不仅没有信心，而且时间上已经非常紧迫。通过一次次的选校与规划，最终我们选定申请能够结合计算机，数学，金融三个专业的方面进行申请，因为石同学有这三方面的基础背景，在转学到统计学专业那无疑是很有优势的。学校方面，她最初的愿望是能申请到综合排名前80名的学校就可以，然后通过发掘她的潜在优势，我们认为石同学的完全可以申请到前50名的美国大学，这也给与了她极大的鼓励。

进入九月份，我们无数次的通过网络与石同学彻夜沟通文书（essay）素材与内容（因为此时她一直在美国读书），由于罗彻斯特大学的essay题目对石同学来说十分困难，当时她并没提供出符合题目的素材，又是在时间很紧迫的情况下，我们的文书团队经过多次分析与修改，终于完成了一套内容较完美的申请文书。递交所有学校的申请后，才过了一个月，10月份石同学就收到了来自匹兹堡大学的第一个录取，当时石同学兴奋不已，不敢相信自己能够去一所排名60左右的综合性大学去读书，第二天就缴纳了学校的定金。罗彻斯特大学随后发来了面试邀请，我们又开始彻夜的沟通，辅导面试技巧。面试后，罗彻斯特大学面试老师告诉她录取结果会在两周之后给出，然而石同学对自己的表现比较失望，觉得没有超常发挥，在语言描述上有些繁复，觉得自己被这所学校录取的几率已经很渺茫。

转眼到了11月初，石同学又陆续收到了普渡大学，明尼苏达大学等4所学校的录取。当然还有宾州州立大学的录取，得知自己获得PSU的录取时她又一次激动不已，随后便在第一时间办理了转学手续和转学分等事宜。但是我告诉石同学不能放弃之前参加面试的罗彻斯特大学，因为在11月期间，我们一直与学校保持着邮件沟通。

终于，在石同学已经办理好所有宾州州立大学的转学手续后，我们收到了罗彻斯特大学的最终决定，录取石同学成为2015年春季数学与统计专业的转学生。

目前，我们正在帮助石同学办理从PSU到罗彻斯特大学的转学手续及后续事宜。在她经历了从美国西部到东部，社区学院到顶尖名校的申请之路后，也即将开启她在顶尖学府的求学旅程。

美国中学录取 1

姓名：赵同学

背景：北京 11 中学 TOEFL:78 SSAT1860（百分比是 4%）

录取结果：The Williston Northampton School（威利斯顿诺塞普顿中学）、Cheshire Academy（柴郡中学）、Ross School（罗斯中学）

兴趣爱好：喜欢打篮球、搏击、钢琴

专家点评：

赵同学签约进来的时候已经是申请的高峰期 12 月份，这个时候刚刚签约着实相对有些晚，高中的申请很繁琐细致。留学专家第一时间联系家长，沟通孩子的详细情况，当时孩子还没有任何语言成绩，最重要的是美国高中的申请截止日期基本都是一月初，留学专家要在不到一个月内完成：选校——文书——申请——预约面试——送分等一系列工作。

首先，我们开始紧张忙碌的选校。由于学生没有语言成绩，给选校增加了很大的困难，根据美国高中的特点，我让家长一一对地理位置，AP 课程设置，学校男女比例，课外活动等等一系列做出了筛选。确定学生基本想要就读的学校概况，我们根据这个概况再去筛选学校。学生的父亲对于美国的学校了解度几乎为零，为了让家长更加详细清楚每个学校的概况以及更清晰的对比，留学专家不仅仅给家长列出了详细的对比表格，同时应家长的邀请到家长的公司，利用他们公司的投影仪给家长以及学生详细的介绍每一个在家长选出来的概况中的学校，每天几乎都忙到十点多，终于在一星期内圆满的确定了申请的学校，家长对此很满意。

其次，文书和申请，文书的创作又遇到了困难，第一，孩子对自己的了解度比较低，无法判断哪些为可用之材，我就找孩子聊，让孩子把自己在学校，在家里，以及他各方面的兴趣爱好详细的和我交流一番，终于可以把学校的 essay 全部完成；第二，要面对的是家长的 parent statement，家长对此更是茫然，尤其是面对那些英文题目。我不仅要给家长翻译好题目，更要和家长交流探讨从哪个角度去回答学校的问题。所有的 essay 都顺利提供好素材，我们的申请老师在第一时间完成了学生的全部申请。

然后，面试，这是高中申请取得 offer 的一个重要环节。不仅要对学生面试做培训，更要给学生预约好每个学校的面试，预约面试我们不仅仅是预约成功，我们还考虑家长带着孩子到美国面试，尽量可以更加方便，更加节省时间，有效的完成面试。我们根据学校的面试时间表和地理位置，给家长和孩子制定了一个最佳的面试顺序。

最后，送分，学生的托福没有考到理想的分数，并且 SSAT 的百分比只有 4%，申请高中一般都需要 60% 以上。这个时候我们开始有了一些紧张和危机感。送分之后，我们尽力想办法去弥补学生分数这个硬性的短板。我们此刻不仅仅是希望面试中学生给面试官留下了深刻的印象，同时我们还联系到了一个校友，让他们进行交流，他们的交流很愉快，这个校友也帮助学生向学校反馈了很多重要的信息以及语言的情况。

最后，学生获得了多所学校的 offer，尤其是 The Williston Northampton School 威利斯顿诺塞普顿中学这是我们预料之外的惊喜。

美国中学录取 2

姓名：Hu 同学（美籍）

背景：北京某国际学校 SSAT 2150

申请年级：9 年级

录取结果：Besant Hill School of Happy Valley.

专家点评：

学生是出生在洛杉矶的美籍华人，在初期沟通的时候就锁定了洛杉矶地区的寄宿学校作为申请的目标学校，在申请前的准备工作中，留学专家多次跟学生沟通，深入挖掘学生的特色亮点后发现：1、学生受到家庭的影响对电影导演相关的内容非常感兴趣，因此在包装学生软实力方面进行的重点突出和体现，进行精心的材料设计。同时，为了体现中学生活泼上进的特点，写作老师在简历和小作文的制作和润色中也下足了功夫。同时让学生制作了海报等体现自己能力的加分材料，为软实力的提升加码。

在硬件条件上，学生也考出了 2150 分的 SSAT（中文称为"美国中学入学考试"，满分 2400 分），也让申请多了一份信心。在面试环节，留学专家积极向学校申请为学生争取到了最佳的面试时间，同时对学生在面试技巧上进行了全面的培训和指导，学生也亲自去美国跟招生官进行了面试工作。最终拿到了洛杉矶知名寄宿学校 Besant Hill School of Happy Valley 的录取。

（案例来源：新航道前程留学）

艺术留学案例一：

  姓 名：刘同学

  毕业院校：西安美术学院环境艺术专业

  硬件成绩：雅思5.5，GPA 84%

  优 势：基本功扎实，表达欲望强烈，想法多

  劣 势：准备时间较短，转专业申请平面设计，英文弱

  申请结果：伦敦艺术大学（是全世界最优秀的艺术学院之一，2019QS世界大学艺术与设计排行榜第二名，本科排名第一）、金斯顿大学、南安普顿大学

  专家点评：努力，外向且充满艺术天赋

  学生设计天赋很强，但是要获得伦敦艺术大学的录取，不单单设计能力强就可以，对艺术的理解、作品的体量、面试现场的发挥都非常重要。鉴于学生是转专业申请以及目标学校对本专业背景的看中，我们安排了跟学生有相同经历的老师负责学生的教学计划设计，在作品里充分表现了空间和平面的交融，这部分为学生成功获取教授信任、拿到录取起到了至关重要的作用；面试过程中，虽然学生的英文较弱，但是外向的性格以及积极的表现欲望为学生在面试现场获取录取助力颇多。

  学生自述：没有热爱到不了的地方

  我本科就读于西安美术学院建筑环境艺术系，一路过关斩将考上美院，但是发现国内美院的教学方式并不是我想要的，是一种常规的、在框架内

的教学模式，老师让我们怎么做我们就怎么做，除了艺术氛围不错，其他都罢了。再加上我从小就开始画画了，对于色彩和设计都还蛮有自己的想法的，所以萌生了想要出国读研的念头，想在自己喜欢的领域更深入地研究。

说到性格，我的性格从小到大都是比较叛逆的，我在朋友的眼里一直都是一个比较会活跃气氛的人，平时看着吊儿郎当，但是认真起来丝毫不含糊。

其实本科我本来就想学习视觉传达，但是由于家人做建筑师，就想让我学景观设计。但是在大学期间我对于景观设计的兴趣一直提不起来，反而坚定了我想学习视传的想法。所以我经常用课余时间看公众号、看设计类的书籍，去学习别的平面设计大师对于视觉的不同处理手法，在这个过程中我其实非常享受的，可以将平面与装置、影像、fine art 等等结合是非常有趣的，而且是让我很有成就感的，毕竟兴趣是最牛的老师嘛。

面试其实我准备了两个星期，因为我是现场面试，要面试一个多小时，这对我的英语水平是一个很大的挑战，所以基本每天都在背专业词汇和整理逻辑。其实跨专业被直接录取研究生是很难的（招生办老师说的），所以我其实面试前心里一直很害怕，也没底，但是没想到现场我超常发挥了，面试官问我的问题我都挺流利回答了出来，再加上我性格是一个很逗的，所以我和教授也是有说有笑地进行，后面竟然还来了一个教授，两个教授一起面我，这我是万万没想到的，最后拿到了当天我这个专业唯一一个直接录取研究生的 offer，也算没有辜负自己的努力。顺便说一下，面试的时候充分发挥自己的人格魅力是非常重要的，我们去的是世界 TOP 2 的艺术大学，他们要的是 unique 的学生，无论是你的作品集还是你个人本身，而不是平庸无奇没有亮点的人。

　　对于跨专业申请的同学有个建议，你必须在面试中展现出非常深的对于所跨专业的理解。我当时说了非常多我喜欢的该领域的大师以及我对他们的看法，也表达出我想在研究生阶段研究 Marriage Equality 这个主题，所以面试官认为我对于这个专业有自己的深刻理解，那么接下来拿到直录也就是顺理成章的事情啦！

　　申请中困难那真的是太多了，哪里都难，作品集到了后期根本做不完，离 deadline 还有一两个月的时候，我天天熬夜到凌晨两三点画图，又要保持速度又要保持质量，那段时间我简直要自闭了！但是幸好，这是我喜欢的专业，即使再累其实也会很欣慰，毕竟能够做自己喜欢的事是很难的。

　　最后还要表白下 AF 国际艺术教育，其实 AF 我真的真的真的很喜欢，很有人情味，很舒服，和所有老师都可以像好朋友一样的，也可能我每天都在 AF 熬夜画图的原因，就像我第二个家一样。更重要的是在这里我学会了如何用批判思维去看待艺术本身以及社会中存在的现象，更懂得如何自主的进行学习，从前期调研到落实，以前在学校的我是非常依赖老师的，但是现在真的不一样了，自主学习永远是最重要的，这是我在 AF 收获到的最重要的一个点。

　　最后的最后，送给学弟学妹们一句话，永远要记住一句"相信你能行，你就一定能行"，在做作品集的过程中真的不仅考验你的思维和技术，更考验你的心态和你能不能坚持，认真对待每一张画，每一张作品，offer 是留给有准备的人的。还有就是我和我小伙伴经常互相鼓励的一句话"God is watching you."，这句话可以提醒我们不能再放松了，不然老天是不会把成功交给你的。

艺术留学案例二：

学生姓名： 刘同学

毕业院校： 国内普通一本数字媒体艺术专业

硬件条件： GPA 88.67，雅思未考，英语六级，有参与国家科研课题的经历，发表三篇论文，十一项软件著作权，参与了一些国家和省级的比赛

录取结果： 皇家艺术学院、伦敦艺术大学、爱丁堡大学、伦敦金史密斯学院、格拉斯哥艺术学院

学生自述：一波三折，终获硕果

在2018年的暑期，当时我正在参加某985院校研究生的暑期夏令营，我当时想着凭着我的条件拿到它的录取应该不是什么大问题，而且和那个学校的导师聊得很投缘。但是我又听说我所在的学校对于保送外校研究生都是处于一个很保守的状态，他们更希望把这个所谓的保送名额留给保送本校的学生，但是我为了保研从大一就开始了准备：泡图书馆，四六级刷题，各种参与科研项目与比赛，我总而之不想就这么放弃，也想为此一搏。但是我又不想到时万一失败了，同时也错过了找工作的最好的时间，因为为了参与这个夏令营，我推辞掉了一份腾讯的暑期实习机会，这个是可以转正入职的最好途径，于是，出国留学就成为了我的备选。

对于出国留学完全是一头雾水的我，为了最大的少走弯路，我决定报名对应的留学教育机构，当时在长沙的我实地走访了很多机构，最后选择了AF国际艺术教育，一是因为各方面聊得比较投机，老师对留学的相关信

息掌握得比较全面；另外我想申请加拿大的学校，AF 就帮我联系到了远在加拿大的对应学校的池老师，这对于申请加拿大的学校非常有帮助。

之所以第一选择加拿大是因为从各方面了解到加拿大的数字媒体产业比较发达，与美国的电影游戏动画产业的结合度高，当时我就敲定申请加拿大数字媒体中心、艾米丽卡尔艺术与设计大学、安大略艺术与设计学院、诺瓦艺术与设计大学及英属哥伦比亚大学。

接下来就是漫长的语言学习与等待申请，没有结果的等待就往往会滋生各种各样的焦虑，我从毕业一直到年底这段时间，中间几乎要放弃留学这个想法，第一就是因为家里的经济状况的变化，二是加拿大的语言要求小分所有单项要达到 7 分，对于我来说压力巨大。中间家里人也一直给我介绍工作去某知名大型国企，我也在糊涂中几乎答应。

幸好在这段时间中 AF 的老师和我反复沟通，最后将我的加拿大的申请计划转移到了英国，于是我就以此选择了英国的排名前五的五所艺术院校专业，并推荐给我在伦敦艺术大学毕业的张老师辅导相关的申请，由于转变了申请的学校，各类的排版和其它附件要求就各有不同，比如皇家艺术学院要求拍摄一个 2 分钟的自我陈述视频，伦敦艺术大学则需要交一份未来的项目 proposal 等等，张老师就细心地指导，有求必应。在之后在准备格拉斯哥艺术学院的面试时，也对我准备的材料反复检查，于是在一月初，我就顺利地拿到格拉斯哥艺术学院的 MA Communication Design 的 offer。

（案例来源：AF 国际艺术教育）

行动指南：开始你的留学规划

列出目标院校所需申请条件清单及完成清单的时间表？

申请条件	目标院校1	目标院校2	目标院校3	难易程度
标准化考试成绩				
在校成绩				
学术活动/课外活动				
体育活动				
申请文书				
推荐信				

· 根据申请条件完成的难易程度标记星星，根据难易程度进行合理的时间分配。

　　做好了，一个一个超额完成，你的名校offer梦想将超出你想象！进入下一章！

第五章

如何选择最适合的
学校与专业？

人生是一个不断选择的过程，可以说我们现在的结果就是因为过去所做出的选择。同样，对于留学生而言，能够留学成功，很大程度上取决于他入校时所做出的选择。在我看来，美国名校申请过程就是一个追求"双赢"的过程，站在学生的角度而言，我们需要找到能够提供专业知识，优质教学和校园环境的学校，以实现留学目标；而站在学校的角度，它们则希望录取的学生能够在学校的帮助下学有所成，事业有成后可以回馈学校，所以，选择学校时一定要"两情相悦"，才能拥有一个快乐而充实的留学生活。

如何选择美国高中留学

与出国读本科或研究生的人不同的是，出国读全日制初高中的学生大多就读于私立学校。以美国为例，据统计，2014 年赴美接受中等教育的国际留学生中有 48632 人（约 67%）是全日制注册读取学位的，其他 33% 的学生则主要是因为交流项目，将近 95% 全日制注册接受美国中等教育的学生就读于私立学习，剩余 5% 就读于公立学校。而接受美国高等教育的国际留学生中只有 35% 的人选择了私立高校，近 65% 的学生选择美国的公立大学。

美国现有三万余所高中，遍布美国 50 个州及哥伦比亚特区，主要分为公立高中、私立走读高中和私立住宿高中三类。其中公立高中和私立走读高中共有 29000 多所，私立住宿高中（Boarding School）共有 300 多所。

公立高中的经费一般由政府资助，学校的硬件较好，学校的规模一般有几千名学生；相反，私立高中走的是"小而精"的办学路线，规模不大，一般几百名学生，每班班级人数较少（师生比例一般在 1:6 至 1:16 之间），拥有一流的生源、一流的师资队伍和一流的教学质量。私立学校学生可以直接申请 F-1 学生签证，而公立学校只能申请最长 1 年的 J-1 访问学者签证（法律规定 J-1 签证两年内不能再签美国）。相比之下，私立高中教学标准更高，师资力量更强，对学生更加关注。特别是寄宿中学，学校提供更广泛的课外活动，如体育、艺术、学术和社区服务，毕业生升入名校的机会比公立学校大得多。绝大多数中国学生赴美读高中会选择私立中学。

私立寄宿中学

全美国有300多所私立住宿高中，私立住宿高中除了具备私立高中的条件外，一般都有100年以上的历史；校园规模大，条件好。美国的社会名流、工商及政要界人士的子女一般都选择私立住宿高中。选择美国私立住宿高中，一般可入读美国前100名的大学。

美国的寄宿学校大部分是男女合校（200多所）、也有一部分男校（50多所）和女校（40多所），可根据孩子和家长的喜好选择，大部分学生会选择男女合校。美国寄宿中学是早几年中国学生的主要选择，因为中学生赴美留学最关键的不是学校的质量问题，而是解决食宿和监护人的问题，寄宿学校在食宿和监护人的事情上有现成的资源可以帮到学生。

当然，正因为私立寄宿高中在全美只有300多所，同时面向全世界的学生开放，就更显得资源稀缺，因此在申请竞争上非常激烈。以私立寄宿前30的学校为例，近年来申请学生的申请基本条件要达到GPA全优、托福100以上、SSAT要达到前15%左右；除了这些基本的条件以外，学生在家庭背景以及个人性格和特长上都需要具备相当优质的条件。从申请准备上要提前两到三年才有可能申请到理想的学校。

私立走读中学

美国有上万所私立走读中学，近几年随着食宿与监护人问题的解决，越来越多的走读中学可以招收中国学生了。目前就读走读中学的人数已经超过了就读寄宿中学的人数。

美国私立走读中学的食宿模式主要有三类：

1、专业的寄宿家庭服务公司帮助学生寻找合适的寄宿家庭和学校申请；
2、一些美国学校帮助学生解决寄宿家庭；
3、集中住宿，然后分散到所在社区的学校去就读。

现在越来越多走读学校也要求学生提供托福或者小托福（TOEFL Junior）成绩，近期还有部分学校可以接受 SLEP 测试，申请走读中学的准备周期会短一些，一般有一年左右就可以了，晚一点也要提前半年。

美国公立中学

到美国读公立高中有两种选择：第一以留学生身份（F-1），可以入读时间为半年或者一年；第二以交换学生身份（J-1），入读时间为半年或者一年。优势是费用低，劣势是时间短。它适合条件优秀、同时对费用和预算有要求的学生和家庭。

申请美国高中的时候，选校是大家一直在讨论的一个重点和焦点话题。如何选择一个合适的高中呢？大家可以从如下几个方面入手。

从学校的录取要求，结合学生的语言条件来选择

美国中学的教育体制是从 7 年级到 12 年级，其中 7 到 9 年级对应国内初一至初三，10 到 12 年级对应国内高一至高三。美国高中对学生的综合素质培养非常重视，学校的选修课程非常丰富，因此学生的能力和潜力能够得到全面的发展，这些也是美国知名大学衡量学生的标准。对于不想在国内读高中或者未被重点高中录取的中国学生来说，赴美读高中已经成为一个全新的选择。

根据学校是否寄宿来选择

美国高中学校分为寄宿制高中和走读制高中，各有利弊。学生可以根据自己的需要来做选择。

根据学校的学生性别情况来选择

美国高中分为男女混校以及单性学校（男校或者女校），学生要根据自己的想法和需求来做选择。单性学校一般除了跟其他学校一样的教学内容外，还有一些有针对性的课程，如女校就会有涉及女性特点的课程，女性的仪态、礼仪等。男性学校就会针对男性培养男子的责任、力量、如何对待女性等等的课程。

根据学校的背景来选择

美国高中从学校背景上可分为有宗教背景的学校和无宗教背景的学校。有宗教背景的学校管理上比较严格，有的学校还需要学习神学等课程。美国人大多都有宗教信仰，他们的社交活动也是建立在宗教活动上的，很多都是教会组织的。因此，懂点宗教方面的知识对与当地人交往沟通具有很重要的意义。

根据学校的地理位置来选择

学生可根据自己的喜好及具体情况来做出选择。地理位置没有好坏之分，关键在于自己需要什么。一般美国东部和西部比较发达，交通也比较便利，但费用比较高，竞争也比较激烈。美国中部相对比较纯朴，费用比较便宜，但交通相对不便。

根据自己的特长结合学校的特点来选择

美国高中非常重视学生的特长和爱好，运动、娱乐和教育一样发达，学校的运动娱乐水平直接反映出学校的综合指标。不参与美国的运动和娱乐活动的留学应该说是不完整的留学。美国学生的娱乐和运动特长在申请大学时对申请奖学金及录取起着重要作用。所以如果你有一个特长，就要选择具有该项目的学校，学校可以继续培养你的这个特长，你也可以给予学校更多的帮助。

美国大学分类及特点

提到美国大学，不得不说一下 University（大学）和 College（学院）的区别。通常 University 是综合性大学的统称，大学里有本科生和研究生，属于规模相对较大、综合性较强的学校；College 一般就只有本科生，规模要小些，但这不是绝对的，口语当中往往两个词会通用。美国大学大致可以分为三类：综合性大学（University），通识教育文理学院（Liberal Arts

College）和社区学院（Community College）。

综合性大学

综合性大学就是我们所熟知的大学或理工类学院，类似中国的"大学"。这类大学通常规模较大，有数千到几万学生不等。大学里除了设有颁发本科学位的学院之外，也设有各个研究院、商学院、工学院、新闻学院、法学院，或者其他"职业性"学院。最为中国人所熟知的美国综合性大学，如哈佛大学、斯坦福大学、耶鲁大学、普林斯顿大学、宾夕法尼亚大学等，都属于这一类大学。在大学教育阶段，综合性大学的许多课程都是由研究生代为教授。特别是最初两年的大学普通教育课程，基本都是助教上课，而且都是大课堂，学生很多，上百甚至上千的学生在一起上课不算罕见。学生往往都与教授没有接触。因为研究生要靠教书来挣奖学金，因此，研究生做大学生老师的现象很多，造成很多有名的大学的本科阶段教育并不一定是出色的。

在综合性大学里，尽管大学本科教育是很重要的一部分，但是，它们的优势更集中在研究生教育。尤其是世界顶级名校更注重学术研究，这里拥有世界最先进的教学设备，最优秀的师资力量，保证了学校的教学质量。之所以称之为综合性大学，是因为在这类大学里，专业更细化、更丰富，学生有更多的专业选择，如人文学科、自然学科和社会学科等。同时专业课、基础课和选修课也都多种多样，选择范围很广。这样更有助于学生们学到更深层次、更广领域的知识。你不但可以接受本科教育，而且在校期间有更多机会与研究生院的教授和学生接触，有机会了解到研究生课程的更多信息，这无论对于学生的继续学习还是就业发展都是非常有帮助的。

在校园环境方面，由于在校学生人数比较多，因此，更能感受到大学的氛围和文化以及大都市的气息。丰富多彩的校园活动、众多的社团组织、各种类型的研究和实习活动让在这里就读的学生有一个多姿多彩的大学生活。

如果申请时已取得了理想的托福或雅思成绩，希望申请排名靠前的大学，接受综合性学习，充分感受美国大学浓厚的文化氛围和国际气息，那么综合性大学则应该作为你的第一选择，因为这些大学综合实力更雄厚、在国际上的声誉更好、认可度更高，当然相应的竞争也会更激烈。

通识教育文理学院

Liberal Arts College字面理解应该是人文教育学院，但是为什么不能把它翻译成人文教育学院而翻译成通识教育文理学院呢？因为文理学院不是只进行人文教育，这类学院教育的内容有三大块：自然科学，社会科学和人文学科，人文教育只是文理学院内容的一项。

长期以来，国内学生和家长大都只知道以常春藤盟校为首的综合型大学如哈佛、耶鲁等，这与前几年以出国读研究生为主的留学热潮是分不开的。而文理学院没有研究生院，所以中国人不熟悉。然而如今越来越多的学生开始低龄留学，高中生逐渐成为留学主要人群，文理学院作为美国优质的本科教育的代表就不得不了解。

与综合性大学相比，绝大多数文理学院以本科教育为主，坚持通才教育，只有少数学校提供硕士教育或研究项目。学校注重全面综合教育，设置课程包括艺术、人文、自然科学、社会科学等门类。很多学校不提供工程、医学等职业性较强的专业，这也是它并不为国内所熟知的一个重要原因，但它却更有利于发展和凸显本科教育的优势。在大部分美国人心目中，文理学院往往代表着经典、小规模、高质量的本科教育。美国有相当一部分学生从这些文理学院获得学士学位。许多文理学院的学术声誉往往不逊于哈佛、耶鲁等名校，因而成为贵族教育的首选。

文理学院专业划分没有综合性大学细致，学校会要求学生接受全方位的教育，学生毕业以后更能适应研究院或者其他方面的工作。文理学院的成功在于它们一贯坚持的办学方针，即关注每个学生作为个体的成长和发展。其目标不在于教会学生某些具体的谋生技能，而是从多方面对学生进行教育，使其成为一个高素质、有教养的文化人。由于这类学校规模较小，实行20人以下的小班授课，所以学生更容易融入美国文化。威廉玛丽学院、阿莫斯特学院、斯沃斯莫尔学院等在美国都非常知名。这些文理学院的根本宗旨就是全力以赴关注大学本科教育，因此，美国最好的大学教育通常是在这样的学校里。美国前总统奥巴马当年高中毕业后，也曾就读一所文理学院，后来才转到常春藤盟校。（据统计，全美大约有20%的学生有过转学的经历。）

在教学师资上，虽然文理学院教师也做研究，但为学生上课是他们的主要任务；文理学院的教授在办公室的时间多，学生可以随时到办公室请教问题，使各种问题能够及时得到解决。因文理学院班级小，所以老师对每一位学生都很熟悉，学生受关注度更高。同样，同学之间的关系也更为密切，更容易与来自世界各地的同学建立起深厚的友谊，这对培养学生的沟通能力和领导能力非常有帮助。

社区学院

　　社区学院的教学目的主要是为社会培养技术操作型人才。在国内，很多家长和学生认为社区学院相当于国内的大专，其实两者还是有很大差别的。国内学生读完专科之后，如果想要升入本科继续学习，就必须参加本科学校的考试，难度并不低。并且，很多专科升入本科的学生在本科毕业时，毕业证上还会注明该学生是由专科升入本科的。但是在美国，从两年制学院转入四年制大学时，只要学分足够，就可以直接申请继续读大三、大四，直至毕业。学生的GPA分数较高时，就可以申请全美排名靠前的四年制大学。

　　对于大部分中国学生而言，之所以选择社区大学，最重要的原因就是看重了社区学院作为美国名校的"桥梁"这一重要因素。美国社区学院实行"转学教育"，为有志于到大学继续学习的高中毕业生开设两年制的课程。转学教育提供大学学士学位的前两年课程，大学承认社区学院的学分，为学生成功转入公立或私立的四年制大学创造条件，同时还提供其他选修课程。几乎所有的美国大学均接受从社区学院转入的学生。当然社区学院还有一个教育重点，就是培养专业的技术人员或专业熟练的劳动人员以及为在职人员进修或补修某些课程。

　　对于急于出国留学但是又没有取得相应的语言成绩、GPA不够理想、或者标准化语言考试成绩不理想的学生，社区学院是一个比较好的选择。

因为社区学院具有其他学校不具备的优势：

1. 招生门槛低。对国际学生要求不是很高。

2. 学费较低。通常社区学院学费比公立大学和私立大学要低很多。

3. 提供 ESL 实用语言培训，免托福和 SAT。社区大学一般都提供专门的 ESL 语言培训，所以学生申请时不用提供托福和 SAT 成绩。学生入学后可进入 ESL 英语培训中心参加英语培训。社区大学的 ESL 培训课程主要为将来学习做准备，侧重在学术英语培训。学生只需通过社区大学的 ESL 测试，就可以正式入读大学课程。

4. 入学灵活，申请时间短。如果直接读社区大学专业课程，一般可 9 月份、1 月份入学；如果需先参加 ESL 英语培训，则只要 ESL 开课，就可以申请入学。和四年制大学不同，社区大学一般 3~5 个月就可以办理完申请、签证和入学的全部手续，为广大学生和家长节省了大量宝贵时间。

总之，不同的学生要结合自身能够达到的申请条件，同时对比各类型学校的优势、劣势，找到最适合个人成长与发展的学校教育资源，对号入座，适合自身发展的学校才是最好的。出国读研究生，可以首先考虑综合型大学；倘若基础不够好，但是又要急于出国，可以先选择社区学院，经过两年的学习后，通过努力再转入心仪的大学；而对于计划出国读本科的同学则可以选择文理学院和综合型大学，在文理学院学习后，如有继续深造读研的打算，可以转入综合性大学。只要肯努力，只要有明确的目标，一定可以殊途同归！

择校时应综合考量的因素

对于大多数学生而言，留学前对于目标院校的熟悉程度非常有限，往往来自于一些名人经历或老师的介绍，或者是出于对名校的崇拜，然而他们即将面对的是一个截然不同的校园。他们即将在国外大学度过人生最重要的几年，因此对学校的了解就显得非常重要。除亲自前往了解外，对于一些没有条件的学生，可以通过国外高校网站获得大量信息，如学校开设的课程、专业设置、师资力量、班级情况、学生课外活动、奖学金情况、毕业生流向、申请要求等。如有机会还可跟学校在各地区的代表进行联系，获得更详尽的介绍资料。

1. 专业资源与学术能力

能够在理想的学校学习理想的专业，这对任何一个学生而言都是非常幸福的，但是很多时候我们需要在两者之间做出取舍。很多大学之所以能够成为名校，并非因为所有专业都有实力，而是因为个别专业的顶尖。与其挤破头进入排名更靠前的学校，不如将目光放在专业排名上，选择一个专业排名靠前的学校，而不是注重学校本身的排名，因为专业知识与技能将陪伴你一生。很多哈佛学子反映：他们在学校期间感觉不到哈佛的教授是为了他们，他们进入哈佛其实并非为了它的教育，而更多的是哈佛文凭带给学生的荣誉。其实"你毕业于哪个学校"这一问题的重要性将随着时间慢慢淡化，剩下的就是你的生存之本，而生存之本很大程度上是与专业分不开的。很多事业有成的人士并不是名校的毕业生，他们成功的秘诀绝对不是上了哪所学校，而是如何用自己的个人品质去珍惜大学的学习经历和机会。这也是大学录取学生的一个考核关键点，大学希望学生通过在大学期间充分利用现有资源将自身潜力发挥到极致。

大学之大，不在于有多少大楼，而在于有多少大师，有多少领先的学术成果。因此对于学生而言，教师资源比学校排名更重要。很多学生尤其是选择赴美读研究生的学生，基本上都会考虑学术因素，以及学校此专业在国际上的影响力。前些年的留学生主要以攻读研究生为主，现在出国读研究生的学生比例仍占据很大一部分，都是这个原因。在一些世界顶尖的综合性大学，其大学教授都是在专业上代表世界水平的领军人物，他们本身有很多科研成果，而这样的大学又拥有世界最先进的科学设备、最先进的实验室，其学术地位自然能够走在世界前沿，学术能力会为你日后的职业生涯奠定强大的基础。

当然一些学校的优势专业往往也是政府部门或者企事业单位关注的焦点，各种就业条件也会非常便利。胡宸在大学的时候修了学校的招牌专业：会计。这个专业资源在他们学校是非常丰富的，比如美国四大会计师事务所在他们的商学院都有礼堂——这可能是很多学校不具备的条件，一年四季在他们商学院大楼里都有招聘会，这里的学生在应聘时占有绝对优势。胡宸从大学二年级开始就参加各种面试，很快就跟多家公司建立了联系，会计专业让胡宸真正体会到了什么叫学以致用，正是因为学校有这样的专业优势，所以胡宸才能"近水楼台先得月"。

2.学校环境及校园文化

与其说社会是一所大学，不如说是环境造就了人。对于留学生而言，学生在校学习质量很大程度上取决于学校环境及文化，这是与学生学习和生活都息息相关的，教室外学生间的相互学习，重要性比教室内的学习有过之而无不及。通常，一个学生接触到的个体、思想、文化、思维方式越多样化，学生的成长就越快，收获也越大。所以学生在选择学校的时候一定要考虑学校的主要学生来源、学校性质（综合大学还是文理学院）、学校的重心、主流文化等。国外大学有各种各样的课外活动，这也是学生学习与成长的重要舞台，美国的大学绝对不希望学生"两耳不闻窗外事，一心只读圣贤书"，去海外就免不了要加入学校的社团。

有些人喜欢亲密的小环境，而有些人则喜欢热闹的大校园，每个学校有自己的风格。美国大学有各种各样的兄弟会、联谊会，如耶鲁大学会举办各种各样的派对，同时开展各种公益活动、社区服务等；而有些学校则没有联谊会，如普林斯顿大学、乔治城大学，更多的是开展一些专题俱乐部，一些有共同兴趣爱好的同学聚集在一起讨论音乐、表演、体育等，在这里学生可以找到志同道合的朋友。而一些宗教意味很浓的大学可能在学生规范上有一些特别的硬性要求，如杨百翰大学，据我所知，该学校明确规定女生裙子不能过膝，男生不许露脚趾，诸如此类。这都是学生在选择学校时应该注意的地方。如果对学校课余生活不适应，可能就会找不到志同道合的朋友。

校园文化还包括学校的整体学习氛围和学业要求情况。学校对学科的侧重不同，有的学校课业压力大，学生的自我要求比较高，这类大学毕业率也比较低。因此学生在选择的时候一定要结合自身学习情况，不宜选那些要求远远超越自身能力的学校，否则在校期间学习会比较累，这些细节之处都是我们要综合考虑的。

3. 地理位置与实习就业机会

留学对每一个人而言本身就是一次大的投资，高昂的学费、残酷的就业竞争压力下，大家都希望毕业后获得一份称心如意的工作。从某种意义上说，选择了一个好的城市，基本上就是选择了一份好的职业。在排名相同的情况下，地理因素将决定将来的就业前景，也决定了以后的发展层面，毕竟多数实习和工作都是围绕学校所在城市及邻近州进行的。美国的很多大学在乡村，对于很多毕业后想直接工作的人而言，大城市的工作机会则更多。所以对于学习商科类专业的同学，在同等条件下应该选择地处发达城市的学校。

如果学校地处偏远的郊区或者乡村，那么对于喜欢热闹的学生来说大学期间可能会比较痛苦。学校的地理位置是近来越来越被看重的择校因素，在此提醒大家，地理位置不限于东部、中西部还是西部的问题，更应该考虑的是学校所在地周围的环境，是村庄、乡镇、城市，还是一线大城市？当然，地理位置的考量还要结合所学专业，比如学商科的要去纽约——全球金融中心，而学习计算机信息技术的可选择洛杉矶，学机械制造等工科专业的可以去一些工业化城市。如此这样才能充分享有"学以致用"的平台，有良好的学习环境。

国外企业的实习机会对未来回国求职或继续留在当地就业都是非常有帮助的，而且如果在跨国公司实习，那么回到国内会有相当大的优势。因此可以多了解相关信息，如学校每年能吸引哪些好的公司到学校招人？学校哪些专业会比较容易进入大公司？哪些专业的实习机会多？在就业形势严峻的今天，从大学开始积累自己的专业实习经验，必定会为你找工作时加分不少。

4. 留学成本的权衡

美国大学蜚声海外的不仅仅是科研与教学质量，还有它昂贵的学费。对于每一个留学家庭而言，这都是一笔价格不菲的投入。留学费用主要有两大块：学费和生活费用。如今申请赴美留学的学生越来越多，而各大学为学生提供的奖学金又非常有限，尤其是经济危机后，海外很多公立学校明确表示费用紧缩，为国际学生提供的费用资助很少或者基本没有，因此很多学生在留学时不得不做好充足的费用准备。据《美国新闻与世界报道》预测，美国四年制大学年度学费和住宿费、私立高校年度费用将在4.4万美元左右。不仅如此，国外大学的学费每年都在上涨。

在生活费上，大学所在地消费情况决定了大学的生活成本。将哥伦比亚大学和普林斯顿大学相比会发现，前者位于纽约市曼哈顿，属于繁华的国际大都市，而后者则地处纽约和费城之间一个别具特色的乡村都市。两所学校都属于常春藤盟校，排除学校排名，如果这两所大学都有你想学的专业，同时专业排名又不相上下，你又希望自己在学术研究方面有更高的造诣，并且计划毕业后回国发展，那就可以选择后者。反之如果家庭条件允许，则可以考虑前者。当然，如果一个学生不要求奖学金，录取的可能性自然更大，这类学生申请学校时也能更大胆地冲刺顶尖名校。经济相对紧张的家庭还需仔细研究各个学校的费用，仔细研究哪些学校的奖学金比较丰厚，竞争不是很激烈，对于这样的学校要尽量争取。

如上因素对于不同的人，考虑时所占的权重是不一样的：如果有名校情结，或想回国发展，那可以更注重学校名气和排名；如果读自然科学方面的专业，如生物科技、化学等，则应选择安静纯朴的乡村，避开喧闹的都市，静下来潜心研究；如果是想真正学到一些东西，特别是理工科的专业，应更注重学校的专业排名和教育质量；商科类的学生应更侧重于地理位置，因为将来需要很多实习经验，越是大城市，类似的机会就越多。总之，要看个人未来的发展方向再做决定。

学校与专业选择 10 问 10 答

我曾经问过很多学生：去国外学什么专业？大部分同学的回答是：还没有想好，不知道学什么专业。这样的回答实属正常，一个十七八岁的年轻人，刚刚走出青涩，此前都是在家长和学校的呵护和循规蹈矩下成长起来，很难让他们一时间从众多专业中选择出自己喜欢的或者适合的。他们既缺乏对自我的认识，也缺乏对社会及未来人生的思考和认知，可以说这也许是他们最为迷茫的时期。

中国留学生出国留学，首选的专业是经管类的专业，占比最多。其次是计算机专业和数学，分别占据第三和第四位。除此之外，这些热门专业的比例也在持续上升，应用类学科受到热捧。但是学术研究类、社会科学类专业的申请比例有所下降。对于每一位留学生而言，究竟应该选择什么样的专业，需要根据个人喜好，结合自身性格特征、优势进行选择。

在中国人的传统意识里，父母替孩子做事往往被看作是爱的表现，爱得深，做得多，但是孩子需要的是独立成长的机会，作为父母我们不能把自己的想法强加到孩子身上，干预其人生轨迹。那么，我们究竟如何来找到或者挖掘出孩子的兴趣、甚至专业特长呢？大家可以尝试"因势利导"的方法。申请大学前，学生首先需要认清自己：兴趣爱好，特长，劣势，职业规划，人生目标等。只有先回答了"我是谁""我想要什么"这两个问题，才能顺藤摸瓜找到适合自己的大学专业、师资水平、校园环境等。通过问答来找到结果，很多人就知道自己不喜欢什么喜欢什么了。

为此，我们不妨来做一些简单的自我问答：

1. 我是什么样的学生？

（是内向、喜欢安静？还是活泼、好动？这将决定你更适合的校园环境、学校所在城市以及专业领域。）

2. 高中／大学课程中是最感兴趣／学得最好的是什么？最讨厌的是什么？

（找到你的优势和劣势，善于扬长避短，更容易获得人生的成功。）

3. 除学习外，生活中我最大的兴趣是什么？

（找到个人热情所在，这也许才是你求学的真正原动力。）

4. 未来我给自己的定位是什么？

（管理人才、技术工程师、教育领军人、政坛精英？这将决定你的职业取向、专业方向。）

5. 为实现自我定位需要学习哪些相关的专业知识？为实现自我定位需要哪些学校资源？

（这将帮助我们筛选并缩小专业、学校选择的范围。）

6. 目标大学学业负担是否更有挑战？

（确保在校期间能够顺利完成学业，只有在学有余力的前提下，才能去做更多事情，比如参加社团活动、结交国际友人、融入国际文化等。）

7. 我希望跟什么样的学生在一个校园里生活与学习？

（这是对校园文化、学生主要来源的考量，将再次缩小目标院校选择范围。）

8. 我的专业目标是什么？

（如果你已经明确留学专业，那么请写下来，你需要做的是将目标锁定在能够提供这一专业的更好的学校上。）

9. 学校往年的录取率是多少？学校往年录取新生的标准化考试平均分是多少？

（知己知彼，确保在材料准备过程中做好充分准备。）

10. 我身上有没有哪些素养跟学校录取所希望看到的学生潜质相吻合？

（找到个人特征与目标院校相吻合的地方，在申请材料中充分体现，因为大学也正在寻找这样的学生。确定学生与大学是否"般配"。）

如上答案会指向一个或若干个结果，帮助我们将范围缩小，更有利于我们选择合适的学校与专业。当然，如上问题的回答不是凭空想象，而是应该建立在对各大学有所了解的情况下。如果有条件、有机会的话，可以提前考察几所意向学校，或者在网络上了解相关信息，在学校的了解上要细化到班级特征、主要生源、师生比例、毕业率（就业率）、特色专业、文化特征等信息，因为这些都是与学生在校学习息息相关的因素。

根据兴趣爱好选择专业

诚然,学校与专业都是自己喜欢的并且都具有相当大的优势,这只是一种理想状态。如果学校与专业无法兼得,那应该是先定专业,再选学校,因为专业可能陪伴人的一生,而学校则最可能在毕业后几年影响比较明显。

美国大学给予学生在入学一两年后对专业再做选择的机会,目的是让学生充分展现自己的兴趣和特长后再决定发展方向,以免过早地把学生的兴趣和特长扼杀在摇篮中。国内大学更多的是提供一些备选项,学生在填报志愿时就要进行专业选择,而美国的大学的做法是,在入学申请表上询问学生们一个问题:你的兴趣或潜在兴趣,或者可能选择的专业是什么?可以说,从学生入学的那天起,学校就有意识帮助学生发现自己的兴趣,从而有针对性地进行引导。

"兴趣"在学生选择专业中至关重要,因为这直接关系到学生将来的职业发展,选一个你最喜欢的专业是至关重要的。中国学生受父母、朋友和社会圈子左右,通常会在父母的越俎代庖之下选择一些"有用"的"热门"专业,认为这样有利于他们将来找工作。其实不然,一个不喜欢本专业的人怎么可能在学业上有所造诣,又怎么可能在职业发展中取得成就?有些孩子进入不了喜欢的专业,最后还是要转专业甚至转学,耗费大量精力、财力。我认为这非常不值得,所以始终建议家长以学生的爱好为最终选择专业和学校的标准。家长可以给出意见,但最终做决定还是要尊重孩子的意见。很多人因为某个大学的经济学专业很出名,所以选择经济学专业,虽然学的是经济类专业,拿的是经济学学位,但是除了一些基本概念,其他什么都讲不出来。还有一类人不知道自己喜欢什么，但他们能够放眼未来，立足当下，结合未来的职业发展趋势考量专业，并且喜欢自己所选择的，这样的一类人未来也很容易成功。

当然，任何一个学生都不可能一辈子在学校充当一个单纯的"学习者"，他一定要走向社会，步入职场，不论是出国读本科还是读硕士、博士学位，归根结底还是要走向社会，步入职场，因此专业的选择很大程度上跟经济形势是分不开的。与往年相比，现在的学生更注重自身价值的体现，专业的变化也反映了社会需求的变化。前些年很多留学生会选择金融、工商管理、法律、会计、医科以及计算机、网络等实用型学科，同时文化创意产业的兴起也使人文社科专业的留学生日渐增多。而从最近几年的留学大潮中也可以看到，留学生的学习兴趣日趋多元化，专业也更细化，留学生分流到了各个专业领域，像通信、环境、建筑、翻译、生物、传媒、市场等多个以前很少有人问津的专业现在也成为热门专业。

孩子上大学选专业是父母间的重要话题。我有两位朋友基本属于两个"典型"，从中可以看到两种现象。一位朋友的做法是：放任自如。女儿想学什么专业就学什么专业，从不干涉，结果这个女儿在大学期间换了三次专业。最后朋友跟我说，他真的希望女儿能在剩下的时间里不要再换专业了，否则要完成学业就很困难了。第二位朋友的做法是：一手包办。早早替儿子定下了专业，向儿子灌输"从教"的理想，未来一定要从事教育工作，结果孩子跟父母间时常闹矛盾，毕业后亦不愿回国。在国内更常看到的是第二种现象。前几天，在互动百科上看到一个说法：包办式抚养。指的是孩子能做的事不让孩子做，而由父母包办。与国外父母的自由式养育相比，中国父母更像护犊的羊、遮雨的树，小到穿衣吃饭，大到升学就业、婚姻大事，几乎都是大包大揽，一手操办。但如此照顾下的孩子依赖性强，不善于独立解决问题，遇到棘手的难题时甚至会选择极端不理性的方式去解决。作为父母，在选择面前应该适当地把权利留给孩子，该放手时就放手。

如上两种情况基本上是我们常见的两种极端，尽管我们的出发点都是为了孩子，但是效果往往会适得其反。在孩子成长的道路上，父母的角色不是"队长"，指向哪孩子就走向哪；更不是"饲养员"，让孩子像一匹脱缰的野马，不加指引；而应该是"同伴"，陪伴在孩子的左右，在某一个十字路口给予他们建议。

因此，在孩子选择专业时，我的做法是：

第一，帮助他了解自己。找出他在同龄人中的优势。在什么知识领域里他可能更有兴趣，更专心，那么他就有可能做得更好。应该引导孩子往适合自己、有优势的方向发展。

第二，对他所处环境进行分析。比如未来的就业市场，即5年、10年以后他们面对的环境会是什么样子。孩子很多时候可能看到的只是当下的一些现象，为了满足暂时的好奇心而做出了选择，我们则要通过我们的经历分析他们未来的人生发展。

第三，和他一起设计时间表。孩子需要在大学期间学习哪些专业，哪些课程（有些专业是孩子在父母的建议下选择的，而有些专业是孩子一心想要学习的），毕业后是否考虑继续深造；如果计划深造，应该从什么时候开始准备，如何将目标细分到各个学期，同孩子一起规划好大学生涯。

美国大学本科录取形式

1. 提前录取

申请美国大学本科一般分为两轮,第一轮叫早申请,早申请又分为两种:一种是"早决定"(Early Decision,简称ED),一种是"早行动"(Early Action,简称EA)。

早决定和早行动的申请寄送材料截止时间一般为每年的11月1日,最早在10月。通常早决定在12月中旬就能知道录取结果了,但是要知道奖学金的情况就要等到次年的3、4月份。也就是说在学生知道是否获得奖学金之前就要决定是否接受该学校的录取。对于学生而言这一点比较重要,如果一旦被大学在早决定中录取,而且学生也接受了该学校的录取,那么就得接受学校给你的任何奖学金方案,或者是没有奖学金的决定。目前,美国大约有300多所大学给申请者提供提前决定的录取机会。

早决定和早行动的不同之处是,前者只允许申请者申请一所学校,具有排他性和捆绑承诺,而后者可以申请几所学校,没有捆绑承诺,也没有排他性。在早决定申请时必须签署早期决定协议(需学生本人、学生家长、学校辅导员三方签字),一旦签署,意味着做出这样的承诺:该大学是我的第一选择,如果该学校录取了我,我一定会报到入学。如果学生通过早决定被学校录取了,就必须要接受录取,不能拒绝。而通过早行动方式录取的话,学生可以选择放弃,甚至可以等到常规录取结果出来后再给学校答复。尽管早决定要求学生只能申请一所学校,但录取率会比早行动要高些,因为学校也喜欢那些一心一意想要进入该校的学生。尤其是在各大学竞争激烈的情况下,它们会通过这种方式提前录取它们看来优秀、有潜质的学生。

当然，申请提前录取而未被录取亦有两种情况：一种是延迟决定（Deferred）。也就是说，你的申请既没有被接受，也没有被拒绝；你的申请将被推延到常规录取阶段，与其他申请材料一起重新评估、重新考虑。另一种是拒绝接受（Denied）。就是你的申请已被明确拒绝（并且在一年内不会再考虑你的申请），你必须在常规录取阶段另行申请其他学校。

通常为争取到优秀学生，很多大学会采取提前录取，对于一些在10月份就已经获得较高SAT和TOEFL成绩、同时各方面都非常优秀的同学可以采用早决定和早行动。早决定和早行动的录取率要高于常规录取，通常占学校所录取学生的20%~30%。一般来说，我们在申请早决定时，选择的是自己最梦寐以求的学校，而对于早行动，我们可以非常巧妙地选择跟自身相匹配的学校，即与自己的硬件条件、软件条件都相当的大学。

2. 常规录取

第二轮叫常规录取（Regular Decision，简称RD），是美国高校最基本、规模最大的招生方式。一般来讲，常规录取的截止日期是次年的1月1日，有的大学在4月1日给出结果，也有一些大学在2月、3月给结果。常规录取无任何关于捆绑承诺和唯一排他的要求，可以同时申请多所大学，录取后，可自行决定去或不去。

3. 滚动录取

滚动录取（Rolling Admission）指的是学校在有空位的情况下接受申请。在收到学生的申请材料后，立即以循环方式开展审核工作，申请资料随时寄到就随时开始审核，以录满当年的名额限制为准。快的两个星期内、慢的一个月内就会通知申请的学生是否被录取。因滚动申请也无绑定、排他限制，所以收到录取结果后，学生可以立即回复是否就读，也可以等到5月份再做答复。

没有被录取的同学可以马上申请其他学校，因此想采用此种申请方式的同学，越早申请越有机会，直到被一所大学录取为止，早申请对后期获得奖学金等也有优势。通常，申请这种采取滚动录取方式的学生，往往本身的竞争力不是太强。很少有顶级名校（如常青藤盟校）采用这个政策。

4.开放招生

所谓"开放招生"（Open Admission）顾名思义就是只要有高中毕业文凭，来者不拒。实行这种开放招生政策的高校，绝大多数是一些两年制的社区学院，也有一些四年制的正规大学。这些大学中的一部分不要求或者不硬性要求学生提供SAT或ACT成绩，但需要申请者提供在校成绩、课外活动、个人申请文书等材料。

5.针对海外学生的双录取

实际上就是我们常说的"有条件录取"（Conditional offer），即语言和专业课同时录取的方式。主要针对的是那些母语不是英语的国际学生，他们成绩符合或基本符合美国大学的入学要求，但语言没有达到学校的标准或需要补充一定的学术课程，因而采取有条件录取的方式。

通常，录取学校会发出两份录取通知书：一份是该校的语言中心录取通知书，另一份是本科或硕士有条件录取信。学生入学后，先进入语言中心学习英语，语言过关后则无需另行申请，直接进入大学本科学习。

在美国大学的申请过程中，各种申请可以同时进行，在等待EA、ED

结果的同时，也要做好 RD 的申请准备。申请 ED 建议考虑全美前 30 名综合性大学或者文理学院。如果学生想申请奖学金，可以考虑文理学院。这类学校把所有资源都用在了本科生教育上，所以其本科教育质量并不亚于排名靠前的综合性大学，而它们一般都会为留学生提供高额奖学金。申请时同样可在 ED、EA 或 RD 中选，跟综合性大学是一样的。

当然，很多学生在确定好专业后会择优选择学校，为确保学生能够按时入学，在申请过程中还一定要注意所申请学校的梯度。所谓梯度，即自身所具备的条件与所申请学校间的关系，我们大致可以将其划分为 3 个梯度：

1. 申请的学校平均录取条件高于自己的，学生需要力争才可能被学校录取；
2. 申请学校录取条件与自身相匹配的，学生通常只要条件适合就能被录取，或有可能获得奖学金；
3. 自身条件远高于申请学校录取条件的，学生很容易被录取或获得奖学金的可能性大。

美国研究生录取形式

跟本科录取形式不同，美国大学研究生院的新生录取过程主要有两种形式，分别是全年内滚动式录取（Rolling Admissions）和非滚动式录取（Non-Rolling Admissions）。

1. 滚动式录取

全年内滚动式录取方式（Rolling Admissions）主要表现在学校每接到一份入学申请，入学评审委员会就对其评审，然后根据评审结果做出录取（Admission）、候补录取（Waiting list）、拒绝（Rejection）的决定，并将结果以书面形式通知申请者。如果学生采用全年内滚动式录取方式，就应该及早递交齐全的申请材料，这样才能保证你的申请优先受到评审。即便遭到学校拒绝，也有足够的时间来考虑再申请其他学校。如果被录取，则有足够的时间对你所感兴趣的问题和学校及教授进行联系，做好赴美前的各种准备工作。

2. 非滚动式录取

非滚动式录取方式（Non-Rolling Admissions）有若干种形式。商学院趋向于使用回合录取（Admission Rounds）形式。把整个录取过程分成若干录取时间段（回合），在同一录取时间段的申请材料将集中在此回合内进行评审，在此时间段的末尾，评审委员会做出最后决定，并将评审结果通知给所有在此回合中的申请者。

美国大学奖学金概况

美国本科生奖学金情况介绍

在类别上，美国本科奖学金大致分为三类，即需求有关奖学金（Need-based）、荣誉奖学金（Merit-based）和需求无关奖学金（Need-blind）。

需求有关奖学金，顾名思义，这类奖学金发放的标准是根据学生家庭的经济收入高低，包括父母工资、家庭财产状况进行评选的。这类奖学金对于美国本国申请者来说非常丰厚，但是对于国际学生来说，只有少部分大学提供，绝大部分大学仅有少量甚至没有。正因为如此，学生在提交申请的时候一定要慎重。如果在申请该类学校时同时申请了此类奖学金，即便学生很优秀也可能遭到大学拒录，因为在奖学金非常有限的情况下，大学担心你没有足够的经济实力来完成学业，所以他们会选择拒绝录取。

荣誉奖学金，即以申请人自身具备的学术成绩、思想品质、发展潜力等实力因素来决定，并不考虑经济上是否需要帮助，只要学校认可申请者的学术背景，都会给予奖学金。该奖学金并不局限于美国本土的学生，而是针对大部分申请者，国际学生一般多获得此类奖学金。

需求无关奖学金，是指美国名校为吸引世界各地的优秀学生，通常会为学生提供一些优厚政策，帮助学生完成学业。尤其是那些资金实力雄厚的私立大学，在录取时不考虑学生是否需要学校提供资助，即是否申请奖学金对录取没有任何影响。如果学校认为申请人符合录取标准，就会根据学生的家庭情况做出判断：该学生家庭能够承担多少费用，剩下的部分由学校设法提供。美国很多私立名校都执行需求无关的政策，例如哈佛大学、普林斯顿大学、耶鲁大学等。

美国研究生奖学金情况介绍

美国大学提供给研究生的经济资助跟提供给本科生的有所差别，与本科生阶段部分学校会根据学生的需要发放经济资助不同，研究生阶段所有资助都不是基于学生的需要而是基于学生的优秀程度发放的。主要有两大类：奖学金（Fellowship/Scholarship）和助学金（Assistantship）。

1. Fellowship，该奖学金很难争取，通常它的发放不要求学生一定要以为学校工作为代价，学生只需专心读书便可。该奖学金一般是学校拨款，不需要学生额外花钱，往往还能有所剩余。

2. Assistantship，助学金的发放要求学生为学校提供各种类型的服务，例如协助教授批改试卷、带领学生组织学习讨论小组、监督学生进行实验或者协助教授进行研究工作等。助学金一般分为助研金（Research Assistantship）和助教金（Teaching Assistantship）。

RA：助研。拿这个助学金要给老师打工干活。这个钱的来源一般是导师或者你所在的部门或科研专项的经费。换言之，老师做项目需要助手，学生就可以参与到教授的研究工作中，具体的工作包括实验操作、数据分析、程序编写、甚至合作论文等。

TA：助教。这部分助学金一般由学院、系或部门提供，具体的情况视财政划分方式决定。一年只发放一次，第二年发放与否要视学生是否达到要求而定。TA 的工作职责包括帮助教授管理实验室、给试卷评分等。

通常 RA 和 TA 两者不能兼得，往往一个研究生助理只能申请到 RA 或者 TA 其中之一，包括了学费的减免（从半免到全免）和一笔津贴（数额从每年几千美元到几万美元不等）。而获得此类助学金的学生大多还能额外获得一个奖学金，一般数额在每年 1 万美元以下。由此可以看出，如果能够拿到一个学费全免外加一笔奖学金，那么总数额就很有可能达到甚至超过一年在校的总费用（学费加生活费），这就是我们平时所谓的"全奖"。但发放给研究生的奖学金在数额上往往不会太高。

当然，奖学金和助学金的数量多少是依据所选择攻读的专业领域而有所不同的，在工程学、计算机科学、数学等理工领域，约80%以上的全职博士研究生和部分硕士研究生可以获得奖学金或助学金。相比较而言，法律、医学、商科等领域的学生获得学校经济资助的可能性则小得多。申请到奖学金不仅能减轻出国留学的经济负担，同时也是对自己成绩的一种肯定。一般来说，2~4月是美国大学分派奖学金的高峰，在这个时间段，拿到学校通知书的学生应该尽量争取申请奖学金。

能够申请到美国名校已经实属不易，如果还同时申请奖学金的话更是难上加难。近些年，西方经济不景气，很多学校收紧了奖学金发放额度和比例。当然，如果学生足够优秀，大学还是会非常慷慨地为这类学生发放奖学金的，因为在学校看来这就是一份投资，学生成功后给学校的捐助会远大于这个资助。

美国奖学金申请条件：

1、学习成绩：申请人的学习成绩，无论是高中成绩还是大学成绩，采用两种形式来表现，一种是GPA，另一种是Rank，即"毕业名次"。这两种形式是美国大多数学校采用的衡量申请人学业成绩的标准，通过了解申请人以前的学习成绩和学习名次来了解其学业潜力。

2、标准考试成绩：由于国内大学教学水平不同，不能根据申请人在一所大学的成绩和名次来断定学生的实际水平。因此美国大学把申请人"标准考试"的成绩作为评定奖学金的依据。"标准考试"目前在内地举办的有TOEFL、GRE、GMAT等五种。其中TOEFL考试是一种语言能力的考试，它仅作为一个基本要求，即要求应达到所申请的美国学校TOEFL的最低分数线，而对申请奖学金资助没有实际上的帮助。但GRE、GMAT属于能力测试，其分数反映的是考生学习、思维能力的高低，是影响奖学金资助的标准考试。

3、申请材料：包括推荐信、个人PS、Essay等。其中推荐信尤为重要，它可以体现出一个学生的学习能力、动手能力、交际能力等综合素质。而个人PS能够反映学生的历史背景、学习计划、主攻方向和对未来的打算。在申请本科奖学金的时候，有的院校会要求学生提供几篇专门用于申请奖学金的Essay。

4、工作经验：具有一定工作经验的申请人比没有工作经验的申请人具有优势，美国有些名牌大学的商学院甚至不接收没有工作经验的申请人。理工类专业对申请人工作经验的要求一般涉及的是设计、研究与教学等方面的工作经验。如果申请人申请助研金和助教金，具有助教与助研的工作经验则很必要。

5、个人成就：所受的奖励与荣誉是一名学生杰出表现的证据，除了校内的一些奖励外，校外的社会荣誉、协会会员资格、市级以上学术竞赛或活动的奖励、学术杂志上发表的论文，这些证明都应与申请材料一同寄去，这样的学生是各校所欢迎的。此外，还要说明的是申请美国大学研究生以上级别的奖学金资助，要比申请本科奖学金容易得多。如果申请人在国内已经获得学士学位或硕士学位，再申请美国的硕士或博士学位，会占有很大的优势。许多申请人往往大学未毕业就着手准备出国申请，以便毕业后立即到美国继续深造，这种情况需向美国校方声明，在入学前可以提供学位与毕业证明，美国学校也会受理。

英国奖学金及申请要求

英国向海外学生提供的奖学金种类繁多，有全免也有部分减免学费的，也有提供免费住宿或者生活费补助的。从提供方来看，既有院校、研究机构提供的，也有企业提供的。大体说来，可供中国留学生申请的奖学金有以下几类：

1.志奋领奖学金

志奋领奖学金是英国政府最具代表性的旗舰奖学金项目。无论是奖学金的金额，还是其声望都令该奖项在世界很多国家享有很高的知名度。

2.苏格兰国际奖学金

苏格兰国际奖学金项目由苏格兰政府资助、英国使领馆文化教育处负责管理，为希望在苏格兰攻读一年硕士课程的人士提供全面资助。学生毕业后，可以在苏格兰工作两年。

3.ORS奖学金

ORS奖学金是英国政府向杰出且有研究能力的海外研究生提供的资助。每年全英国大概有800个名额，在众多的学校之间分配，竞争非常激烈。一般来说，学校越好名额会越多。该奖学金主要用于支付海外和本地学生学费之间的差额，额度大约是6000英镑。

4.英国院校奖学金

英国大学提供的奖学金一般包括大学奖学金、系院奖学金、项目资金和专项奖学金。其中，大学奖学金是由学校提供的资金，通常用于支付学生的本地学费和生活费；系院奖学金的性质同大学奖学金的性质相同，数目也大致相同；项目资金是由导师的项目而定，如果研究资金丰厚，可能会考虑给申请者一定的资助；专项奖学金是由私人或不同学校资助的奖学金，种类很多，主要用于补贴生活费。

申请者资质要求：

硕士申请人相较于本科申请人更易获得奖学金；相关工作经验对于申请更为有利；语言的应用能力很受重视；合适的推荐人可以让申请事半功倍；详尽的申请材料是最好的开始。

在了解了奖学金的种类和申请人所需的资质后，申请人接下来就该着手准备申请了。英国的奖学金申请不同于美国，不会在申请人获得录取的同时主动配发给申请者，而需要申请人做广泛地调查研究后才能找到相关资讯，这对申请人信息搜索能力和与人沟通能力是个检验。

申请注意事项：

1、主动提出申请，争取机会。英国奖学金申请的特点决定了申请者一定要具有主动性，积极提出申请，争取机会。第二注意一下申请步骤，奖学金不是主动的发放，需要你自己查找。首先我们要提前一年完成学位，很多大学要求必须拿到录取通知书才可以申请奖学金。

2、注意申请的时效性。如果希望得到英国的奖学金，就要立即提出申请，注意提交申请的截止日期。因为一旦离境到英国留学了，就没有资格再去申请这种资金帮助了；

3、搜集奖学金信息。信息越充分详细越有助于申请者获得完备的知识，从而有利于申请时的选择；其实对于同学们来说，首先要了解和选择好自己将要学的专业，并且关注一下个人特点和奖金发放方的要求和需求，和他们的利益是否一致。只有认清楚这些特点，你才可以有更多的机会拿到名校或者企业给你的奖学金。

4、在等待奖学金分配的过程中与学校保持联系并及时更新情况。第二到大学网站查找资料。第三，在申请过程中，大家可以多跟自己的导师、老板进行交流，掌握第一手的申请进程情况。这样才可以获得更多的机会。

总之，英国大学奖学金申请根据奖学金的性质不同，申请的程序也会有所不同，但基本上很多英国大学奖学金都不会在录取的时候根据学生条件自动考虑，而是需要自己主动申请，所以申请英国大学奖学金的时候，和导师的交流是相当重要的一环。

第六章

如何度过一个成功
的留学生涯？

没有规划就没有成功的留学

不论是在国内还是国外，对于学生而言，从迈入大学校园的那一天起就应该给自己立下目标。在学校的时候就应该考虑，以后想过一种怎样的生活，想从事哪些类型的工作。中国学生选择专业会更考虑家庭、朋友和社会环境的观念，可能无法选择自己真正喜欢的专业。但是在美国等发达国家的教育体制下，学生有更多机会自主寻找和定位他们的学业和工作的轨迹，因此规划显得更重要。

哈佛大学有一个非常著名的关于目标对人生影响的跟踪调查。对象是一群智力、学历、环境等条件差不多的年轻人，调查结果显示：

27% 的人没有目标；

60% 的人目标模糊；

10% 的人有清晰但比较短期的目标；

3% 的人有清晰且长期的目标。

经过 25 年跟踪研究发现，他们的生活状况及分布现象十分有趣。

那些占 3% 有清晰且长期目标的人，25 年来几乎都不曾更改过自己的人生目标。25 年来他们都朝着同一方向不懈地努力，25 年后，他们几乎都成了社会各界的顶尖成功人士，他们中不乏创业者、行业领袖、社会精英。

那些占 10% 有清晰短期目标的人，大都生活在社会的中上层。他们的共同特点是，那些短期目标不断被达到，生活状态稳步上升，成为各行各业不可或缺的专业人士，如医生、律师、工程师、高级主管等。

占60%的模糊目标者，几乎都生活在社会的中下层，他们能安稳地生活与工作，但都没有什么特别的成绩。

剩下的27%是那些25年来都没有目标的人群，他们几乎都生活在社会的最底层。他们的生活都过得不如意，常常失业，靠社会救济，并且常常都在抱怨他人、抱怨社会、抱怨世界。

作为留学生，如何利用留学海外的时间，为未来的人生成长做好冲刺，设立目标就显得尤其重要了。现在中国大学校园里广为流传着一首打油诗："大一的学生不知道自己不知道，大二的学生知道自己不知道，大三的学生不知道自己知道，大四的学生知道自己知道。"很多同学以为进入大学就可以高枕无忧，于是放松了，歇脚了。结果，一歇就是四年，到了大四的时候面临众多选择束手无策，基本上没有什么大学规划。到国外留学也是一样，有的学生以为到国外读大学就进入了人生的保险箱，根本没有意识到要去规划自己的大学生涯。事实上，在国外上大学，一入学就要规划了。大学里会有导师引导和帮助你一起规划大学生活，你也要主动去规划自己的未来，规划自己寒暑假要去什么样的企业实习，毕业时简历上面写着怎样引人注目的实习经验、社会工作经验。但是很多学生都是被动、应付式的，真正又有几人主动去规划过，好好去执行了呢？

很多大学生基本上都没有意识到要好好地规划自己的大学生活。胡宸大二暑期回国，他回来的第一个想法是要想方设法到国内最好的企业的相关职位上去实习。结果他自己找到某著名门户网站，做了一名财经类实习记者。因为他在大学学习了两个专业，第一个是金融，第二个是电子工程，所以他首选与金融专业相关的实习。他当时跟我说："老爸，大一大二的暑假我想在国内实习，在国内相关行业最好的企业实习。到大三的暑假，我希望进入北京的四大会计师事务所去实习。到了大四希望能够在美国本土顶级企业的相关部门实习。"这样，通过四年假期就可以在一个纯正的中国本土企业、一个在中国的外国企业、一个在外国的中国企业、一个纯美国企业都有过实习经历，这样对各种企业的认识会更加全面和深刻。如此一来，大一大二暑期他在国内拓展了人脉关系，具备了一些基本的行业基础，建立起了一定的人际关系网络。即便在毕业后想先在国外打拼两年再回国，也有了一定的基础和经历。同时大三通过在国外的实习，可以拓展在国外的人际关系网，为毕业后的工作打下基础。他最后都做到了，因为他有清晰的目标，并且一步一步执行下去。

宽进严出，严肃对待留学生涯

跟胡宸同去美国大学的还有其他两个同学，听胡宸后来跟我们介绍，尽管同在一个学校上学，但是他们很少有时间见面。其中有一个学生因为出国前英语基础相对薄弱一些，所以学习起来比较吃力，为了顺利完成学业，他基本上没有太多时间参加社团活动。无疑，这样的海外求学质量就打了折扣。

很多学生只看到美国大学的"宽进"，却忽略了它们的"严出"。在美国上大学，不是进入了校门就高枕无忧了，恰恰与国内大学相反，美国大学要比中国大学更有挑战性。即便是为了获得一个简单的毕业证书也需要严肃对待。美国实行的是学分制，学生只有修满相应的学分才能毕业，如果有人三年就毕业了，那就是因为他花了三年就修满了四年的学分。但是也有很多学生缺乏自主性，加上课程负担较重，结果无法在既定时间内修完学分，无法按时毕业。

对于毕业后打算步入职场的学生，留学期间应该在把握专业学习的同时，多注重各类社会实践活动的参与，为求职做准备，因此要多交朋友，多参加社团活动。工作中会有更多的机会与一些老师接触，同时还可以积累一些专业经验。即使工作与专业没有关系也利于自己这方面经验的积累，过程中认识到的人都是资源，对以后都是很有帮助的。事实证明，在未来的人生旅程中，能力比学历更重要。我跟美国卡普兰（Kaplan）教育集团的负责人在一起聊天时，他们经常说：中国人花太多时间在想怎么能留学，花太少的时间去想怎么去留学，以为上了飞机就万事大吉了。现在留学不只是拿一个文凭，而更重要的是获得一种学习和工作的能力。我们绝不能放任自己，要时刻想到自己出国是为了提高自身能力，获取更多人生经验，去接触更多的人和事，获得更多的人生阅历和工作、社会交际能力，为以后的工作和生活做好准备。

当然如果是毕业后继续深造，那么在校期间除了保证课程的成绩优异外，还应该尽早对大学本科各个专业的知识和必须具备的素质有所了解，提前为进入目标院校做好知识储备。同时，要利用在校资源提前了解大学本科和研究生的衔接，提前为大学本科和研究生学习做准备。不仅如此，国外其实也有"关系网"存在。在大学里面与老师建立良好的关系是非常重要的，尤其是如果打算读研或者读博的话，这点更是至关重要。我身边有一位同事曾经向我提到，他在国外读工程学本科时，因为跟老师关系好，结果在他毕业时，那个老师告诉他以后如果想读博士可以来找他，他会帮助办理全额奖学金。多认识老师并且与老师保持良好的关系非常重要，国外的大学教授可以直接决定是否录取你作为他的研究生，这为你读研究生省去了很多繁琐的事情，节约很多时间和资金。

留学时光一晃而过，要充分利用大学时光为自己的未来奠定基础，这将对你的整个人生都起到很大作用。不同的人会有不同的打算和想法，但是无论怎样，一个科学合理的规划是你能否最后实现目标的重要保证。如果没有科学合理的规划，那么我们的留学生涯很有可能就这样荒废了。我们留学的目的是为了学到更多的知识，能够见多识广，在毕业后有个好的工作、好的发展、好的未来，然而决定四年后自己命运的恰恰是走进大学的第一步，所以从大一开始就要规划你的大学生涯，为毕业做好充分的准备。

专业学习依然是根本

不论是在国内还是国外，"术业有专攻"都是一个人未来可能取得突出成就的法则之一。出国留学绝不只为获得一纸洋文凭那样简单，而是要学会解决问题的能力；文凭本身仅代表获得了某些专业知识，文凭更重要的价值体现在其背后所代表的专业能力上。《中国海归创业发展报告（2018）》

显示，有 80% 的海归表示，所从事的行业和所学专业至少有部分相关，只有 20% 的海归认为两者完全不相关。因此专业选择的重要性不容忽视。

当然对于那些留学目标明确的学生，专业的学习是不用担心的，因为很多学生选择去国外留学，看重的正是学校在专业上的优势和教研的前沿性。尤其是申请研究生的同学，他们知道自己选择的专业，知道专业的重要性。但是对于广大本科留学生而言，对专业的重要性认识却有待加强，一旦确定自己所学的专业，就一定要全力以赴，做到术业有专攻。

对于大学所学专业的认识，有两种比较极端的现象：一种认为大学所学专业将决定一个人的未来，是为"唯专业"论；一种则认为大学只要能够顺利毕业，拿到毕业证便可。英语中有个说法："To know everything is to know nothing."（样样通，样样松。）就是俗话说的"不怕千招会，就怕一招精，"都在强调专业的重要性。记得 1985~1988 年我在上海师范大学读研究生期间，我几乎读遍了上海师范大学所有关于语言学方面的英语原版著作，除了正常的研究生课程外，几乎每天最多的时间都是泡在图书馆里看英文原版著作，不论是语言教学研究的学术著作还是英文文学作品，基本上每一本书的借阅证背后都有我的签名。在上海的三年，我只知道上海有个外滩，其他地方都没有去过。那段时间对我专业上的提高和后来的学术研发都奠定了强大的专业基础。

国外有丰富的学习资源，这是大家所公认的，那么真正要将这些资源利用起来则取决于每一个学生自己。如果读一些大学的特色专业，就能够接触和认识到世界顶级科学巨头、学界泰斗；而如果能够拜他们为导师，那么从他们那里不仅能够获得最先进的知识和信息，更能够有机会亲自参与到科研中。所谓"名师出高徒",这种效应对学生未来的发展是非常有帮助的。

尤其是当你步入职场的时候,用人单位首先会看你在校时的专业学习情况,毕竟这是你在校时期占用时间最长的一项学习任务。尽管胡宸在留学期间学了三个专业,但是他实习期的求职意向主要还是与金融相关,因为用人单位首先看你的主修专业,然后再看你在此基础上所修专业的关联度。因此学习期间切不可本末倒置,丢了西瓜捡芝麻。只有这样才能够在未来的竞争中脱颖而出!

进校后如何选课

美国的高等教育多采取学分制。学生在大学期间所完成的课程、实习和论文写作等各个环节都将会折合成相应的学分,最后加以量化考量。无论是对本科生还是硕士生,学校都没有严格设定学习的年限,学生只要修满学分即可毕业。因此在美国,选课是一门学问,课程选择适当与否将会影响学生的学期成绩,甚至会影响毕业。

美国大学明确规定,要想保留脱产学生(Full-time Student)的身份,学生每学期必需修满一定的学分,一般在12—16个学分之间。所以,按照一门正规的课程占3—4个学分的比例来算,国际学生如想要维持全时学生的身份,每学期必需修3—4门课程。学生如果没有修满学分,很可能会危及合法的留学身份,面临失学的危险。如果国际学生实在难以应付选课压力，可以向教授申请少修一门课，得到许可后，再向学校及时说明情况，便可保留全时学生的身份。

通常情况下，本科生每学期要修满4门课程，研究生要修满3门课。美国学校的不同系和专业都有各自的学科安排计划，学生在开学之前就应着手准备选课，提前收集有关选课课程的资料介绍，如学校各系都提供课程简介（Course Description），或是参考课程时间表（Course Schedule）。每位学生在开学之前，都会收到一封学校发来的邮件，邮件里涵盖了有关选课流程、要求等详细信息，并告知每位学生在学校选课系统的登录账户名及密码。学生可以登录学校的选课系统，在选课系统开放后进行选课。在选课期间，学校会不断向你发送邮件，告知你选课的截止日期。如果学生因为不可抗力导致选课失败，最好在第一时间与学校取得联系，详细说明自己的原因，及时补救。

在选课之前，部分学校会安排专门的老师为学生们讲解具体的选课流程及选课系统的使用。同时，学校也会指派固定的指导老师（Advisor）帮助学生们完成选课。老师们都是学校专业的选课辅导员，只要有任何关于选课的问题，可以向指导老师提问。学生只要通过学校网站公示的联系方式就可提前预约老师，老师们通常会为学生预留半天的时间，提供一对一的选课咨询。

咨询选课指导老师以后，学生们大致可了解到选课的方向，每门课程的学习要求、具体授课内容等。建议新生通过访问学校的论坛了解在校学生对教授的综合评价，这也是重要的选课参考经验。美国有一个专门为大学教授打分的网站（www.ratemyprofessor.com），在这个网站上可以查到所有学校学生对老师的评论。从老师的授课风格到考试通过率等情况都能查到，甚至包括老师喜欢吃什么食物、有哪些私人兴趣爱好等一些记录。

虽然获取选课信息的渠道多样，但仍有一些国际学生因语言问题，对选课一头雾水，甚至无从下手。此类学生应主动去预约学校的指导老师，把自己的喜好和现状，包括语言能力、学术能力及时地与指导老师进行沟通。只有充分利用好老师的资源，选课才会更加轻松。值得注意的是，通常在开学之初选课老师工作繁忙，建议预约一定要提前。学生也可以到系办公室直接询问开课的教授或其助教、秘书，主动向其索取某一课程的上课流程表，上面详尽的课程目标上课进度、评分标准以及书单等，都能为选课提供最实际的参考。深入了解每门课程之后，学生要做的就是选课了。虽然美国大学提供的选课范围很广泛但学生仍要基于自己的专业方向及个人能力进行选择。

美国本科的前两个学年多为通识教育，对于没有选定专业方向的学生，可通过选教育学、心理学、经济学、社会学等一些基础学科来开阔眼界，了解自己真正的兴趣所在。已经确定了未来专业方向的同学，在大一大二可以侧重选择与自己未来专业相关的课程。对于一些热门课程，中国留学生要慎重考虑，这些课程并不一定适合自己。聪明的学生都会适当地避开"不适合"的课程，以此保证自己课程表的含金量。

同时，选课切忌贪多，特别是对新生而言，尽量不要给自己太重的学业负担，熟悉美国大学的授课方式需要一个适应的过程。学生应当按照学校的规定标准，适当选择能够承担的课程量。希望自己能提前毕业的同学，可以选择在寒暑假多拿学分。美国往往在寒假和暑假都有课程安排，寒假最多可以选择 3 个学分的课程，暑假可以选择 6 个学分的课程。

选课结束后，学生一般会有一周至两周的试听时间。试听期间，任课老师会详细介绍课程内容、考查范围、教学目标等，如果发现课程难度较大或者不能适应老师的授课方式，可以选择退课。学生要密切关注学校的选课系统，在退课后及时进行二次选课即可。等到第三周课程步入正轨，一般就不能再退课了，这点需要注意。

丰富多彩的社团与实践活动

哈佛大学流传着一句格言："忙完秋收忙秋种，学习，学习，再学习"。这里的学习绝非我们常说的"两耳不闻窗外事，一心只读圣贤书"，很大程度上指的是课后的自我学习及丰富多彩的社团与实践活动的参与。

因为得到很多留学成功的师兄们的真传，在去美国上大学之前胡宸就意识到了课堂外学习与实践的重要性。胡宸刚到美国的时候就参加了很多团体。美国大学的学生团体不仅种类繁多，而且千奇百怪，比如有专业性很强的，有社会性很强的，甚至还有专门搞恶作剧整人的，学生一般都会选择自己喜欢的团体加入。中国留学生因为刚刚来到美国，人生地不熟，为了互相有个照应，一般都会加入 CSSA（Chinese Students & Scholars Association，相当于"中国同学会"）。胡宸和美国学生同住，学的又是商科，所以通过了解得知最适合商科学生的团体叫 Phi Chi Theta Professional Business Fraternity（一个职业商界兄弟会），于是决定加入这个团体。这个社团不仅历史非常悠久，资源非常丰富，而且会员全部都是优秀学生，想要加入还得经过三轮严格的面试。为能够顺利加入该社团，胡宸做了充分的准备，最后成功通过了面试，成为社团的一员。该社团每周举行一次分会会议，经常还会组织一些专业活动、社会活动、服务活动等，最吸引会员的是经常会有校友过来给积极分子提供一些好的机会和建议。胡宸如今是这个社团80个成员当中唯一的中国人，他经常跟我们聊社团近期举行了哪些活动，有什么意义，新交了哪些朋友，他们来自哪些国家……我相信从中他收获颇丰！

在校期间，应该尽可能多地去交一些学习和生活上的朋友，这不仅可以让自己从他们身上学到更多东西，同时对自己毕业后走向社会是有很大帮助的。在学校，一些国际学生会非常有意思，成员来自不同的国家，在学生会里不同的文化会相互融合，不仅能够丰富自己的业余文化生活，在社团工作中交到的朋友和学到的经验也是人生的一笔财富。

除专业学习外，一些基础技能是不可或缺的，如熟练掌握一门国际语言，并开展高质量的国际沟通，组织能力等。组织管理能力的锻炼可以通过各种社团活动、社会实践活动获得。十年寒窗苦读，我们只知埋头于书本，而到了大学，我们要善于在书本之外学习，这就是大学的独特之处。课堂学习，决定你的专业知识，求职的竞争能力；而课堂外的学习，才能决定你毕业后究竟会成为一个什么样的人。学习没有课堂内外之别，既要学习专业知识，也要通过各种社会实践充实自我。

众多留学生的实践已然证明，出国留学这一历程对留学生的个人成长益处多多，很多出国前娇生惯养的留学生们在国外的环境下，逐渐得到锻炼，提升了自己的人际交往能力，而在当今社会，良好的人际交往能力、团队合作精神已经越来越被中外雇主所看重。身处异国他乡的中国留学生，每天打交道的人群之中既有同文同种来自中国各地的同胞，也有文化背景、风俗习惯相去甚远的外国同学或老师。在潜移默化下培养国际交流能力，这就是迎接未来职场、走向社会最重要的一项能力。

留学打工带来的多多益善

校内的学习和锻炼大家都轻车熟路了，比如多参加校内社团活动、公益活动、科研项目等。接下来着重讲一讲留学生打工的益处。

毫无疑问，留学生打工是一件好事情。打工是接触外国社会、外国人、融入所在国文化的最直接有效的手段之一，而且可以使留学生通过劳动磨炼个人品格和毅力，对自身语言能力的提高亦是大有好处。很多家长一听到孩子在国外打工就难免不忍，怕孩子吃苦受罪，甚至干脆跟孩子说：我给你钱不就行了吗？又不差那点儿钱，干吗偏要去打工呢？把那些打工的时间花在学习上不是更好吗？实际上，打工确实是我们接触社会、了解社会、锻炼自己的一个很重要的环节，留学生打工不仅可以培养自身的能力，减轻家庭经济负担，还可以获取一些工作经历。更重要的是我们可以通过打工来接触外国社会、外国人，加强语言学习。但实际情况却是，很多同学知道应该去打工，可是却不知道通过打工应该获取哪些真正有价值的东西。

除了忙于学习、交友以及参加各种各样的活动，胡宸在美国还开始了他的打工生涯，第一个学期居然就打了三份工！美国大学里的工作可谓五花八门，比如学生辅导员、学生助理、书店收银员、计算机室助理员、食堂刷盘工、保安员、送信员、清洁工等。

　　胡宸的第一份工作是在学校的继续教育办公室做顾问，主要负责解决软件和硬件的基本问题。

　　第二份工作是在学校的职业中心做网站分析员，主要负责分析交通数据，然后根据结果更好地设计网站，帮助学生利用学校资源找工作。

　　第三份工作也与电脑有关，是在学校里一个电脑服务中心做安全顾问，帮助学生或老师检查电脑是否存在问题，同时提供电脑升级服务。

　　胡宸第一次告诉我们他要打工的时候，我心里非常高兴，虽然我不指望他挣多少钱，但我相信打工可以锻炼一下他的吃苦精神，同时还能积累一点儿工作经验。尽管有些担心会影响学习，但是我们还是鼓励胡宸积极去参加各种面试。等到儿子告诉我他已经顺利通过面试找到一份工作时，我们以为打工的事情就算搞定了，没想到他很快又参加了另外一个地方的面试，而且那个地方也录用了他。没过多久，胡宸又告诉我他找到了第三份工作。说实话近几年美国经济不景气，要找份工作是需要费点儿功夫的。

　　带着疑问，我仔细了解了胡宸的想法。胡宸说参加那么多面试刚开始也只是想试试能不能被录取，并积累一些面试经验，没想到自己的成功率会那么高。学校规定国际学生一周最多工作 20 小时，三份工加起来差不多正好就是 20 小时，胡宸索性就豁出去了。胡宸说三份工虽然占用的时间不少，但工作本身并不是很辛苦，都是技术活儿，基本上都是他擅长并且喜欢做的事情。"我是不会去刷盘子的，"胡宸坚定地告诉我，"我知道怎么处理学习和打工的关系。"胡宸的话让我放心了不少。

胡宸能够轻松找到三份工作，首先是因为他的英语水平比较好，其次是他的沟通能力较强，再有就是他对电脑很熟悉。这三方面的能力应该说都不是从课堂上学到的，而是他自己平时用心积累起来的，没想到现在能派上大用场，真正应验了那句老话——机会是留给有准备的人的。到美国留学的中国学生，基本上都会在学校里打工挣钱。留学生打工的目的是多样的，有的人为了挣学费，有的人为了有零花钱，也有的人只是为了长长经验而已。在学校里打工也有限制，美国学生可以在校内一周工作29个小时，而所有外国学生只能工作20个小时。可是，由于大部分外国学生都挤着去竞争那为数不多的校内工作，一周能够得到10个小时已经相当不易。当然，随着一个学生在某一工作岗位上经验的增加，工作时间也会随之增长。但能在一个岗位上一周得到20小时工作的人，实属不多。

打工不是学生的主要任务，学习才是正事。千万不能为了多赚几个小时的钱，而耽误了学习。打工只是在完成学习任务后、有多余时间时才能进行的活动。学习与打工的主次千万不可混淆。

通过打工，胡宸果然收获了许多。首先，打工对他融入美国社会起了很大的帮助。如果只是通过上课和同学的接触了解美国社会而不亲自接触各种不同的人，儿子不会那么快找到在美国生活的感觉。有一次我跟胡宸在网上聊天正逢他上班的时候，我就问他上班一般都做些什么，他说就是接接电话，帮人解决电脑方面的问题，没人打电话就什么事也没有。说着说着正好有一个电话打过来，胡宸说他去处理一下马上回来。当时我就在想胡宸能和美国人交流，并且能够帮别人解决问题，这本身就说明他已经融入了他生活的环境。

其次，打工锻炼了胡宸管理时间的能力。胡宸说他最忙的时候是一周上 20 个小时的课，打 20 个小时的工，还要参加许多课外活动。这样的时间表挑战之大可想而知，如果管理不好时间，很容易造成拆东补西的情况。不仅身体会被累垮，学习也会被拖垮。胡宸最终能顺利过关说明他管理时间的能力的确不一般。

更为重要的是，打工还充实了胡宸的简历，为以后找工作提供了保障。胡宸后来在找实习单位时，他的简历常常会给面试官留下非常深刻的印象。有一位面试官甚至颇为赞赏地对他说："我上大学时的简历就跟你的一样。"面试官能说出这样的话，录取还会有问题吗？

当然，打工还有一个吸引力，那就是可以赚些零花钱。胡宸不是一个能花钱的人，但是面对他喜欢的电子产品，比如说 iPhone，他喜欢的名牌服装，比如说 G-Star，他也经常会抵抗不住诱惑，而自己能赚到钱买这些东西无疑会增加他的成就感。胡宸在美国三年基本上只有正当开销才会开口要钱，买理由不那么充分的物品一般都由他自己解决。胡宸第一次从美国回来给我们买的礼物都是名牌产品，都价值好几百美元，买礼物的钱都是他打工赚来的。他很引以为傲，我们也觉得很自豪。儿子给我买的礼物对我来无疑是非常珍贵的。

关于留学打工的两个建议

1. 结合专业，为职场生涯做好充分准备

对于留学生而言，打工的目的不是为了挣几美元或澳元，而是为了锻炼自己、提前了解社会，为将来步入职场做准备。我记得在英国朴次茅斯大学做高级访问学者时，我周围有很多学者和研究生也在一股脑儿地专心打工，一个小时能挣好几英镑，那时的1英镑兑换成人民币就是14多块钱，实在是诱人。他们的专业都是文学类或者语言教育类，打工的地方基本上都是中国餐馆。当时我也有很多这样的机会，但是我拒绝了。因为我觉得在那里打工，除了能拿到钱外，对我未来的职业发展没有任何帮助。

那时候我做的一件事情是跟朴次茅斯大学的一位讲师谈合作，想跟他合作写一本作文方面的书。每次我都约他出来喝咖啡，然后边喝边聊。因为我当时了解到，中国人编写的英文写作方面的书，还有由英美人士编写的英文写作方面的书在市面上都已经有很多了，但是由中国人和英国人合作、既从中国人的角度又从英国人的角度来编写的英语写作书籍似乎还没有。当我把自己的想法跟这位老师沟通后，再加上我多次的咖啡宴请和我的热情，这位讲师接受了我的邀请。当时我并没有挣到钱，而是天天在整理作文，整理好后我都会及时发回给大学里的学生，让他们感受一下，英国人写的这些文章他们是否能够接受，然后再将中国学生写的作文拿给那位讲师看，看是否符合英式思维和写作模式。经过来回的切磋和交流，后来写成一本书，这是第一本由中国英语教师和英国英语教师合著的英语写作方面的教学参考书籍。

回国后，我把稿件投递到了外文出版社，出版社的专家们经过论证和调研觉得书的质量不错，就开始印刷、出版。后来这本书一共印了近百万册，当然我也从中拿到了一笔丰厚的版税。因此，我想告诉大家，有些钱不是当时就要兑现的，也许你找了一份带有义务性质或者慈善性质的工作，但是只要与你的专业和未来职业发展有关，即便当时拿不到钱，也应该去做。因为当你走出社会面试找工作时，或许这个经历就可以让你脱颖而出。很多国外企业更注重专业经历和个人的奉献精神，也许恰好因为这点你就得到了一份薪金优厚的工作。假如我当时把用来整理书籍的时间和跟英国大学讲师沟通的时间花在了在餐馆打工上，也许回国后在学术上的见识就不会有这么深刻。现在看起来那段时间还真有点儿给自己打工的感觉。这段整理书籍的经历不但全面提升了我的学术水平，同时也改变了我用英语思考的思维方式。现在我主编的很多书籍里的想法都跟这段亲身经历有着不可分割的关系，可以说它影响着我的整个职业生涯。

打工一定要适度，要有所侧重。你的专业是什么？你未来的职业倾向是什么？有哪些东西是你以后可能需要具备的但是在国内又学习不到的？这些都要搞清楚。不论怎样，打工是为你的学习和未来的职业发展做准备的，用人单位在招聘的时候注重的是相关工作经历，一定要确保打工经历能够在职场上助我们一臂之力。

2. 习得文化，为未来的职场空间做好铺垫

经济全球化的发展对人才提出了新的要求，各个企业也在全球化浪潮中追求国际化发展，国际精英人才可谓是"可遇而不可求"，而判断国际型人才的一个很重要的方面就是是否精通各国文化。对于中国留学生而言，

是否精通西方文化影响着我们未来职场的发展空间。对于企业而言，在招聘留学生的时候，看重的不仅仅是名校文凭和所学专业，它们还看重学生在留学期间培养起来的个性特质：先进的思维模式及行为方式，良好的国际化人脉网络，对多元文化的融会贯通等。这都是留学生与国内毕业生相比所具备的优势。

据调查统计，目前80%以上的中国人在国外都是从事技术领域的工作，只有很少一部分人从事管理类或服务性工作。一个很重要的原因就是对西方文化了解不够，很难深入地融入当地的文化环境里。对于个人而言，只有真正走上管理层从事管理行业，才能够有更大的发展。因此我们打工的目的不是挣钱，也不是单纯的获取一点儿实践工作经验，而是在一个零距离的环境里去感受当地文化——西方文化，这才是最重要的。只有这样你未来的职业生涯才能够发展得更远，你才会有一个更广阔的空间。这种环境只有你在国外的时候才有，比起我们刻意地通过电视或者书本去了解西方文化和西方礼仪来得更实际。

有些人认为自己以后不想在国外发展，就不用去理会西方文化，这是非常错误的。即便是我们有朝一日学成回国了，我们也或多或少地会受到西方文化的影响。全球化的今天，很多外资企业入驻中国，而这些外资企业基本上都是国际性的大型企业，薪酬待遇都要优于国内企业。在一个外资企业，如果你精通西方文化，能够跟公司的各级领导或者工作人员进行良好的沟通，懂得领导的意图、公司的制度、经营理念，懂得企业文化和公司背景，那毫无疑问你的发展空间是非常大的。

很多留学生为了让自己在毕业时具备打工的经历，于是随意给自己找个工作打发了，在中国餐馆干上几天，只是获得了暂时的、表面上需要的东西。有些大学生为了能够挣点儿零花钱就去饭店当个临时工。试问，这样的经历能算是海外工作经历吗？它跟我们在中国随便找一家餐馆去打工有什么区别呢？如果只看到眼前的一点儿回报，没有长远的眼光，没有前瞻的意识，最后只能导致自己在职场上屡屡错失良机。

正是由于多次跟那位青年讲师的沟通和交流，我了解到了很多的西方文化和礼仪。有时候我们一起带着问题去请教朴次茅斯大学的专家和教授，潜移默化中我学到了很多与老师和一些学者交流的技巧，如何跟国外的年轻学生交流，如何让那些学生心甘情愿地把自己平时的佳作借给你欣赏，跟你一起探讨写作中遇到的问题。这对我以前和现在，甚至是未来的工作都有非常重要的帮助。我跟那些来自不同国家的外教老师能够融洽友好地沟通和交流，很多年轻外教来参加面试时，我都可以很快跟他们谈到一起，就某个问题毫无障碍地沟通与探讨，所有这些都得益于那段时间在英国对西方文化的习得。因为只有你进入那种文化环境里，他们才能够敞开心扉跟你交流，很多时候我们都有种一见如故的感觉。现在我经常去国外考察，还会跟我们的外国合作伙伴洽谈各项事宜，基本上我都能够游刃有余，这些都与对西方文化的了解有直接的联系。

一个国际型人才首先就应该熟悉世界文化，不论是想学成回国，还是在国外发展。随着经济的全球化，众多外国企业入驻中国，众多中国企业打入外国市场，这类企业缺少的就是既熟知公司本身文化又能够精通当地文化的人。倘若你在留学期间已经对西方文化精通了，那无疑你的机遇和职业发展将有着巨大的优势。这种环境只有你在国外的时候才有，比起我们刻意地通过电视或者书本去了解西方文化和西方礼仪来得更实际。因此，在打工选择的时候一定要尽可能地去国外的本土企业或单位，通过打工了解和学习西方文化，这是我们非常容易忽视的，但对现在和未来非常重要。

当然，打工并不是无限制的，一定要适度。很多国家为了保证留学生顺利完成学业，对留学生打工时间、工种内容、打工资格等进行了严格的规定，同学们可根据留学国家具体情况合理安排。以学业为主，努力学习，辅以适度的打工才是留学生的正确选择。

留学生毕业前应做的 8 件事

找到个人兴趣，并勇敢地追求。美国教育提供了让学生寻找自己兴趣并沿着自己的兴趣或特长努力的平台，这对中国学生而言也许是独一无二的机会。大学期间我们既可以找到自己的兴趣所在，又可以结合学校的优势资源朝自己的目标发展，如果有自己喜欢做的事情或者自己擅长的领域就大胆地去尝试，未来要靠自己去把握。

充分利用校园资源，发展自我。对于大多数人而言，这将是人生中最后一次在免费的知识海洋里畅游的机会。而美国的大学拥有世界最丰富的图书资源、教学授课视频，很多都是在国内无法享受到的。因此我们应该借留学之机，尽可能地涉猎一些专业知识，同时拓展个人视野。

积极参加校园和社会实践活动。国外大学有各种各样的社团，而很多未来各行业的精英可能都是从社团中出来的，离开大学校园后这些社团活动经验将会让你的招聘官对你另眼相看。因此参加各种社团和社会实践，既能够让自己学习到课堂以外的知识，丰富整个大学生活，还可以结识到一些志同道合的朋友。

大胆尝试创业的艰辛与快乐。你可以在宿舍里开个网店，也可以跟同学一起做实体买卖，英雄不问出处，比尔·盖茨和扎克伯格（他是在大学宿舍里开始搭建社交网站的）都是这样成长起来的。哪怕是摆地摊也可以，不仅成本低，还可以锻炼自己经营和控制等诸多方面的能力。

结交朋友，精心品味大学生活。在这个大学校园，在这个你生活了四年的城市，一定有很多值得珍藏的回忆。这是你一生中最美好的时光，把一些有纪念意义的风景和片段都拍摄下来，这将成为你终身享用的精神财富。走出社会后你会发现，自己依然还会时常想起大学生活，想起那些难忘的时光，这些定格在照片上的隽永回忆将是你精神世界里永恒的寄托。在校期间，还可以组织同学进行一次短途旅行，用心体会集体出游带来的快乐与温暖。等走向社会后才发现，你会因为种种原因而没有时间利用旅游好好地放松自己。集体出游不仅可以节省成本，而且跟同学、朋友一起游玩，还能够尽情享受青春的欢乐、集体的温暖，学会在旅途中照顾同伴、关爱他人，在愉快的游玩中体验生活的乐趣，而那些经常出现在你照片中的朋友也将成为你一生的财富。

把握机会，勇于探索新事物。只要有机会就要勇于尝试，因为你不可能在大学里就完全了解自己，就完全知道自己以后适合做什么。你要通过不断的尝试抓住那些可能的机会，不断地学习、成长。中国学生在宽阔的视野方面欠缺一些，这可能与大学过分强调专业化的训练有关。中国学生基本功扎实，但同时学生可能没有机会接触其他领域的新知识，基本功的发挥受到限制。如果局限于学科本身和专业知识，人们可能在本学科内有些创新，但很难有所突破。通过观察我们不难发现，世界上许多突破往往都是在跨学科方面取得的，中国学生应多读一些课外书，多涉猎跨学科的知识，比如读理工科的同学读一些历史和哲学，上社会科学的学生可以了解一些数学和统计，这对未来发展是很有帮助的。

参加励志和健康类课程辅导。适当地参加一些类似于心理学类、成功励志等课程的辅导或讲座，做一个心理健康的人。未来的人生旅途中，我们可能会面临各种各样的困难，既需要具备生存的基本能力和知识，更需要面对复杂的环境，具备克服困难的勇气。一个成功的人，一定是内心无比强大的人。这在你走入社会后，面对严峻的竞争压力时显得非常重要。

参加大学就业平台，走出象牙塔，迎接新挑战。如打算毕业后步入职场，就要早做准备。机会总是留给那些有准备的人，大学里为学生提供了很多就业平台。在校期间，学生应该有效地、全面地把学校的资源利用起来，例如去各种免费的实验室、学生俱乐部等获得免费的指导。同时要跟顾问、导师保持良好关系，要经常拜访顾问，总结学业计划，这样顾问能够及时并有针对性地为学生的学习提出建议。到了大三、大四一定要主动出击，走出校门，利用各种社会活动建立自己的人脉，去找工作，而不是等着工作来敲门，天上不会掉馅饼。

留学之于留学生只是个人成长的一个过程，留学的最终意义不是文凭、不是镀金，而是培养一种国际视野，它至少应该包括语言技能、文化认知与融合、国际思维等方面的培养。这是一个人未来成长与发展都需要的东西。

  判断一个人是否留学成功并没有既定的标准，那么怎样才能拥有一个充实的留学生活呢？要回答这个问题，我们需要回到最初决定留学时的原点：我们为什么要出国留学？留学成功没有固定的衡量标准，就像审美一样，不同的人有不同的标准，甚至不同的时代有不同的标准。但是，如果一个人付出过足够多的努力并实现了留学期间渴望达到的目标，把在留学期间想要做的事情都努力做到了，就没有遗憾了。在我看来，这样的留学就是成功的留学。

第七章

孩子出国了，父母怎么办？

孩子如风筝，线在父母手

孩子出国了，父母怎么办？

对于独生子女的家庭而言，出国前一家人在一起，有说有笑，孩子成为整个家庭的中心；一旦孩子到了国外，家里的热闹气氛顿时减淡了许多。很多家长向我反映：孩子出国后，家里面空落落的。

记得胡宸刚出国的时候，我跟爱人也有过类似的感受，我们将胡宸一直送到机场，进入到检票通道，看着孩子远去的背影，心里突然像是被掏空。对于大多数父母而言，把孩子送出国时都已人到中年，拼搏了大半辈子终于把孩子送出国了，一边为孩子能够赴国外接受更好的教育、能够去追求自己的梦想而高兴，心里如释重负；一边则是十几年的亲情。对父母而言更多的不是如释重负后的轻松，而对孩子的牵挂和关爱会变得更加浓烈而厚重。毕竟他们还没有完全长大，毕竟他们在海外面临的是一个陌生而复杂的社会，他们又何尝不需要我们的关爱呢！面对学习、生活、交往中的种种问题，他们需要更大的心理承受能力，需要我们在后面时刻支持他们、鼓励他们。

面对大千世界，是时候放手让孩子去展翅高飞了。然而，孩子就像父母手中的风筝，有了父母的关爱，他才能够在属于自己的天空飞得更高、更远、更踏实。同样，我们需要不时地拽拽他，让他知道有人在一直关心和关注着他，他就不会感觉在广阔的天空没有方向。拿到录取通知书，踏

第七章　孩子出国了，父母怎么办？

上飞往异国他乡的飞机只是一个开始，能否真正留学成功，这段过程还需要父母的陪伴与精心呵护！

然而，就我所接触的留学生家长中，有两种比较有代表性的现象。

1. 把孩子送出国后，不闻不问。

记得有一次我跟爱人在胡宸的空间里看到儿子跟一个女孩的照片，照片上他们脸贴着脸，活像一对好哥们！但是出于传统的中国家庭，当看到照片后我们的第一感觉不觉得他们是"哥们"，而是在心里打个大问号：孩子是不是在国外交女朋友了？我跟爱人都在心里揣测，因为害怕侵犯到孩子的隐私，所以又不好意思直接问胡宸。犹豫了几天，终于忍不住了，一天晚上，看到胡宸在线，我们就开玩笑地问他："你空间里那张照片上的女孩子是你同学？还是……"看到我们如此委婉的提问，胡宸一下就猜到我们的"意图"了。他说："反正不是女朋友。"他们是很好的"哥们"，后来胡宸给我们介绍了他周围的一些朋友，他们来自各个国家，有美国的，有英国的，还有印度的……还把他们一起参加的一些集体活动的照片发给了我们。那天我们跟胡宸在网络上聊了整整一个多小时，聊孩子在美国的日常生活与学习，聊得很开心。然而，结尾时胡宸说的几句话让我感触良多，他说："以前我总以为是我一个人在美国战斗，但是现在我发现，原来老爸、老妈一直'潜伏'在我身边，如今的我不是孤独的了。"

看到胡宸的留言的那一刻，作为父母，我们深感愧疚：我们是不是对孩子关心得太少？毕竟留学不应该是孩子一个人的战斗。那一刻，我们感谢互联网给我们带来的便利，如今不再是"一封家书，不知归期"，而是近在咫尺。

实际上，孩子在异国他乡需要接受更大的挑战，不论是来自文化的还是语言、心理、学习和社会的压力都非常大。相比国内的同龄学生，他们独自一人在海外需要面对复杂的环境和学业，难免会滋生孤独感，比如如何选择专业，如何与人沟通、交友等，这都需要父母在旁边给予引导。大学是每个人的价值观的形成期，在这期间父母更应该帮助孩子树立良好的价值观。虽然外面的世界要让他们自己去闯，虽然以后的路要靠他们自己去走，但是在他们内心依然渴望父母那份最原始的关爱，那种内心深处最真切的情感。

2.茶饭不思，对孩子过于担心。

所谓"儿行千里母担忧"，这种心情非常可以理解，尤其是对于独生子女家庭而言，孩子更是整个家庭的中心。胡宸刚出国那几天，我跟爱人也是辗转反侧，难以入眠，无时无刻不在挂念着孩子。直到孩子到达学校，把一切都安顿好了，通过电脑摄像头把他的宿舍、床铺情况都"直播"给我们看了后，我们悬着的心才算安定了下来。

我听说有的家长因为孩子出国后生活不适应，患上抑郁症，加上孩子到了海外后没有及时跟家人联系，更是浮想联翩，各种担忧。其实孩子到国外学习，父母要把握好关心的度。国外的各种政策和安全问题都是非常健全的，作为父母我们不可能永远将孩子庇护在温暖的港湾里，是时候放出去磨炼了。当然，送孩子出国接受更好的教育，给孩子一个美好的前程，这本来就是父母的心愿，是一件快乐的事情，家长不要当成一件沉重的事。

然而，很多孩子到国外后就像一只脱手的风筝，很少跟父母联系；也有的低龄孩子因为不理解父母的担心，所以不注重跟父母的及时沟通，这也容易导致父母对孩子的过分担心。为避免不必要的担忧，在孩子出国前我们可以"约法三章"：孩子一到国外就来电话或者通过网络在线的方式，告知家里联系方式、联系时间等，避免无法跟孩子取得联系。胡宸去美国的时候我们也是这样跟他约法三章的。

不闻不问和过于关心都是我们比较常见的两个误区，孩子出国留学，作为父母我们应该：

1. 相信孩子。既然放手让孩子出国留学，那就应该对孩子的生活自理能力、学习能力、自我管理能力等各方面放心；

2. 保持沟通畅通。与其在家担心孩子在国外的情况，杞人忧天，不如及时跟孩子沟通。

我记得我以前跟胡宸讲过一则鹰的故事：

一只幼鹰出生后，没享受几天舒服的日子，就要经受母鹰近似残酷的训练。在母鹰的帮助下，幼鹰没多久就能独自飞翔。但这只是第一步，因为这种飞翔只比爬行好一点儿，幼鹰需要成百上千次的训练，否则，就不能获得母鹰口中的食物。第二步，母鹰把幼鹰带到高处，或树梢或悬崖上，然后把它们摔下去，有的幼鹰因胆怯而被母鹰活活摔死。第三步，那些被母鹰推下悬崖而能胜利飞翔的幼鹰将面临着最后的、也是最关键、最艰难的考验，它们翅膀中大部分的骨骼会被母鹰折断，然后再次从高处推下……有的猎人动了恻隐之心，偷偷地把一些还没来得及被母鹰折断翅膀的幼鹰带回家里喂养。但后来猎人发现被喂养长大的鹰至多飞到房屋那么高便要落下来，两米多长的翅膀反而成了累赘。

原来，母鹰"残忍"地折断幼鹰翅膀中的大部分骨骼，是决定幼鹰未来能否在广袤的天空中自由翱翔的关键所在。鹰的翅膀骨骼再生能力很强，只要在被折断后仍能忍着剧痛不停地振翅飞翔，使翅膀不断充血，不久便能痊愈，而痊愈后翅膀则似神话中的凤凰一样死后重生，将能长得更加强健有力。如果不这样，鹰也就失去了仅有的一个机会，它也就永远与蓝天无缘。

天下的父母都爱孩子，但是不同的时候爱的方式是不同的，心中有爱、爱中有责还不够，还需要责中有智，这样孩子才能够健康快乐地成长。

留学生家庭如何度过"空巢期"

越来越多的学子跨出国门，奔赴海外留学，他们留给父母的除了无穷无尽的牵挂，还有无法排遣的孤独。孩子出远门了，父母将进入"空巢"期，那么如何顺利度过这个"空巢期"呢？

了解海外，找到话题

我曾私下问过很多留学生家长，他们在跟孩子沟通过程中面临的最大问题是什么？大多数家长告诉我：主要是不知道说什么，找不到交流的话题。

因为不知道说什么，所以每次孩子打来电话后只能简单地嘘寒问暖几句。久而久之，沟通的话题越来越少，彼此的共同语言就越少，关系越来越疏远。目前在国内，这是一个很普遍的现象。有个家长甚至向我透露：

第七章 孩子出国了，父母怎么办？

每次接到孩子的电话就是因为他没有钱了，其他时候基本上接不到孩子的电话，因为我们对他们学校也不了解，对当地文化都不了解，所以都不知道跟他们聊什么。很多孩子只有一个时间跟父母保持联系，而大多数联系都是向父母求助。

那么，如何避免跟孩子"无话可说"的尴尬呢？其实我们可以从一些简单的事情做起。作为父母，虽然无法身临其境去体验孩子的留学生活，但是我们至少可以了解一些海外信息，找到孩子关心的话题。

记得有一次胡宸看到我在微博上转发了一条我在大学讲座的内容，里面提到我在讲座上给同学们唱了一段流行歌曲，胡宸觉得这个是新鲜事，在电话中好奇地问我："老爸，你知道最近美国流行什么音乐吗？"我说："什么音乐啊？"他说："Lady GaGa。"我说："我知道啊。"后来，我还给孩子哼唱了几句她演唱的 Poker face（《扑克脸》）。胡宸大吃一惊。

那天我们两个"大老爷们儿"就围绕着美国近期的流行音乐通了半个小时的越洋电话。后来儿子给我做了一个评价："没想到老爸年纪这么大了，还这么追随潮流。"当然，我这个潮流的追随得益于我每天接触到的形形色色的学生，是他们将这些流行元素带给了我，因为教育的基础是心与心的沟通，而沟通的基础是有共同语言，所以既然如此何乐而不为呢！为跟孩子找到更多的话题，我们可以从如下方面入手：

首先，家长应该对孩子的留学国度有基本的了解，了解当地环境，免得将来与孩子对话时让孩子觉得"驴唇不对马嘴"，认定父母什么都不懂，听不进父母的意见。

其次，多了解国外文化，了解孩子所在学校最近发生的事情，最新的潮流元素或事件，让孩子时刻感受到关心。

最后，经常登录到孩子的网络空间，了解孩子身边的朋友，通过他们的留言能够大致知道孩子最近在忙什么，比如有什么体育活动，最近参加了什么社会实践，他们都会通过网络的平台记录下来。

玩孩子之所玩，言孩子之所言

20年前，一封家书抵万金，今天，已是网络微距离。

现在的孩子处于网络世界，用的都是手机终端、微博、微信、Skype、QQ。如果我们还一味通过"一封书信"借以传情的话，那势必难以跟孩子开展"越洋对话"。要想跟孩子保持良好的沟通，就要善于以他们喜欢的方式跟他们进行沟通、交流，而不仅仅是越洋电话。尤其是在互联网应用如此便捷的今天，如何"想孩子之所想，言孩子之所言"并非一件难事。

大家可能无法想象我以前居然是一个不用电脑的人，每次都是我爱人跟在美国的孩子聊天，通过电子邮件、MSN、网络视频等交流工具，他们几乎每天都要聊上几句，所以每次我都是让我爱人顺便给我捎上两句话。但是后来慢慢感觉自己内心越来越强烈地渴望与孩子交流，索性买了电脑，下定决心学习使用电脑，熟悉各种聊天工具，希望能够经常跟孩子聊上几句，让心与心的沟通冲淡这空间和时间的距离，这样自己每天的工作都会变得很踏实。我也相信孩子在异国他乡也会感觉到这种浓浓的亲情，在学习的道路上会走得更加充实和坚定。如今，要是偶尔联系不上胡宸，心里还会很着急。近两年有了微博后，我跟胡宸互加好友，这样彼此了解对方的动态，基本上每天早晨起来就会自然而然地打开手机，看看微博，很容易就知道孩子在美国发生了哪些有趣的事情。偶尔还会转发一些有趣的内容，作为鼓励！

我认识一位家长，她报了一个周末英语口语班，每周来上一次课。我感到很奇怪，就问她："您是需要考职称吗？还是工作中会用到英语？""不是。""那您是想出国？""不是。""那是为什么呢？""我儿子在美国上大学，孩子出国后周末也没有什么事情，所以我想学习英语，以便以后可以用简单的英语跟他沟通，或者用英语了解一些资料，也好跟孩子有个话题，我们也要与时俱进嘛！"

她接着说起第一次跟儿子说英语时的场景，聊到最后，她只说了句："Dear, see you."儿子就特别激动，还鼓励她，而且觉得他不是一个人在战斗。

曾经在网上看到一则新闻，在一个留学生家庭，女儿从美国回来后觉得父母什么都不懂，老土，连迈克尔·杰克逊都没有听说过，去饭店吃西餐还要女儿现教就餐礼仪，而且孩子给父母起的优雅的英文名字，父母一直都记不住……这种现象在国内非常普遍。作为父母不一定要精通英语，但至少应该略知一二，这样才能跟孩子有沟通的话题，否则久而久之就会因为彼此的语言、所处文化的差异而导致感情上的渐行渐远，这是每一个家庭都不希望看到的。

有一些留学生家长，为了跟孩子有更多共同语言，自发组织成立"英语学习小组"。每逢周末他们就拿着英语学习教材集体学习，然后开始讨论一些国外的话题，讨论孩子在国外的学习情况。还有些留学生家长在网络上组建留学生家长圈,既可以认识新朋友,又可从其他留学生父母口中了解一些留学生活情况,作为平常与孩子沟通的谈资。可以说孩子在那边学习,家长也在这边学习,真正做到了与孩子一起战斗!

尊重孩子,平等沟通

找到了沟通的话题,也找到了沟通的渠道,接下来要看沟通的技巧。跟孩子沟通,整体上要把握一个原则:尊重孩子,平等沟通。

"90后"的孩子是非常有思想的一代,他们每天所接触到的信息比我们以往任何一个时代都要多,渠道非常广泛,正因为如此他们才更容易叛逆,缺乏耐心,容易走极端,所以沟通方式就显得尤为重要。尤其是只身在海外面对一个陌生的环境时,很容易感到孤独,这时候就需要我们父母善于倾听孩子的心声。察言观色,成为孩子忠实的倾听者,才能跟孩子更好地沟通。

曾经在网上读到过一则消息,有一位留学生家长表示,一个多月都联系不上孩子。原来他的孩子在国外读预科,因为没能拿到大学录取通知书,所以不敢告诉家人。签证即将到期,孩子就悄悄回国自己办理续签手续,结果被拒签。后来,因为孩子到留学顾问中心请教签证问题,留学顾问才联系到他。谈及家人的焦虑,孩子大大咧咧地说:"都这么大的人了,能有什么事啊!"

出现这种问题,并非只是学生的原因,其实作为家长我们也应该反思:为什么孩子会害怕跟我们沟通?家长其实不要过于担心,总体来说,留学生玩失踪、玩隐身不外乎几类情况:犯了过错,不知如何面对父母;通信沟通出了问题，确实短时间无法跟父母取得联系；认为与家长沟通困难，想脱离父母约束，尝试独立生活。

不论是哪种情况，家长首先要学会尊重孩子，适度沟通，有收有放，频繁地联系可能适得其反，让孩子产生逆反心理。其次，寻找共同语境，平等沟通。很多孩子不愿意跟父母沟通就是因为害怕父母把想法强加在自己身上。在这点上，我有时候非常羡慕我爱人，她跟胡宸其实就是很好的朋友关系，而不仅仅是母子关系。胡宸在美国有什么新鲜的事情，遇到什么问题都会第一时间跟妈妈沟通，而我爱人则会耐心地听他诉说，在尊重他的想法的基础上给出自己的建议，这样的关系非常融洽。

当然，作为留学生，无论多忙，也应该常和家人联系。一句话、一个简短的留言都可以。同时也要学会及时排解压力。很多留学生一方面习惯报喜不报忧，一方面又抱怨家人不理解他们的困境。事实上，留学生应尝试敞开心扉向家人、朋友讲述自己的境况或心情，即使没有好的解决办法，倾诉本身也是排解压力的办法。

不论怎样，只要心中有爱，时间是无法冲淡父母对孩子的亲情的，空间是无法阻隔父母与孩子之间的相互关怀的。在留学的这条道路上，留学生有了父母的保驾护航，才能够早日成功留学！

第八章

去与留，父母依然
是参谋

独闯海外还是毅然回国

对于每一位留学生而言，毕业后需要面临的最大的选择就是"去与留"。独闯海外还是毅然回国？两者各有利弊，不同的学生应该结合自身具体情况做出合适的选择。当然，选择不是唯一的，亦不是永恒的。对于留学生而言，留学就是选择了一种国际视野，融入国际怀抱，那么在哪里发展都不是最重要的，重要的是要选择一条更适合自身未来发展的平台，去实现一个幸福的人生。

近几年，随着中国综合国力的快速发展，中国逐渐在国际舞台上崭露头角，成为世界政治、文化、经济的焦点，在世界越来越平坦化的进程中，发挥着举足轻重的作用。托马斯·弗里德曼在《世界是平的》一书中将全球化划分为三个阶段："全球化1.0"主要是国家间融合和全球化；"全球化2.0"是公司之间的融合；而在"全球化3.0"中，个人成为了主角，肤色或东西方的文化差异不再是合作或竞争的障碍。软件的不断创新、网络的普及让世界各地包括中国和印度的人们可以通过互联网轻松实现自己的社会分工。新一波的全球化正在抹平一切疆界，世界变平了。托马斯·弗里德曼认为，在世界变得更平坦的未来30年之内，世界将从"卖给中国"变成"中国制造"，再到"中国设计"，甚至是"中国所梦想出来"。

无疑，3.0时代再次将中国带入了一个新进程，越来越多的跨国企业在中国寻找梦想，书中还有一小段富有深意的对话：

以前听爸妈说："儿子啊，乖乖把饭吃完，因为中国跟印度的小孩没饭吃。"

现在我则说："女儿啊，乖乖把书念完，因为中国跟印度的小孩正等着抢你的饭碗。"

在我看来，这句话不仅仅是说给美国孩子的，也是说给中国孩子的。2009年11月美国时任总统奥巴马宣布了"十万强"计划，即在未来4年内招揽10万名美国学生到中国留学。这些留学生很多将成为中国方面的专家，在中国的各个领域如政治、媒体、商界从事相关的工作。这位美国历史上最年轻的总统当时已经意识到：21世纪全球经济的主战场将在中国。金融危机后越来越多的国际青年将目光锁定在了中国，他们在中国求学、在中国求职、在中国创业。同样，对于中国留学生而言，中国的经济机遇成为选择回国的最大理由。90%的中国海归称经济机会是他们回国的最重要原因。正是因为在这样一种利好的大环境下，很多留学生选择回国发展。教育部统计数据显示，2019年度各类留学回国人员总数为58.03万人。与2018年度的统计数据相比较，2019年度留学回国人数增加6.09万人，增长了11.73%。越来越多的留学人员选择回国就业。

回国就业除享受各种利好政策外，对个人而言其实最重要的是留学本身给学生带来的价值在国内具有相应的优势。根据《中国海归创业发展报告（2018）》显示，留学生回国发展的主要优势依次为：文化优势，

73%的留学生认为海归的东西方双文化背景使他们能够结合两种文化的优势；国际视野，59%的留学生认为海归更具有国际视野；适应能力，37%的留学生认为海归生活适应能力强，更加独立。《2017年出国留学趋势报告》统计有接近7成的留学回国人员年龄分布在22-26岁区间。81.45%的留学回国人员具有硕士学位。11%的留学回国人员具有博士学位。这个年龄段基本是处于本科、硕士毕业的年龄，说明大多数回国人员并没有或者只有不长时间的国外工作经历。硕士之所以占据半数以上，并且超过了实际出国读硕士学生的比例，反映了相当一部分本科留学生会继续进修，读完硕士之后才考虑就业。据我的经验，在国内读完本科出国读硕士的学生对于外国文化的适应往往不如年纪更小一点去读本科的学生，这也是硕士生毕业归国比例较高的一个原因。而博士归国人数比例只占11%，一方面是国外博士毕业要求非常之高，并不很容易顺利毕业，如果达到毕业要求，有过硬的学术成果后，留在美国继续做研究的机会就比较多。当然，很多人也会选择留在国外，甚至最开始计划留学时就有了移民打算。毕竟作为发达国家，国外确实有很多吸引人的地方，比如优质的医疗与福利体系，先进的教育体系，开放自由的文化氛围，轻松自在的生活方式等。

不论是选择留在国外，还是选择回国发展，做决定的应该是学生自己。一个人的未来发展跟他所处的环境是息息相关的，而每一位留学生需要做的就是分析自身的优、劣势。只有在认识自我和认清环境的前提下，权衡利弊，才能做出正确的、最适合自身未来发展的选择。

选择去或留应考虑的个人因素

1. **语言能力**。几年前,智联招聘曾针对海归人才做过一项调查。调查显示,海归排名前三位的就业优势分别是:外语能力,国际化视野,创新能力。留学人员具有语言上的优势,具备跨文化交流的能力。尽管随着国际化的不断深入,目前国内外语水平在普遍提高,但毫无疑问,无论留学生在国外学习的是何种专业,如果能够讲一口流利的英语,那肯定是回国就业的绝对优势。但是如果英语不流利,很难说明你是一个合格的留学生。当然,这里所讲的"语言"不仅局限于理解和自如的表达,它还包含了英语思维方式和文化背景。如果在海外发展,语言优势就体现不出来了。

2. **学历背景**。据调查,绝大部分海外留学生有较高的学历,48%的海归创业成功人士有博士或博士后学位,35%的海归有硕士学位,12%的人为访问学者,5%的海归有本科学位。国外大学通常都会比国内大学排名靠前,留学生回国后比较容易受到认可,这有助于海归回国求职、就业。同时由于接受过优质的教育,因此创业往往也更容易成功,尤其是在企事业单位和政府部门,学历更是一个基本的门槛。

3. **社交网络**。留学生因为求学的特殊经历使得他们拥有国内和国际两种社交网络,在国外有很多同学和朋友,与国外保持密切的联系,可以方便地获得国际资讯、信息;同时,在国内也有良好的人际关系积累,了解本国市场,可以充分利用国内国际两个市场资源,建立一个国际性的人脉网络。不仅如此,海归回国创业不仅带回了海外的技术和管理理念等,同时也带回了海外的网络和社会资本。调查中发现,近八成海归曾在不同时期参与过至少一个社团、商会、行业组织，如校友会、同学会、创业园区组织等。参与这些机构，对于海归扩大创业与发展的网络，认识新的合作伙伴，寻找和交流新的创业信息，建立新的社会关系都有着十分积极的意义。

4. 专业技能。海外留学生在高科技领域（如互联网、信息技术和通信等领域）创业更容易成功，留学人员在海外接触到最前沿的科研信息、创新思维和文化，具有更为敏锐的视角，若能在此基础上把握海外实习或者工作机会，则更容易积累广泛的资金和人力资源，更容易创业成功。留学生具有大量的工作经验，特别是海外工作经验。这些工作经验的积累，对海归创业成功大有益处。而有工作经验的海归创业也比那些只用一两年就拿到学位而回国创业的海归要相对容易得多。

5. 国际文化。一个人在异乡独自生活，考验的不仅是语言能力，还有沟通能力、动手能力。在文化的碰撞中，还需要一些创造性思维，这些才是留学生的真正优势，也是企业所看重的。留学生通过海外教育获得的国际化视野，使其能够更快地适应全球化的经济发展模式。他们比国内人士更熟悉国际经济运行规则，熟悉国际文化、商务、消费心理、市场需求等，同时他们又熟悉中国国情、文化，对中国国情的了解要比外国的管理层更深，这种能力优势是在中国的外国商人所不具备的优势。在中西方两种文化之间成长，熟知两种文化，自然能够在文化的交融中得心应手。

第八章 去与留，父母依然是参谋

选择去或留应考虑的客观条件

1. 政策环境。中国逐渐在国际舞台上发挥着举足轻重的作用，国内各行业国际化步伐也在加快，这也对人才提出了更高的要求，各政府部门、企事业单位对国际人才的渴求更是迫切。近年来，为吸引海外人才，国家出台了诸多政策，如实施"海外高层次人才引进计划（千人计划）的部署"，设立国家优秀自费留学生奖学金，对高层次留学人才回国任职条件、工资水平、科研经费资助、住房、家属就业、子女上学等方面都做了明确的规定，为留学人才回国搭建各种绿色通道，并于2010年制定了《国家中长期人才发展规划纲要》。在此基础上各地区还根据当地需要建立起各种吸引海归人才的措施。

2. 经济发展环境。从经济方面看，世界经济衰退在国外的影响比国内明显，就业市场形势更为严峻，"平坦"世界的发展导致各国机会更为公开和均等，国外也并没有所谓的遍地黄金与机会，中国留学生在海外找工作也并非易事。中国作为新兴经济体，其经济的发展和平稳增长，逐步使中国变成世界的重要经济中心，留学生归国发展俨然已成为一种趋势。在有回国意愿的留学生中，吸引他们回国的最主要理由是"看好国内经济发展前景"。

3. 职业发展前景。个人职业发展前景与行业及整体经济形势息息相关。留学期间，留学生接受到的专业教育在国内通常都具有绝对的竞争力，尤其是一些前沿领域，比如电子科技、互联网信息技术。如果留学生回国前已具有在美国硅谷的工作经历，能够将世界最先进的科技与思想带到国内，那对他回国后的工作是非常有帮助的。但是也有一种可能就是自己所学的专业，在国内还是新生事物，还是一块未开垦的荒地，没有相应的土壤，这也应另当别论。因为这跟国家对于行业的支持力度也有关系，10年前是以科技为主，近些年互联网快速发展后，互联网、软件人才成为热门，个人职业发展平台是建立在行业发展的基础上的。

4. 家庭生活。如选择在海外生活，很多人面对的第一个问题就是割舍亲情，尤其是独生子女家庭，有的还要举家搬迁，而举家搬迁并不是一件容易的事情。除此以外，这一代留学生与上一代相比，非常不同的一点在于他们大部分都是独生子女。父辈通过多年打拼已为其创造了相对优越的生活条件，子女的毕业和父母的退休几乎发生在同一时段，几乎每一个决定回国的留学生都表示，父母的期盼和家庭因素成为他们必须考虑的方面。

留学生回国或海外求职自我分析表如下所示：

内容	独闯海外		毅然回国	
	优势	劣势	优势	劣势
政策环境				
经济环境				
学历优势				
语言优势				
海外经验				
社交网络				
专业领域				
职业发展				
家庭生活				
文化适应性				

留学生回国发展的劣势及建议

一纸文凭，华而不实

曾经在报纸上读过一则消息：一位本科生放弃4份国内录取通知书去美国，结果毕业后遭遇求职困难。该毕业生回忆说："当时觉得找工作并不是一件很困难的事，刚好美国又来了全奖通知，所以义无反顾去了美国，没想到硕士毕业后，工作反而比本科毕业时更难找了。"尽管国家和地方都在采取各种各样的政策措施帮助大学生就业，然而就业形势越来越严峻已经是毋庸置疑的了。

不论是在中国还是美国，激烈的就业竞争压力，却是一个不争的事实。有了一个留洋经历，给自己"镀金"了，以为找工作就易如反掌，这是不正确的。也有人毕业回国后，想等着金融危机过了，形势好点儿了再找工作，于是就在家待着，等待好的时机，这也是不理智的。

如今，用人单位在留学生的招聘上特别谨慎。一是因为这几年留学归国人员比较多，选择不唯一了；二是因为留学生相互之间的差距非常大。能者成为企业竞相争抢的人才，不能者则华而不实。一份针对企业方的调查数据更能说明问题。由于海归的国内工作经验较少，脱离国内环境的时间又比较长，只有少部分的企业会在候选人条件相同的情况下，优先选择海归。

在我面试过的留学生中，有些学生开始就说在哪个学校毕业的，却只字不提自己在大学校园里都做了些什么。留学生一定要明白一个问题，就是在应聘中你毕业于哪个学校、哪个专业，这只是"门槛"，都已经过去了，企业最希望看到的是一个活生生能够为企业创造价值的人。怎样才能确保企业认为你能创造价值？这就要看你的工作能力，你的专业能力、与人沟通等各方面的能力，而这些都是通过你在留学期间的学习、社会实践培养出来的。企业更看重求职者的工作经验和动手能力。在学历和经验面前，更多企业宁可选择经验，因为经验意味着很快能够为企业创造财富，也因此一些海归因为没有工作经验而被拒之门外。不要以为在国外拿到MBA就可以当一名高管。企业看中的是你如何将工作做好，证明你确实是MBA人才。试想，有多少人拿到了MBA，但最后没能成为企业管理人员？就算是一个生产型企业的管理人员也需要从基层做起，不了解整个生产流程，不了解产品的生产环节，怎么去监督别人，怎么把控生产进度，又怎么知道出了问题责任应该落在谁身上？就算是一名销售人员，也只有从最基础的销售、接触客户做起，提高自身的业务素质，才能有经验指导下属。

对于留学生而言，留学生涯其实就是在准备一份精美的求职简历：学历、学业表现、语言表达能力、国际视野、团队合作、组织能力、在校期间参加过哪些活动、是否有过实习经历、有没有任何打动人的经历，这才是用人单位关注的地方。

容易水土不服

留学生学成归来，往往是满怀激情与抱负，很多人甚至带着科研成果和专利回国创业。但是由于多年未在国内生活，受国外市场环境和文化熏陶的时间较长，加上如今的发展日新月异，留学生离开中国一段时间，再回到国内时，往往对国内的市场环境、就业行情等多方面缺乏了解，导致很多好的想法、好的项目无法正常实施。据调查显示，64.9%的归国留学生认为海归人才照搬海外商业模式，存在水土不服风险；60.1%的归国留学生认为海归人才技术优势经常不适应国内市场的实际情况；53.8%的归国留学生认为海归不了解国内商务游戏规则，如互联网行业，很多人可能在国外做得有声有色，一到国内可能就差强人意了。

此外，因中西方文化差异，在适应了国外的生活和文化后，国内的一些做事程序与在国外学习生活时形成的思维定式有较大的差别，回国后面对熟悉而又陌生的环境，留学生往往在融入国内的工作团队过程中有困难。留学毕业生内心觉得自己和别人不一样，这种自我感觉良好的海归在团队合作上往往会有阻碍作用。这也成为不少海归留学生不受雇主欢迎的主要因素。

不难看出，归国留学生的国际化背景和经验是他们在国内发展的主要优势，而对国内环境的不适应是他们在国内发展的主要劣势。因此，留学生既要保持国际化背景和经验方面的优势并充分发挥作用，更要重新适应国内资源，尽快做到本土化，既有全球视野，又有本土情怀。

心态无法"归零"

从海归到"海待"再到"海剩"，留学生就业难现象层出不穷，其实这种现象更多的原因不是来源于外界，而是个人。单凭一个人的力量是无法改变社会现实的，只能从改变自己着手。

从这些年求职反馈来看，留学生群体中普遍存在着"眼高手低"的现象。留洋"镀金"回来，难免在心理上会觉得比国内上大学的同学有优势，同时面对留学期间的高投入，大部分留学生认为留学花费不菲，再回国拿几千元的工资非常不值，在选择专业时他们也倾向于大而空的专业，不愿意学习实用技能，在求职或者创业过程中无法正视现实。留学生应该自信，是金子总会发光的，先找一个适合自己发展的平台比单纯地追求一份高工资更重要。事实证明，海外留学经历对个人职业发展是非常有帮助的。据《海归就业力调查》显示，30%左右的海归回国后都是从基层做起，他们的优势往往在工作3~5年后得到体现，一般都能获得加薪或升职的机会。

什么是就业？通俗一点儿说就是找到一份工作，能够养活自己。不要对那些低微的工作不屑一顾，不要再抱着那种"我就是干大事的人，将来要开创自己的事业，我才不干这些有损我颜面的活呢"的态度，这种心态只能把自己困住。古语说："一屋不扫何以扫天下"，"仓廪实而知礼节，衣食足而知荣辱"。连小事都做不好，连自己的生活都无法承担，谈何尊严？谈何荣辱？心理学鼻祖马斯洛的需求层次理论讲的最基本生理需求，归根结底就是基本的生存。只要我们走进社会，很多事情就不是我们想做就做、不想做就不做的，大多数时候我们是必须去做，并且还必须把它做好。

先生存后发展，对于留学生而言只要认识到自身的优势和劣势，了解当前环境，做到知己知彼，就能够在职场中快速找到定位。在此基础上让留学价值最大化，必定会拥有一个精彩的人生！

附 录

2021年《泰晤士报高等教育副刊》世界大学排名

排名	学校名称	英文学校名称	国家/地区
1	牛津大学	University of Oxford	英国
2	斯坦福大学	Stanford University	美国
3	哈佛大学	Harvard University	美国
4	加州理工学院	California Institute of Technology	美国
5	麻省理工学院	Massachusetts Institute of Technology	美国
6	剑桥大学	University of Cambridge	英国
7	加州大学伯克利分校	University of California, Berkeley	美国
8	耶鲁大学	Yale University	美国
9	普林斯顿大学	Princeton University	美国
10	芝加哥大学	University of Chicago	美国
11	帝国理工学院	Imperial College London	英国
12	约翰霍普金斯大学	Johns Hopkins University	美国
13	宾夕法尼亚大学	University of Pennsylvania	美国
14	苏黎世联邦理工学院	ETH Zurich	瑞士
15	加州大学洛杉矶分校	University of California, Los Angeles	美国

续表

排名	学校名称	英文学校名称	国家/地区
16	伦敦大学学院	UCL	美国
17	哥伦比亚大学	Columbia University	美国
18	多伦多大学	University of Toronto	加拿大
19	康奈尔大学	Cornell University	美国
20	杜克大学	Duke University	美国
20	清华大学	Tsinghua University	中国
22	密歇根大学安娜堡分校	University of Michigan, Ann Arbor	美国
23	北京大学	Peking University	中国
24	西北大学	Northwestern University	美国
25	新加坡国立大学	National University of Singapore	新加坡
26	纽约大学	New York University	美国
27	伦敦政治经济学院	London School of Economics and Political Science	英国
28	卡耐基梅隆大学	Carnegie Mellon University	美国
29	华盛顿大学	University of Washington	美国
30	爱丁堡大学	University of Edinburgh	英国
31	墨尔本大学	University of Melbourne	澳大利亚
32	慕尼黑大学	LMU Munich	德国
33	加州大学圣地亚哥分校	University of California, San Diego	美国
34	英属哥伦比亚大学	University of British Columbia	加拿大
35	伦敦大学国王学院	King's College London	英国
36	卡罗琳学院	Karolinska Institute	瑞典
36	东京大学	The University of Tokyo	日本
38	佐治亚理工学院	Georgia Institute of Technology	美国
39	香港大学	University of Hong Kong	中国香港
40	麦吉尔大学	McGill University	加拿大
41	慕尼黑工业大学	Technical University of Munich	德国
42	海德堡大学	Heidelberg University	德国

续表

排名	学校名称	英文学校名称	国家/地区
43	洛桑联邦理工学院	École Polytechnique Fédérale de Lausanne	瑞士
44	德克萨斯大学奥斯汀分校	University of Texas at Austin	美国
45	鲁汶大学（荷语）	KU Leuven	比利时
46	巴黎人文与科学学院	Paris Sciences et Lettres – PSL Research University Paris	法国
47	南洋理工大学	Nanyang Technological University, Singapore	新加坡
48	伊利诺伊大学厄本那—香槟分校	University of Illinois at Urbana, Champaign	美国
49	威斯康辛大学麦迪逊分校	University of Wisconsin, Madison	美国
50	圣路易斯华盛顿大学	Washington University in St Louis	美国
51	曼彻斯特大学	University of Manchester	英国
51	悉尼大学	University of Sydney	澳大利亚
53	南加州大学	University of Southern California	美国
54	波士顿大学	Boston University	美国
54	京都大学	Kyoto University	日本
56	香港中文大学	Chinese University of Hong Kong	中国香港
56	香港科技大学	The Hong Kong University of Science and Technology	中国香港
56	北卡罗来纳大学教堂山分校	University of North Carolina at Chapel Hill	美国
59	澳洲国立大学	Australian National University	澳大利亚
60	首尔国立大学	Seoul National University	韩国
61	布朗大学	Brown University	美国
62	昆士兰大学	The University of Queensland	澳大利亚
62	万格宁根大学	Wageningen University & Research	荷兰
64	加州大学戴维斯分校	University of California, Davis	美国
64	莫纳什大学	Monash University	澳大利亚
66	阿姆斯特丹大学	University of Amsterdam	荷兰

续表

排名	学校名称	英文学校名称	国家/地区
67	新南威尔士大学	UNSW Sydney	澳大利亚
68	加州大学圣塔芭芭拉分校	University of California, Santa Barbara	美国
69	麦克马斯特大学	McMaster University	加拿大
70	复旦大学	Fudan University	中国
70	莱顿大学	Leiden University	荷兰
72	伊拉斯姆斯大学	Erasmus University Rotterdam	荷兰
73	蒙特利尔大学	University of Montreal	加拿大
73	苏黎世大学	University of Zurich	瑞士
75	柏林查理特医科大学	Charité, Universitätsmedizin Berlin	德国
75	乌得勒支大学	Utrecht University	荷兰
77	华威大学	University of Warwick	英国
78	代尔夫特理工大学	Delft University of Technology	荷兰
78	蒂宾根大学	University of Tübingen	德国
80	格罗宁根大学	University of Groningen	荷兰
80	柏林洪堡大学	Humboldt University of Berlin	德国
80	俄亥俄州立大学	Ohio State University (Main campus)	美国
83	弗莱堡大学	University of Freiburg	德国
84	哥本哈根大学	University of Copenhagen	丹麦
85	艾茉莉大学	Emory University	美国
85	明尼苏达大学双城分校	University of Minnesota	美国
87	巴黎高等理工学院	École Polytechnique	法国
87	中国科学技术大学	University of Science and Technology of China	中国
87	索邦大学	Sorbonne University	法国
90	马里兰大学学院公园分校	University of Maryland, College Park	美国
91	布里斯托大学	University of Bristol	英国
92	巴塞尔大学	University of Basel	瑞士
92	格拉斯哥大学	University of Glasgow	英国

续表

排名	学校名称	英文学校名称	国家/地区
94	普渡大学西拉法叶分校	Purdue University West Lafayette	美国
94	浙江大学	Zhejiang University	中国
96	韩国高等科技学院	Korea Advanced Institute of Science and Technology (KAIST)	韩国
97	国立台湾大学	National Taiwan University	中国台湾
98	加州大学尔湾分校	University of California, Irvine	美国
98	赫尔辛基大学	University of Helsinki	芬兰
100	上海交通大学	Shanghai Jiao Tong University	中国
101	达特茅斯学院	Dartmouth College	美国
101	成均馆大学	Sungkyunkwan University (SKKU)	韩国
103	根特大学	Ghent University	比利时
103	隆德大学	Lund University	瑞典
105	密歇根州立大学	Michigan State University	美国
106	奥胡斯大学	Aarhus University	丹麦
107	伯明翰大学	University of Birmingham	英国
107	亚琛工业大学	RWTH Aachen University	德国
109	伯尔尼大学	University of Bern	瑞士
110	伦敦大学玛丽女王学院	Queen Mary University of London	英国
111	南京大学	Nanjing University	中国
111	乌普萨拉大学	Uppsala University	瑞典
111	范德堡大学	Vanderbilt University	美国
114	波恩大学	University of Bonn	德国
114	宾州州立大学公园分校	Penn State (Main campus)	美国
116	阿姆斯特丹自由大学	Vrije Universiteit Amsterdam	荷兰
117	弗吉尼亚大学	University of Virginia (Main campus)	美国
118	阿德雷德大学	University of Adelaide	澳大利亚
118	柏林自由大学	Free University of Berlin	德国

续表

排名	学校名称	英文学校名称	国家/地区
120	乔治敦大学	Georgetown University	美国
121	凯斯西储大学	Case Western Reserve University	美国
121	马斯特里赫特大学	Maastricht University	荷兰
121	谢菲尔德大学	University of Sheffield	英国
124	亚利桑那大学	University of Arizona	美国
124	莱斯大学	Rice University	美国
126	香港城市大学	City University of Hong Kong	中国香港
127	奥斯陆大学	University of Oslo	挪威
127	南安普敦大学	University of Southampton	英国
129	香港理工大学	Hong Kong Polytechnic University	中国香港
130	哥廷根大学	University of Göttingen	德国
131	阿尔伯塔大学	University of Alberta	加拿大
131	科罗拉多大学博尔德分校	University of Colorado Boulder	美国
133	匹兹堡大学	University of Pittsburgh, Pittsburgh campus	美国
133	约克大学（英国）	University of York	英国
135	汉堡大学	University of Hamburg	德国
136	兰卡斯特大学	Lancaster University	英国
136	巴黎大学	University of Paris	法国
136	奈梅亨大学	Radboud University Nijmegen	荷兰
139	西澳大学	The University of Western Australia	澳大利亚
140	印第安纳大学伯明顿分校	Indiana University	美国
140	曼海姆大学	University of Mannheim	德国
140	柏林工业大学	Technical University of Berlin	德国
140	乌尔姆大学	Ulm University	德国
140	维尔茨堡大学	University of Würzburg	德国
145	科隆大学	University of Cologne	德国
145	渥太华大学	University of Ottawa	加拿大

续表

排名	学校名称	英文学校名称	国家/地区
147	奥克兰大学	University of Auckland	新西兰
147	罗切斯特大学	University of Rochester	美国
149	杜伦大学	Durham University	英国
149	日内瓦大学	University of Geneva	瑞士
151	浦项科技大学	Pohang University of Science and Technology (POSTECH)	韩国
152	佛罗里达大学	University of Florida	美国
152	庞培法布拉大学	Pompeu Fabra University	西班牙
152	德累斯顿工业大学	TU Dresden	德国
155	开普敦大学	University of Cape Town	南非
155	都柏林圣三一学院	Trinity College Dublin	爱尔兰
155	塔夫斯大学	Tufts University	美国
158	比勒费尔德大学	Bielefeld University	德国
158	诺丁汉大学	University of Nottingham	英国
160	利兹大学	University of Leeds	英国
160	萨塞克斯大学	University of Sussex	英国
160	悉尼科技大学	University of Technology Sydney	澳大利亚
163	利物浦大学	University of Liverpool	英国
164	鲁汶大学（法语）	Université Catholique de Louvain	比利时
164	维也纳大学	University of Vienna	奥地利
166	罗格斯大学	Rutgers, the State University of New Jersey	美国
167	博洛尼亚大学	University of Bologna	意大利
167	高丽大学	Korea University	韩国
169	阿拉巴马大学伯明翰分校	University of Alabama at Birmingham	美国
170	安特卫普大学	University of Antwerp	比利时
170	莱斯特大学	University of Leicester	英国
170	圣母大学	University of Notre Dame	美国

续表

排名	学校名称	英文学校名称	国家/地区
170	比萨圣安娜大学	Sant'Anna School of Advanced Studies – Pisa	意大利
174	埃克塞特大学	University of Exeter	英国
174	莫斯科国立大学	Lomonosov Moscow State University	俄罗斯
176	东北大学	Northeastern University	美国
176	蔚山国立科技学院	Ulsan National Institute of Science and Technology (UNIST)	韩国
178	阿伯丁大学	University of Aberdeen	英国
178	纽卡斯尔大学（英国）	Newcastle University	英国
178	巴黎-萨克雷大学	Paris-Saclay University	法国
181	比萨高等师范学院	Scuola Normale Superiore di Pisa	意大利
182	巴塞罗那自治大学	Autonomous University of Barcelona	西班牙
183	斯德哥尔摩大学	Stockholm University	瑞典
184	亚利桑那州立大学	Arizona State University (Tempe)	美国
184	堪培拉大学	University of Canberra	澳大利亚
186	昆士兰科技大学	Queensland University of Technology	澳大利亚
187	埃因霍温理工大学	Eindhoven University of Technology	荷兰
187	乔治华盛顿大学	George Washington University	美国
187	丹麦理工大学	Technical University of Denmark	丹麦
187	延世大学	Yonsei University (Seoul campus)	韩国
191	卡迪夫大学	Cardiff University	英国
191	哥德堡大学	University of Gothenburg	瑞典
191	洛桑大学	University of Lausanne	瑞士
191	特拉维夫大学	Tel Aviv University	以色列
195	麦考瑞大学	Macquarie University	澳大利亚
195	明斯特大学	University of Münster	德国
197	德州农工大学	Texas A&M University	美国
198	巴塞罗那大学	University of Barcelona	西班牙
198	埃尔朗根-纽伦堡大学	University of Erlangen, Nuremberg	德国
200	卡尔加里大学	University of Calgary	加拿大
200	东安格利亚大学	University of East Anglia	英国
200	贝尔法斯特女王大学	Queen's University Belfast	英国

美国 Polaris List 最佳公立高中排名 Top50

排名	学校名称	位置	学校概况 年级人数	师生比	HPM 录取人数 哈佛	普林斯顿	MIT
1	THOMAS JEFFERSON HIGH SCHOOL	ALEXANDRIA, VA	423	17/1	11	33	35
2	STUYVESANT HIGH SCHOOL	NEW YORK, NY	805	21/1	26	23	22
3	BOSTON LATIN SCHOOL	BOSTON, MA	363	21/1	53	2	5
4	PRINCETON HIGH SCHOOL	PRINCETON, NJ	359	12/1	5	46	6
5	BERGEN COUNTY ACADEMIES	HACKENSACK, NJ	271	11/1	5	30	13
6	LEXINGTON HIGH SCHOOL	LEXINGTON, MA	489	13/1	18	3	17
7	HUNTER COLLEGE HIGH SCHOOL	NEW YORK, NY			17	10	7
8	HENRY M. GUNN HIGH SCHOOL	PALO ALTO, CA	447	17/1	8	12	10
8	WEST WINDSOR-PLAINSBORO HIGH SCHOOL SOUTH	WEST WINDSOR, NJ	432	14/1	1	21	8
10	BRONX HIGH SCHOOL OF SCIENCE	BRONX, NY	736	21/1	11	10	7
11	CAMBRIDGE RINDGE AND LATIN	CAMBRIDGE, MA	423	10/1	24	1	2
12	SCARSDALE SENIOR HIGH SCHOOL	SCARSDALE, NY	399	12/1	13	7	4
12	NORTH CAROLINA SCHOOL OF SCIENCE AND MATHEMATICS	DURHAM, NC			5	2	17
14	LYNBROOK HIGH SCHOOL	SAN JOSE, CA	472	24/1	4	2	16
15	MISSION SAN JOSE HIGH SCHOOL	FREMONT, CA	518	25/1	3	6	12

续表

排名	学校名称	位置	学校概况 年级人数	师生比	HPM 录取人数 哈佛	普林斯顿	MIT
15	MONTGOMERY BLAIR HIGH SCHOOL	SILVER SPRING, MD	619	18/1	2	9	10
17	HIGH TECHNOLOGY HIGH SCHOOL	LINCROFT, NJ	68	14/1	0	16	4
17	PALO ALTO HIGH SCHOOL	PALO ALTO, CA	476	17/1	6	10	4
17	RICHARD MONTGOMERY HIGH SCHOOL	ROCKVILLE, MD	482	18/1	3	6	11
20	BROOKLINE HIGH SCHOOL	BROOKLINE, MA	473	12/1	10	1	7
20	NEW TRIER TOWNSHIP HIGH SCHOOL WINNETKA	WINNETKA, IL	1078	12/1	5	11	2
20	WINCHESTER HIGH SCHOOL	WINCHESTER, MA	275	14/1	11	0	7
23	BROOKLYN TECHNICAL HIGH SCHOOL	BROOKLYN, NY	1269	22/1	8	3	6
23	GREENWICH HIGH SCHOOL	GREENWICH, CT	616	12/1	10	6	1
23	TROY HIGH SCHOOL	FULLERTON, CA	660	27/1	7	7	3
23	WEST WINDSOR-PLAINSBORO HIGH SCHOOL NORTH	PLAINSBORO, NJ	387	12/1	0	16	1
23	WESTON HIGH SCHOOL	WESTON, MA	175	10/1	12	1	4
28	EDINA SENIOR HIGH SCHOOL	EDINA, MN	681	21/1	6	8	2
28	HINSDALE CENTRAL HIGH SCHOOL	HINSDALE, IL	692	15/1	4	6	6
28	JOHN P. STEVENS HIGH SCHOOL	EDISON, NJ	505	14/1	6	9	1
28	STAPLES HIGH SCHOOL	WESTPORT, CT	463	13/1	7	6	3
32	ARCADIA HIGH SCHOOL	ARCADIA, CA	887	25/1	5	7	3
33	BELMONT HIGH SCHOOL	BELMONT, MA	279	18/1	12	0	2

续表

排名	学校名称	位置	年级人数	师生比	哈佛	普林斯顿	MIT
33	CYPRESS BAY HIGII SCHOOL	WESTON, FL	1079	23/1	3	1	10
33	FAIRVIEW HIGH SCHOOL	BOULDER, CO	546	23/1	6	4	4
33	FIORELLO H LAGUARDIA HIGH SCHOOL	NEW YORK, NY	662	20/1	6	7	1
33	ILLINOIS MATHEMATICS & SCIENCE ACADEMY	AURORA, IL	195		2	7	5
33	MANHASSET SECONDARY SCHOOL	MANHASSET, NY	238	13/1	4	6	4
33	MONTGOMERY HIGH SCHOOL	SKILLMAN, NJ	434	14/1	2	10	2
40	EAST BRUNSWICK HIGH SCHOOL	E BRUNSWICK, NJ	726	13/1	2	9	2
40	MILLBURN HIGH SCHOOL	MILLBURN, NJ	355	12/1	6	7	0
40	MONTA VISTA HIGH SCHOOL	CUPERTINO, CA	608	26/1	5	4	4
40	SUNCOAST COMMUNITY HIGH SCHOOL	RIVIERA BEACH, FL	358	18/1	1	4	8
40	WINSTON CHURCHILL HIGH SCHOOL	POTOMAC, MD	454	17/1	6	5	2
45	BRIDGEWATER-RARITAN REGIONAL HIGH SCHOOL	BRIDGEWATER, NJ	707	12/1	1	10	1
45	CHARTER SCHOOL OF WILMINGTON	WILMINGTON, DE	234	5/1	3	5	4
45	CHERRY HILL HIGH SCHOOL EAST	CHERRY HILL, NJ	515	16/1	3	7	2
45	HURON HIGH SCHOOL	ANN ARBOR, MI	395	20/1	4	1	7
45	INTERLAKE SENIOR HIGH SCHOOL	BELLEVUE, WA	392	19/1	4	6	2
45	LIVINGSTON HIGH SCHOOL	LIVINGSTON, NJ	461	12/1	4	7	1

美国 Polaris List 最佳私立高中排名 Top50

排名	学校名称	位置	年级人数	师生比	哈佛	普林斯顿	MIT
1	PHILLIPS EXETER ACADEMY	EXETER, NH	320	7/1	23	25	22
2	THE LAWRENCEVILLE SCHOOL	LAWRENCEVILLE, NJ	221	7/1	8	47	8
3	PHILLIPS ACADEMY	ANDOVER, MA	319	5/1	33	17	12
4	DEERFIELD ACADEMY	DEERFIELD, MA			19	20	4
5	HARVARD-WESTLAKE SCHOOL	STUDIO CITY, CA	286	8/1	16	15	6
6	HORACE MANN SCHOOL	BRONX, NY	183	7/1	20	9	6
7	TRINITY SCHOOL	NEW YORK, NY	107	6/1	21	8	4
8	DELBARTON SCHOOL	MORRISTOWN, NJ	129	8/1	7	23	0
9	PINGRY SCHOOL	BASKING RIDGE, NJ			11	15	2
9	THE HARKER SCHOOL	SAN JOSE, CA	176	9/1	9	11	9
11	CHOATE ROSEMARY HALL	WALLINGFORD, CT	220	7/1	9	9	9
12	NOBLE & GREENOUGH SCHOOL	DEDHAM, MA	120	7/1	18	7	1
12	THE WESTMINSTER SCHOOLS	ATLANTA, GA	325		11	13	2
14	MILTON ACADEMY	MILTON, MA	172	10/1	19	4	1
15	DALTON SCHOOL	NEW YORK, NY	115	8/1	12	8	3
15	THE HOTCHKISS SCHOOL	LAKEVILLE, CT	176	6/1	10	12	1
17	HOPKINS SCHOOL	NEW HAVEN, CT	137	5/1	7	7	7
17	MENLO SCHOOL	ATHERTON, CA			8	5	8
19	PINE CREST SCHOOL	FORT LAUDERDALE, FL	197	13/1	7	6	7

续表

排名	学校名称	位置	年级人数	师生比	哈佛	普林斯顿	MIT
20	WINSOR SCHOOL	BOSTON, MA	65	6/1	10	3	6
21	BREARLEY SCHOOL	NEW YORK, NY	56	6/1	9	9	0
21	COLLEGIATE SCHOOL	NEW YORK, NY	57	7/1	10	7	1
21	GREENWICH ACADEMY	GREENWICH, CT	79	7/1	5	12	1
21	ROXBURY LATIN SCHOOL	WEST ROXBURY, MA			9	7	2
21	SIDWELL FRIENDS SCHOOL	WASHINGTON, DC	121	8/1	10	6	2
21	ST PAUL'S SCHOOL	CONCORD, NH	138	5/1	8	8	2
21	ST. JOHN'S SCHOOL	HOUSTON, TX			7	7	4
21	THE BISHOP'S SCHOOL	LA JOLLA, CA	134	9/1	10	4	4
29	BUCKINGHAM BROWNE & NICHOLS SCHOOL	CAMBRIDGE, MA	137	7/1	11	4	2
29	GROTON SCHOOL	GROTON, MA	84	7/1	8	8	1
31	LAKESIDE SCHOOL	SEATTLE, WA	125	9/1	7	4	5
31	POLYTECHNIC SCHOOL	PASADENA, CA	98	9/1	8	4	4
31	PRINCETON DAY SCHOOL	PRINCETON, NJ	99	7/1	3	10	3
34	BELMONT HILL SCHOOL	BELMONT, MA	74	7/1	11	3	1
34	MIDDLESEX SCHOOL	CONCORD, MA	97	7/1	7	4	4
34	ST MARK'S SCHOOL OF TEXAS	DALLAS, TX	86	9/1	4	8	3
37	DETROIT COUNTRY DAY SCHOOL	BEVERLY HILLS, MI	173	8/1	4	6	4
37	PUNAHOU SCHOOL	HONOLULU, HI	400		4	5	5
37	RANSOM EVERGLADES SCHOOL	COCONUT GROVE, FL	153	11/1	7	4	3
37	ST ALBANS SCHOOL	WASHINGTON, DC	77	9/1	10	3	1
41	BELLARMINE COLLEGE PREP SCHOOL	SAN JOSE, CA	399	20/1	1	6	6

续表

排名	学校名称	位置	学校概况 年级人数	学校概况 师生比	HPM 录取人数 哈佛	HPM 录取人数 普林斯顿	HPM 录取人数 MIT
41	BRUNSWICK SCHOOL	GREENWICH, CT	94	7/1	9	4	0
41	CHAPIN SCHOOL	NEW YORK, NY			9	4	0
41	DURHAM ACADEMY	DURHAM, NC	101	9/1	8	4	1
41	JOHN BURROUGHS SCHOOL	SAINT LOUIS, MO	104	7/1	5	8	0
41	RYE COUNTRY DAY SCHOOL	RYE, NY	97	7/1	10	2	0
41	THE HILL SCHOOL	POTTSTOWN, PA	155	8/1	2	8	3
41	UNIVERSITY OF CHICAGO LABORATORY SCHOOL	CHICAGO, IL	125	11/1	4	4	5
49	NATIONAL CATHEDRAL SCHOOL	WASHINGTON, DC	71	6/1	4	5	3
49	PEDDIE SCHOOL	HIGHTSTOWN, NJ	154	7/1	2	9	1